O
Holograma
Humano

O Holograma Humano

Dr. Robin Kelly

O Holograma Humano

O Paradigma Holográfico e suas Aplicações na Medicina, na Psicologia e na Vida Diária

Tradução
ALEPH TERUYA EICHEMBERG

Revisão Técnica
NEWTON ROBERVAL EICHEMBERG

Editora Cultrix
SÃO PAULO

Título original: *The Human Hologram.*
Copyright © 2012 Robin Kelly.
Publicado mediante acordo com Energy Psychology Press.
Copyright da edição brasileira © 2015 Editora Pensamento-Cultrix Ltda.
Texto de acordo com as novas regras ortográficas da língua portuguesa.
1ª edição 2015.

As informações contidas neste livro não devem ser usadas para o tratamento nem para o diagnóstico de qualquer doença em particular ou de qualquer paciente em particular. Nem o autor nem o editor estão encarregados de prestar consultoria ou serviços profissionais ao leitor individual. As ideias, procedimentos e sugestões apresentados neste livro não são destinados a servir como substitutos para consultas com um assistente à saúde profissional. Nem o autor nem o editor se responsabilizam por qualquer perda ou dano proveniente de qualquer informação ou sugestão oferecida neste livro.

Todos os direitos reservados. Nenhuma parte desta obra pode ser reproduzida ou usada de qualquer forma ou por qualquer meio, eletrônico ou mecânico, inclusive fotocópias, gravações ou sistema de armazenamento em banco de dados, sem permissão por escrito, exceto nos casos de trechos curtos citados em resenhas críticas ou artigos de revistas.

A Editora Cultrix não se responsabiliza por eventuais mudanças ocorridas nos endereços convencionais ou eletrônicos citados neste livro.

Editor: Adilson Silva Ramachandra
Editora de texto: Denise de Carvalho Rocha
Gerente editorial: Roseli de S. Ferraz
Produção editorial: Indiara Faria Kayo
Assistente de produção editorial: Brenda Narciso
Editoração eletrônica: Ponto Inicial Estúdio Gráfico
Revisão: Claudete Agua de Melo e Vivian Miwa Matsushita

Dados Internacionais de Catalogação na Publicação (CIP)
(Câmara Brasileira do Livro, SP, Brasil)

Kelly, Robin
O holograma humano: o paradigma holográfico e suas aplicações na medicina, na psicologia e na vida diária / Robin Kelly; tradução Aleph Teruya Eichemberg; revisão técnica: Newton Roberval Eichemberg. – São Paulo: Cultrix, 2015.

Título original: The human hologram.

ISBN 978-85-316-1319-7

1. Holografia 2. Imagens tridimensionais 3. Medicina holística 4. Mente e corpo I. Título.

15-03467   CDD: 610

Índices para catálogo sistemático:
1. Medicina holística   610

Direitos de tradução para o Brasil adquiridos com exclusividade pela EDITORA PENSAMENTO-CULTRIX LTDA., que se reserva a propriedade literária desta tradução.
Rua Dr. Mário Vicente, 368 — 04270-000 — São Paulo, SP
Fone: (11) 2066-9000 — Fax: (11) 2066-9008
http://www.editoracultrix.com.br
E-mail: atendimento@editoracultrix.com.br
Foi feito o depósito legal.

Para
Pamela Mary Kelly
22 de abril 1920 – 1º de janeiro de 2010

"Não é tão simples assim, Robin."

Observações

As figuras 1, 12, 14 e 17 são adaptadas de ilustrações de *The Human Antenna*, de Robin Kelly.

A Figura 28 é adaptada de uma ilustração de *Healing Ways*, de Robin Kelly.

Parte do texto do Capítulo 10 aparece em *The Human Antenna* (Apêndice 1).

Todos reproduzidos com permissão.

Sumário

Agradecimentos 11
Introdução 13
Seção Um. Vivendo no Universo Holográfico.................................... 23
Seção Dois. O Holograma Humano – A Ciência................................ 29
Capítulo 1   Introdução à Ciência 31
                Uma Breve História do Holograma 38
Capítulo 2   O Universo como um Holograma 43
Capítulo 3   Você, o Observador 47
Capítulo 4   O Gato, a Lua e a Vaga para Estacionar 53
Capítulo 5   Entrelaçamento – Todos Juntos Agora 55
Capítulo 6   A Estatística da Não Localidade – Medindo
                o Imensurável 63
Capítulo 7   Biologia Quântica – A Ciência que Saiu do Frio 69
Capítulo 8   Sobre Formigas e Homens – A Vida nas Colônias...... 77
Capítulo 9   Os Padrões da Natureza 83
Capítulo 10   O Bio-Holograma Humano – Um Modelo
                Experimental 89
Capítulo 11   Ciência, Fé e Evolução no Século XXI 99
Capítulo 12   A Respeito do Tempo 107
                Resumo da Ciência do Holograma Humano 114
                Os Dez Princípios Diretores do Holograma Humano .. 116
Seção Três. O Holograma Humano – A Experiência 119
Capítulo 13   Introdução à Experiência 121
                A História de Vanessa... 125

9

Capítulo 14	O Coração do Holograma Humano	129
	A História de Ursula	133
Capítulo 15	O Cérebro do Holograma Humano	139
	Karl Pribram e o Cérebro Holonômico	143
	Microtúbulos e o Cérebro Holográfico	147
	A Mente Racional	152
	A Mente Intuitiva	155
Capítulo 16	Sentimentos	167
Capítulo 17	O Holograma Humano e a Cura	175
	O Agente de Cura como Pai	183
Capítulo 18	O Holograma Humano e o Modelo Médico	195
Capítulo 19	Cocriação e Livre-Arbítrio	203
Capítulo 20	Cultos e Controle	207
	Resumo da Experiência do Holograma Humano	212
Seção Quatro. O Holograma Humano – A Especulação		215
Introdução à Especulação		217
Capítulo 21	O Holograma Humano – Morte e Vida	219
Capítulo 22	O Holograma Humano – O Futuro da Ciência, da Medicina e da Tecnologia	227
Capítulo 23	O Holograma Humano – Nosso Renascimento Pessoal	235
Apêndice I	Exercícios	249
Apêndice II	Experimentos	253
	IIA. A Polarização e o Experimento do Apagador Quântico da Dupla Fenda	253
	IIB. Comprovação em Laboratório, Realizada em 2007, do Experimento da Escolha Retardada de Wheeler	259
Notas		261
Recursos e Leitura Recomendada		269

Agradecimentos

O Holograma Humano nunca seria concebido nem teria condição de ser publicado sem o apoio entusiasmado da grande equipe da Elite Books e da Energy Psychology Press. Sou grato pela visão e orientação de Dawson Church, a perícia e a paciência de Courtney Arnold e Deb Tribbey, e a sabedoria e o talento artístico de Stephanie Marohn e Karin Kinsey. E aqui na Nova Zelândia, preciso agradecer a Ruth Hamilton pela sua experiência e pelo tempo que tão generosamente compartilhou comigo, e a Bruce Lipton pela sua valiosa consultoria, sua obra pioneira e sua presença inspiradora a cada verão.

Àqueles cujas histórias de vida são relatadas aqui, muito obrigado. Espero ter captado sua essência e transmitido com verossimilhança as valiosas lições que vocês me ensinaram ao longo dos anos.

Como sempre, obrigado Gerald e Miriam Gibb, e Tim e Julie Ewer, amigos de confiança que continuam ajudando-me a afrouxar e suavizar os laços que mantêm apertados com tanta força a nossa nobre profissão. O encorajamento, os conselhos e o retorno que me proporcionaram sustentaram-me ao longo de todo este projeto.

E a Trish e minha família – vocês são simplesmente os melhores.

Introdução

Há pouco mais de setecentos anos, na cidade de Pádua, no norte da Itália, um jovem artista estava fazendo história. Não era o tema que destacaria Giotto di Bondone de todos os que já haviam pintado antes dele; sua série de afrescos, que ainda adorna as paredes da Capela Scrovegni, representava a vida e a época de Jesus e da Virgem Maria. O que tornou Giotto tão especial foi a revolucionária qualidade tridimensional de suas obras – imagens vívidas que convidavam seus espectadores a ingressar no âmago de cada cena. Para os seus contemporâneos, ele fez com que as figuras dos discípulos, e até mesmo as de Jesus e Maria, parecessem estranhamente familiares, como as deles e de seus amigos. O divino não se achava mais tão distante, e agora estava mais presente do que nunca em suas vidas.

Giotto acrescentou até mesmo ousados toques contemporâneos: a Estrela de Belém em sua cena da Natividade sugere um ardente cometa cor de âmbar. Sabe-se que o Cometa Halley mostrou-se visível a olho nu em outubro de 1301, pouco antes de esses afrescos terem sido encomendados. Em 1986, a sonda europeia que chegou com sucesso a seiscentos quilômetros do Cometa Halley, foi batizada com o nome do pintor.

Como foi o primeiro artista ocidental a usar a perspectiva em sua obra, ele é agora considerado o verdadeiro pai da arte renascentista. Seria apenas cerca de dois séculos depois que outros artistas, entre os quais Michelangelo, Leonardo e Rafael, traziam ao mundo essa nova e instigante visão da humanidade e do cosmos. Por meio de sua visão artística e de suas habilidades práticas, eles forjaram vínculos duradouros entre a ciência e a espiritualidade, os quais estão sendo redescobertos atualmente por meio dos livros populares de Dan Brown e dos autores das obras *O Santo Graal* e *a Linhagem Sagrada* (Michael Baigent, Richard Leigh e Henry Lincoln), entre outros.

Talvez seja estranho que a visão de mundo tridimensional que compartilhamos atualmente pudesse ser algo tão difícil de captar em tela ou em pedra antes do início do século XIV. Hoje em dia, até crianças de 7 anos já dominam, na escola, a arte de desenhar cubos, casas e castelos usando as leis da perspectiva. No entanto, foi necessário contar com a criatividade de um pequeno grupo de indivíduos da Idade Média para libertar a consciência do mundo ocidental.

E agora, nos primeiros anos do século XXI, estamos testemunhando uma expansão da consciência global que se equipara, e até mesmo ultrapassa, a da Europa dos séculos XIV e XV. Estamos a par da ciência, da tecnologia e da engenhosidade humana que estão nos levando a reconhecer que pode haver muito mais em nossa vida e em nossa vizinhança do que tudo o que nos é transmitido através das quatro dimensões pelos nossos sentidos e cérebro.

Eu agora uso, para um número cada vez maior de filmes, óculos especiais de material transparente polaroide ou colorido, através dos quais imagens seletivas podem chegar a cada um dos meus olhos. Manipulando dessa maneira meu sentido da visão, a mistura confusa, desfocada e imprecisa sobre a tela transforma-se, num instante, em um mundo tridimensional, uma verdadeira realidade virtual com um poder de me envolver e me estimular que eu nunca havia experimentado antes. Testemunhei no YouTube uma imagem holográfica virtual de Al Gore proferindo uma palestra em Tóquio na conferência de abertura do Live Earth em 2007. Também vejo a imagem tridimensional de um orador sendo transmitida instantaneamente, em "tempo real", para um distante salão de palestras cheio de estudantes. Mais que isso, a imagem do salão de palestras, incluindo os estudantes presentes, é simultaneamente transmitida para o orador, permitindo que se instaure entre ele e o público um fluxo livre e vibrante de interações, algo que não existia nas estéreis teleconferências de antes. Existem, hoje, até mesmo tecnologias que nos permitem sentir com os dedos a imagem, semelhante a um fantasma, projetada diante de nós.

É difícil de imaginar até onde irá esse mundo acadêmico virtual. No internato, fui certa vez o alvo infeliz de um duro apagador de quadro-negro dirigido com grande precisão contra minha cabeça por um professor de história que, de algum modo, não ficou satisfeito com os esforços que eu dedicava a concentrar minha atenção em suas sábias palavras. Suspeito que provavelmente serão modernos códigos de conduta impostos pelos professores, e não avanços da tecnologia, que salvarão de um tal destino doloroso futuras gerações de alunos que sonham de olhos abertos.

Porém, novas percepções científicas estão nos levando muito além dos mundos da comunicação, do entretenimento e até mesmo da educação. Nos últimos anos, as principais revistas de divulgação científica de ambos os lados do Atlântico apresentaram histórias de capa em que desenvolviam a espantosa hipótese segundo a qual nós somos em nosso âmago seres holográficos, vivendo dentro de um universo holográfico. E também a hipótese de que o mundo tridimensional e quadridimensional que inclui a nós mesmos, com nossos lares, Toyotas e montanhas, é apenas uma projeção – uma realidade virtual criada e percebida pelos cinco sentidos. O universo, na realidade, como afirmam muitos cientistas, poderia se assemelhar mais a uma gigantesca tela cinematográfica, um "IMAX cósmico", consistindo em trilhões e trilhões de pixels, convertidos pelo olhar coletivo da humanidade, vivo e atento, nas circunstâncias e nos ambientes do passado, do presente e do futuro de cada um de nós – e, sim, até mesmo no interior de nosso eu.

É tentador, e ouso dizer que muitos diriam que é mais sensato, ficar longe dessa teoria, descartando-a como totalmente irrelevante e até "maluca demais". Sem dúvida, é informação em excesso. Não nos deixemos, porém, desviar pela sua estranheza. Em vez disso, prossigamos, defrontando-nos com os imensos desafios que todos nós enfrentamos atualmente – caos financeiro global, mudanças climáticas, terrorismo e proliferação de armas nucleares.

Compreendo essa reação. Também foram esses os meus pensamentos, a totalidade deles, na realidade, mas só de início. Mas, então, de minha mente emergiram perguntas, as quais começaram a me importunar. O que sabemos a respeito da ciência dos hologramas e que poderia projetar luz sobre a condição humana? O fato de que cada parte da chapa fotográfica usada na criação de uma imagem holográfica contém a informação sobre o todo tem alguma importância para a compreensão que temos sobre o corpo humano? De que serviria para nós e para o planeta Terra se, de fato, fosse verdadeiro que as observações e as ações das pessoas estivessem intrincada e intimamente envolvidas no funcionamento do universo?

A segunda seção deste livro explora a ciência do holograma. Porém, à maneira de Giotto di Bondone e do pessoal mágico da empresa de animação Pixar, eu quero atraí-lo para dentro desse maravilhoso mundo novo como um observador entusiasmado plenamente envolvido. Um observador que ajuda a criar o observado – o cantor e, ao mesmo tempo, a canção. Estou ansioso para que você possa perceber que a compreensão que obterá do que se segue neste livro – e que não tem nada que a ela possa se comparar – facilitará a apreensão de conceitos que, de outra maneira, pareceriam estar além do alcance do entendimento humano. A sabedoria que você irá obter expandirá a sabedoria de todos.

Ficarei longe das complexas fórmulas científicas, e isso por uma simples razão – eu mesmo luto para entendê-las. Porém, sou muito grato àqueles que o conseguem, pois o trabalho árduo e o intelecto dessas pessoas são tão maravilhosos como qualquer uma das percepções que puderam emergir para mim durante a escrita deste livro e que poderão emergir para você durante sua leitura. Estou plenamente ciente do retorno que recebi dos meus livros anteriores, o qual me mostrou que, para muitas pessoas, a palavra "ciência" é o mesmo que dizer: "Caramba, isso não vai ser nada fácil". Se for essa a sua reação instantânea, posso sugerir dois exercícios que talvez o ajudem. Em primeiro lugar, tente bater em seu peito enquanto diz estas palavras: "Mesmo que o termo 'ciência' lembre-me de uma disciplina que eu odiava estudar na escola, e que agora me faz sentir inadaptado, eu realmente amo e respeito a mim mesmo pelas muitas e variadas habilidades maravilhosas que eu trouxe para este mundo".

Se, depois de ter feito isso em três ocasiões consecutivas, a palavra "ciência" ainda induz em você um estado de persistente inadequação e moderado terror, é hora de passar diretamente para o Plano B. Este é ainda mais fácil: apenas substitua a palavra "ciência" sempre que ela aparecer neste livro, ou entrar em sua cabeça, por uma palavra alternativa, que para você evoque pensamentos e sentimentos deliciosos. "Chocolate", "chardonnay" ou até mesmo "cheesecake" poderiam funcionar. Isso porque essa é uma ciência que não podemos entender usando apenas a mente intelectual. É preciso, em primeiro lugar, que ela seja sentida, reconhecida e recebida de braços abertos, como se estivéssemos saudando uma amiga que não víamos há anos. Uma velha amiga que começa então a nos maravilhar com histórias que nunca havíamos escutado antes. E que, de algum modo, conhece algo maravilhoso a nosso respeito e que fora mantido escondido de nós durante toda a vida.

A terceira seção deste livro explora a maneira como uma compreensão de nós mesmos como hologramas humanos e como participantes no grande campo unificado da consciência tem impacto na vida diária. Trabalhando como médico de família há trinta anos, a cada dia sou trazido de volta à terra por necessidades reais e imediatas de pessoas que apresentam um grau maior ou menor de crise. Coletivamente, elas exageram, me confundem, me entretêm e me iluminam em suas tentativas de melhorar. Elas chegam aleatoriamente, mas com um propósito, à minha porta – pessoas de todos os tipos, tamanhos e idades. Cada uma delas com seu próprio conjunto de paixões e de crenças. É essa parte de minha vida, e as pessoas que a ocupam, que fornecem o rico material para essa seção intermediária, o cerne do meu livro.

Um ano depois de começar minha prática, eu usava acupuntura para ajudar a facilitar o processo de cura de pacientes que procuravam o meu auxílio. Na época, eu teria explicado isso de maneira um tanto diferente, mas agora compreendo que estava sendo introduzido no paradigma holográfico. Estudando os princípios taoistas da medicina chinesa juntamente com a medicina ocidental, lentamente adquiri a consciência de que a realidade do corpo humano reflete as características e as verdades universais da natureza. Em outras palavras, a consciência de que o macrocosmo é representado dentro de nós pelo microcosmo: "O que está em cima é como o que está embaixo".

Todos os dias, eu inseria agulhas nas orelhas de pacientes para lhes aliviar a dor, a náusea e a dificuldade para dormir. Eu estava vivenciando, na linha de frente da assistência médica básica, a realidade fractal de um microssistema no qual se pode ter acesso a todas as informações sobre todo o corpo a partir de uma pequena parte dele, no caso, a região frontal da orelha.

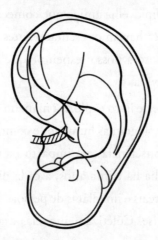

Figura 1 - Informações sobre o corpo contidas na região frontal da orelha. Segundo o dr. P. M. F. Nogier.[1]

Além disso, eu estava aprendendo com médicos chineses como obter informações valiosas a respeito do corpo lendo padrões na superfície de uma língua humana, e apalpando um pulso com a ponta dos dedos indicador, médio e anular. Vinte e oito anos depois, estamos testemunhando um amadurecimento da medicina holográfica, com a utilização da acupuntura auricular por médicos e paramédicos norte-americanos no Afeganistão e no Iraque, nos campos de batalha, como uma primeira intervenção no controle da dor causada por ferimentos sofridos pelas tropas em ação.[2] A rapidez de seus efeitos analgésicos, bem como seu comprovado nível de segurança, superaram os temores de que a ciência por trás da ação permanecerá esquiva à maior parte da profissão médica.

Em 1971, Dennis Gabor ganhou o Prêmio Nobel pela sua desbravadora pesquisa sobre hologramas em 1947. Como as obras de Copérnico e de Galileu nos séculos XVI e XVII, a pesquisa de Gabor representa um avanço com as proporções de uma mudança de paradigma na compreensão que temos atualmente do universo, e no papel que desempenhamos dentro dele. Criando estruturas tridimensionais a partir da superposição de feixes de *laser*, sua pesquisa, que constitui um marco científico e tecnológico, se ergue sobre a obra de muitos outros físicos do século XX que exploraram a base energética subjacente à vida. Seus estudos correlacionam-se estreitamente com a sabedoria e as culturas tradicionais, de base empírica, e que se estendem dos chineses aos nativos norte-americanos,

INTRODUÇÃO

com sua compreensão de que os domínios da energia, da consciência e do espírito são ainda mais fundamentais do que o mundo material detectado pelos cinco sentidos. A moderna era dos computadores, do ciberespaço e da ciência quântica está guiando os homens rumo à compreensão de um conceito ainda mais fundamental que o de energia: o de campos de informação.

A ciência dos computadores nos permitiu explorar o mundo dos fractais – os padrões da natureza subjacentes à imensa variedade de formas que nos circundam, e que nos intrigam tanto –, os quais nos revelam que toda a matéria está fundamentalmente interconectada, unificada em sua fonte. A saúde e a felicidade, como aprendi a considerá-las, atingem o apogeu dentro de nós quando estamos em perfeita harmonia com esse campo unificado. Sempre que houver desarmonia que se precise corrigir, ela é transmitida a nós por meio dos sentimentos ou sintomas corporais. Quando éramos crianças, antes que o cérebro racional se tornasse plenamente desenvolvido, esses sentimentos precisavam ser reconhecidos por nossos pais e guardiães. Era então responsabilidade dos pais elaborar maneiras de criar um campo harmonioso no qual seus filhos pudessem florescer. Se isso fosse negligenciado, poderia se refletir em episódios de saúde precária manifestando-se ao longo de toda a vida da criança. Genes associados a muitas doenças, e que permaneceriam adormecidos em um ambiente em que vigorassem estímulos nutritivos e autonutritivos, poderiam ser "ligados" – isto é, poderiam "expressar-se" – quando expostos à desarmonia na infância, para serem disparados quando situações como as de abandono ou abuso voltassem a ocorrer em anos posteriores.

O modelo de cura que apresento na terceira seção é construído em torno da hipótese de que todas as pessoas estão conectadas holograficamente a um grande campo de consciência unificador. O agente de cura, como sugiro, adota o papel de pai, primeiro escutando e sentindo, e em seguida usando o cérebro racional. O ato compassivo de escuta é acompanhado pelo ato igualmente compassivo da iniciação consciente da cura. Então, esse processo atua como um gabarito ou molde para todos os futuros aspectos da vida do paciente, que aprende a viver e amar a vida no agora, em harmonia.

Essa é a estrutura em cujo âmbito eu prefiro conduzir minhas consultas: como uma "planta" (*blueprint*) fractal que pode acolher um modo de vida que é, ao mesmo tempo, sustentável e afirmativo. Como no cuidado e na educação proporcionados por um pai ou mãe, esse processo educa o paciente para que ele se torne responsável e independente – o verdadeiro proprietário da sua saúde.

O Apêndice I apresenta exercícios e sugestões que garantirão o envolvimento do leitor no processo, se isso for necessário. Eles podem ser usados por si mesmos ou servir como suplementos para intensificar todo tipo de consultas com profissionais de saúde, desde especialistas em ortopedia até praticantes de Reiki. Minhas próprias experiências ao longo de trinta anos sugerem-me que essa abordagem da saúde carrega consigo não apenas profundas vantagens pessoais para o paciente ou o cliente, mas também benefícios econômicos de curto ou longo prazo. Isso leva à prescrição de menos medicamentos e, tenho a certeza, se for complementado com um plano de saúde quando ainda tiver pouca idade, levará a menos doenças crônicas em uma fase mais madura da vida. Esse é, creio eu, um exemplo típico de uma medicina de grande sensibilidade.

A quarta seção do livro discute de que forma uma percepção de nós mesmos como hologramas humanos terá impacto sobre a vida e a comunidade das pessoas no sentido mais amplo. Esse paradigma emergente esclarecerá os seres humanos sobre a extraordinária capacidade de que são dotados para focalizar sua consciência no bem maior – como indivíduos e, o que é talvez mais importante, coletivamente. O intelecto racional será considerado algo tão valioso como sempre foi para a nossa sobrevivência, mas somente se for equilibrado por uma intenção verdadeiramente compassiva. O corpo humano holográfico é reconhecido como uma unidade plenamente integrada tanto no interior de si mesmo quanto dentro do cosmos. A hierarquia da cabeça que governa o coração – do intelecto sobre o sentimento – será substituída por uma compreensão de como esses órgãos vitais se relacionam e, de uma maneira ideal, cooperam uns com os outros em um perfeito equilíbrio. A velha e rígida hierarquia será substituída por uma nova e harmoniosa holarquia.

O século XX – os cem anos mais violentos de toda a história humana – instilaram em nós a necessidade de tomarmos cuidado com as formas de culto. O mundo testemunhou uma nação racional hipnotizada por um impulso humano dominante de realizar atos coletivos de destruição e

Introdução

genocídio em uma escala nunca vista antes. Em uma escala menor, mas igualmente devastadora para as pessoas envolvidas, vimos líderes de cultos levarem seus "discípulos" a pactos suicidas em Waco e Jonestown. E, neste século, a lavagem cerebral – uma re-hipnotização dos descontentes – está presente, como sempre esteve, em grupos fundamentalistas terroristas que ameaçam a paz mundial, e os barões das drogas e da pornografia seduzindo jovens adultos e os atraindo para estilos de vida perigosos e destrutivos.

A intenção compassiva – a consciência do coração – é, a meu ver, o mais poderoso antídoto a essas ameaças, e estou certo de que a ciência e a filosofia holográficas, com seu enfoque na harmonia e no equilíbrio, podem desempenhar um papel fundamental dirigindo-nos a um futuro pacífico.

De maneira semelhante, percepções iluminadoras sobre nossas conexões holográficas com a natureza comprovar-se-ão essenciais à medida que o mundo se unir para reverter as mudanças climáticas que ameaçam o nosso futuro aqui na Terra. Talvez não seja coincidência o fato de que a consciência humana está hoje em um ponto de avanço desbravador – um novo renascimento –, quando, por outro lado, nós nos defrontamos com essas ameaças. Percebemos que temos de cooperar, juntar as mãos e perdoar indiscrições passadas se quisermos ter uma verdadeira oportunidade de prosperar neste planeta. Passamos a compreender que somos guardiães desta Terra e de todas as formas de vida que ela abriga. Assim, eu gostaria de pensar que, por meio da sincronicidade e da capacidade para realizar descobertas fecundas e oportunas, o paradigma que abraça a nossa realidade holográfica veio "no momento exato". Pois esse é um paradigma que reconhece a relatividade do próprio tempo, uma percepção para nos ajudar a obter e a atuar nas miraculosas terceira e quarta dimensões. Talvez a razão pela qual algumas pessoas interpretam o calendário maia como terminando por volta de 2012 é que a percepção que temos do tempo como uma experiência fixa e linear está mudando. Desse modo, em vez de essa data significar um fim dos tempos apocalíptico, ela é, na verdade, e de maneira muito mais otimista, o fim da dependência do homem com relação ao tempo.

Há também uma teoria corrente e controvertida que apresenta a sugestão segundo a qual haverá um salto sem precedentes da consciência humana quando o campo magnético da Terra alinhar-se com o centro da Via Láctea. No entanto, em vez de esse processo ser apenas físico, ocorrendo no cosmos e além do seu controle pelo homem e do envolvimento do homem com ele, não seria possível que fosse a própria percepção das conexões holográficas que articulam a espécie humana com a Terra, o Sol e a Via Láctea que estivesse no cerne desse alinhamento? E, obtendo equilíbrio dentro do seu mundo interior, toda a espécie humana, instantaneamente, contribuísse para o equilíbrio do universo? Nós – você e eu –, juntamente com o restante da humanidade, somos, em última análise, os responsáveis.

Por isso, agradeço-lhe por se juntar a mim como um companheiro explorador nos recém-descobertos – embora ainda não mapeados – territórios desse instigante, e fascinante, novo paradigma. Nas páginas seguintes, tomo por base o material que elaborei nos livros que escrevi anteriormente, *Healing Ways* e *The Human Antenna*, não apenas no que se refere ao conteúdo que oferecem, mas também no processo de desenvolvimento orgânico que governou a maneira como as próprias experiências de vida que me acompanharam nesse processo cresceram e foram se consolidando, camada sobre camada. Continuarei a explicar minha jornada pessoal de descobertas por uma única razão: para que você possa apreciar, e vivenciar plenamente, seu próprio papel, um papel perfeito, ricamente colorido e único. Isso porque a mensagem subjacente, que corre ao longo de cada uma destas páginas, é a de que é justamente você que tem essa responsabilidade de curar, e de contribuir proativamente, por meio de atos benevolentes dirigidos a você mesmo e a outras pessoas, para o campo unificado de consciência, do qual emana tudo o que conhecemos.

Para citar Esopo, humilde escravo grego do século VI a.C.: "Nenhum ato de bondade, por menor que seja, é jamais desperdiçado".

Seção Um:
Vivendo no Universo Holográfico

Quando a pura sinceridade se forma no interior, ela é exteriormente realizada no coração das outras pessoas.
– Lao Tsé, século VI a.C., filósofo chinês

É uma linda tarde de verão. Minha família está fazendo compras no centro comercial local. Dirijo durante dez minutos até minha praia favorita para nadar, relaxar e mergulhar na água quente e calma. Caminho até as margens do oceano, dou um mergulho, me viro e flutuo de costas. Fechando os olhos, vejo-me completamente à vontade, tendo consciência apenas de ser embalado e revestido pela água do mar, que, pelo menos hoje, apenas estimula e nutre. Reflito sobre a palestra de John F. Kennedy para as equipes da Copa América de 1962, pensando que talvez, como ele disse, "seja porque todos nós viemos do mar [...] que todos nós temos no sangue que corre em nossas veias a mesma exata porcentagem de sal que existe no oceano [...] e quando voltamos ao mar [...] estamos voltando para o lugar de onde viemos".

Mas, na verdade, não estou pensando tanto assim, apenas concentrado em ser. Hoje, não há ondas para agitar o meu mundo; permaneço em um estado de animação suspensa, afastado das pressões cotidianas, esquecido da passagem do tempo. Revigorado e em paz, volto à praia arenosa, me seco, e visto minha camiseta e meu calção. Então, eu me viro para descobrir uma garotinha, que teria possivelmente apenas 3 anos de idade, olhando fixamente para mim. Não está chorando nem visivelmente aflita.

"Olá", digo a ela, olhando ao redor à procura de sua mãe ou de seu pai. Mas as únicas pessoas na praia são dois meninos adolescentes a cerca de cinquenta metros de distância de nós. "Ela está com vocês?", grito para eles. "Definitivamente, não", um deles grita de volta, como se essa sugestão fosse inteiramente ridícula, para não dizer insultuosa.

Procurei em uma distância maior. Entre a praia e a estrada, há uma pequena área para recreação – um escorregador, alguns balanços, um carrossel e duas mesas para piquenique. Mas tudo estava completamente deserto. Perguntei à garotinha qual era seu nome e ela escondeu o rosto com as mãos, envergonhada.

"Venha comigo", eu disse. Ela não se moveu. Quando lhe ofereci minha mão, ela encolheu os ombros e se afastou.

Eu estava num dilema. Deveria apanhá-la e sair à procura de seus pais, aliviando sua óbvia angústia o mais rápido possível, ou teria apenas de ficar lá com ela, mantendo-a em segurança enquanto esperava por alguém que estivesse à sua procura? De repente, eu me senti muito vulnerável – seria preciso explicar a eles por que eu, um estranho de meia-idade, estaria aparecendo diante deles surgindo do nada e segurando sua filha de 3 anos? Talvez o melhor fosse permanecer onde eu estava.

Minha tarde estava se comprovando ser muito menos pacífica do que eu havia planejado. Esperei cinco minutos, varrendo com os olhos a praia e as vizinhanças à procura de membros da família, e ficando intensamente à escuta de alguém que chamasse por um nome de criança. Então, de algum lugar muito atrás de mim, na extremidade oposta da praia, ouvi uma voz de homem: "Hayley... Hayley", acompanhada por uma voz de mulher que também a chamava. Logo em seguida, um casal, visivelmente aflito, emergiu de uma pequena moita de pinheiros jovens. Eles localizaram a filha e eu. Acenei para eles, peguei a menina e corri em direção a eles.

Nesse instante, quaisquer complexidades ou implicações de preocupação de minha situação delicada foram descartadas, pois respondi instintivamente a uma necessidade urgente de reunir uma menina perdida aos seus pais fora de si. Coloquei Hayley na areia conforme nos aproximávamos deles, e ela correu em direção à mãe com os braços estendidos. Ela saltou nos braços abertos da mãe, que estava rindo e chorando ao mesmo tempo. Seu pai, um homem enorme, cobriu completamente a mulher e a filha em um imenso, mas gentil abraço de urso, enquanto soltava um alto e sonoro "ufa!" de alívio.

Depois de alguns momentos, os pais ergueram os olhos e passaram a me olhar de maneira estranha. *Oh, meu Deus*, pensei.

"Eu conheço você."

"Vocês me conhecem?", respondi, não os reconhecendo.

"Sim", disse a mãe, "você era o médico da nossa família na década de 1980. Você deve se lembrar de ter cuidado da vovó quando ela estava morrendo."

Ela me disse o nome da avó e, de fato, eu me lembrei dela, visualizando o rosto de uma corajosa e digna dama de quase 70 anos que morreu em sua casa vítima de câncer do intestino.

Então, eu me vi introduzido em um abraço de quatro lados, com o pai naturalmente ocupando a margem externa, enquanto tentava explicar a eles minha desagradável situação, que antes me parecera tão preocupante, mas que agora parecia tão trivial e sem importância. Eles me escutaram polida e pacientemente. Mas compreendi, nesse momento, que para essa jovem família apenas uma coisa importava. Eles estavam simplesmente juntos de novo.

Nas páginas a seguir, explicarei a vocês, da melhor maneira possível, por que o paradigma holográfico apresenta uma validade científica crescente. Mas, em última análise, minha razão para explorar e explicar todo esse assunto é puramente prática: se estamos de fato no limiar de confirmarmos que há realidades além das fronteiras das quatro dimensões, e se nós somos de fato seres holográficos interagindo de maneira vital e instantânea com um universo holográfico, o que tudo isso significa para a vida cotidiana? Isso nos intensifica e nos ilumina, ou apenas satisfaz a sede de conhecimento que temos pelo incomum? Se todos nós, de fato, nos manifestamos a partir de um campo universal de consciência, essa consciência e a informação pura é a nossa fonte primária, e, assim, como o conhecimento que temos sobre isso afeta e altera o nosso comportamento?

A cada semana, talvez a cada dia, cada um de nós defronta-se com o dilema que eu encontrei na praia. A história com a qual eu ilustro o fato de que nós não temos de resgatar, ressuscitar ou realizar com um canivete uma cirurgia que salva uma vida para desempenhar o papel que nos cabe realizar é intencionalmente comum. Os desafios diários com que nos defrontamos podem não parecer imensamente significativos para quem está de fora, mas ao respondermos a eles e ao agirmos sabiamente, contribuímos, de um lado, para a expansão gradual da consciência que levamos conosco e, do outro, para o *pool* coletivo da consciência universal. Na praia, em um dia de verão, enquanto flutuamos cheios de contentamento na água quente e calma, é fácil imaginar que somos parte de um campo perfeitamente benigno e harmonioso que abrange tudo o que é maravilhoso a respeito do mundo em que vivemos (veja a Figura 2).

Figura 2 - Em unidade com o campo.

Na verdade, durante anos, encorajei pacientes para que visualizassem, e até mesmo sentissem, as sensações que descrevi em minha história da praia, em uma tentativa para guiar seus corpos até um perfeito estado de cura. Como muitos de nós vivem a vida em um ritmo acelerado, sob tensão e agitação, esse exercício é, de fato, um antídoto bem ajustado aos muitos estresses da vida nos dias de hoje. Ocasionalmente, alguém deixa o meu consultório exatamente nesse estado de profundo relaxamento.

A acupuntura, o Reiki e a massagem podem levar o paciente que recebe essas ações a se sentir dessa maneira, e podem verdadeiramente mudar a vida de alguém que não esteja acostumado a obter um nível de intenso bem-estar usando meios puramente naturais. Testemunhei pessoas anteriormente dependentes dos efeitos de drogas, de álcool e de cigarros mudarem dramaticamente os hábitos aos quais estavam apegadas depois de descobrirem que um estado assim, de intenso bem-estar, pode ser alcançado em um instante unicamente por meio da ativação de seus próprios recursos interiores.

Outras pessoas ficam cientes disso por meio de experiências de pico que ocorrem inesperadamente na vida cotidiana. Cada jogador de golfe experimenta um instante em cada rodada quando tudo está exatamente correto – a bola voa perfeitamente, e ninguém, nem mesmo Tiger Woods, poderia fazer melhor. No meu próprio caso, todos esses momentos preciosos são, infelizmente, muito fugidios. No entanto, é precisamente a lembrança dessas ocorrências raras que nos leva de volta ao campo de golfe semana após semana. Grande parte da psicologia dos esportes modernos é dedicada à intensificação e à construção dessas experiências de pico "na zona" por meio de exercícios de visualização.

Tiger Woods, de acordo com seu *caddy** neozelandês Steve Williams, visualiza, antes de cada tacada, o lugar preciso no *fairway*** onde a bola aterrissará, e também onde ela irá parar. Naturalmente, para que isso funcione, ele também precisa ter disciplina e terá de praticar durante muitas longas e solitárias horas. E ajuda ter o talento realmente único e inato de Tiger. Um estado assim, semelhante ao do sonho, tão realizador, e até mesmo tão extático, tem muitas vantagens maravilhosas, e nos permite permanecer fora da pressão do tempo, que tanto esgota a energia vital que nos anima. Essas experiências proporcionam uma verdadeira perspectiva à vida que vivemos, afastada do mundo puramente material do "eu ganho" e "você perde".

Meditar sozinho ou em grupo não apenas aumenta a nossa saúde, mas também nos leva a viver uma vida mais produtiva e mais criativa. Quando focalizamos nossa intenção em um grupo coordenado, seja por meio da prece ou como parte do Experimento da Intenção de Lynne McTaggart, estamos aprendendo que temos o poder de produzir não localmente efeitos intensificadores da vida sobre outras pessoas. E ao nos conectarmos instantaneamente com o agora por meio de exercícios de psicologia energética, estamos aprendendo a deletar rápida e completamente padrões de comportamento destrutivos condicionados e produtores de dependência. Porém, aprender como viver em harmonia com o campo unificado, por mais valioso que isso seja, é apenas uma lição que o paradigma holográfico nos ensina.

Enquanto eu flutuava na água quente naquela tarde de verão, difundiu-se por todo o meu ser uma sensação de assombro e reverência diante da perfeição do mundo. Experimentei uma sensação de profunda gratidão por isso. Porém, os acontecimentos desconfortáveis que iriam se desdobrar

---

*Caddy é o ajudante que acompanha o golfista levando seus tacos e outros objetos ao longo de cada partida. (N.T.)

** Trecho liso e plano entre os buracos de um campo de golfe. (N.T.)

alguns minutos depois na areia seca foram, retrospectivamente, mais profundos. O mundo tangível – de medo, pressão do tempo, preocupação e culpa – que eu então encontrei preparou o palco para que eu me esforçasse, da melhor maneira que me foi possível, para fazer a coisa certa. O alívio que senti diante do resultado feliz – uma criança reunida com seus pais – lembrou-me, uma vez mais, da necessidade de confiar em um processo que se desdobra depois que a intenção da pessoa é fixada. (Veja a Figura 3.)

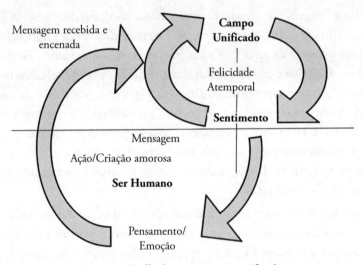

Figura 3 - *Feedback* com o campo unificado.

A todos nós foi concedido o livre-arbítrio para que possamos agir de maneira apropriada, para que possamos participar do mundo em que vivemos, para que possamos escolher o bem maior. O livre-arbítrio para engolir o orgulho que tantas vezes nos domina, para que nos sintamos incertos e temerosos, para podermos admitir que, às vezes, estivemos errados e, acima de tudo, para sermos bondosos com nós mesmos e com os outros. No universo holográfico, uma parte, independentemente de quão pequena ela seja, pode influenciar o todo. Um ato de bondade proveniente do coração de um escravo humilde é idêntico àquele que provém do coração de um soberano.

Primeiro Princípio do Holograma Humano: O estudo da ciência e da filosofia holográficas nos fornece uma compreensão mais profunda do valor da nossa vida diária.

Seção Dois:
O Holograma Humano —
A Ciência

Capítulo 1:
Introdução à Ciência

> *Todas as coisas por poder imortal, perto ou afastadas,*
> *Por um laço oculto umas às outras estão ligadas,*
> *E até mesmo uma flor: você não conseguirá movê-la*
> *Sem perturbar uma estrela.* *
> – Francis Thompson (1859-1907), poeta inglês

O paradigma holográfico, segundo o qual todas as partes de um universo maior são fractalmente expressas em cada uma das partes menores, foi intuído por visionários, artistas e poetas durante milênios. De fato, como Karl Pribram resumiu em seu livro de 1991, *Brain and Perception*, o cérebro, os sentidos e a mente de um ser humano podem estar inextricavelmente envolvidos no processo de retransmitir essa informação universal. Além disso, há evidências em número cada vez maior de que o corpo humano está sendo continuamente formado em uma matriz holográfica "em conformidade" (ou "em unidade") com um campo de consciência universal.

Porém, no mundo da ciência ortodoxa, grandemente baseado como é nos princípios cartesianos mecanicistas, é difícil comprovar tais filosofias metafísicas. Mesmo que já saibamos, há mais de um século, que o tempo é relativo, que a matéria e a energia são intercambiáveis, e que as partículas podem, de maneira igualmente precisa, ser consideradas como formas de ondas, o mundo acadêmico ainda exige, com muita frequência, que os cientistas baseiem suas teorias em leis do universo que estão atrasadas em relação às percepções dos visionários.

---

* No original: *All things by immortal power, near and far/Hiddenly to each other linked are, That thou canst not stir a flower/Without troubling of a star.* (N.T.)

Também parece que para muitas pessoas, na vida profissional pelo menos, é necessário um grande esforço para colocarem-se fora de si mesmas e considerar o conceito segundo o qual suas observações, suas percepções e seu ser podem afetar o objeto que estão estudando. Ainda se tem a percepção de que o cosmos está situado "lá fora", distante e completamente separado de nós, os observadores. Mas a revolucionária era da informação está rapidamente mudando as maneiras como as ideias estão sendo disseminadas para o público em geral. Recentemente, dei uma palestra cujos ingressos logo se esgotaram, mas para a qual nenhum dinheiro havia sido gasto em propaganda. Os detalhes para a inscrição foram difundidos de maneira exclusivamente "viral" pela Internet, por meio de contatos em sites como Twitter e Facebook, que os espalharam pela rede.

As ideias podem atingir atualmente muitas pessoas treinadas em diversas disciplinas e que compartilham entusiasmo e visão. "Amadores" entusiastas inteligentes, e que não são ameaçados por pensamentos de ter a reputação prejudicada ou que financiamentos para suas pesquisas poderiam ser cancelados, discutem hoje novas teorias juntamente com acadêmicos bem estabelecidos e cientistas pesquisadores que estão seguros, e que, no entanto, ainda são espíritos suficientemente indagadores para ampliar as fronteiras do conhecimento. Os temores de que essa ligação poderia se comprovar perigosa e contribuir para um emudecimento da nossa base de conhecimento parecem, de modo geral, infundados. Como resultado dessa nova explosão de informações livres para as massas, estão sendo desenvolvidos programas de educação que têm por base menos a intenção de abarrotar os estudantes com fatos e mais a de encontrar maneiras de eles terem acesso a informações que carregam valor e integridade.

Como médico de família, tive oportunidade de estudar e praticar a medicina baseada em princípios holísticos e holográficos. A Lei dos Cinco Elementos da medicina chinesa permite-nos ter uma visão do funcionamento do corpo em conformidade com as leis da natureza – o macrocosmo da natureza expresso dentro do microcosmo do corpo. Essa sabedoria perene ajudou-me em grande medida a ganhar uma compreensão mais profunda da saúde e do processo de cura. Constatei que esse conhecimento pode ser facilmente transferido para as pessoas que procuram minha ajuda e pode de fato ajudá-las a administrar suas condições de saúde de maneira real e prática.

Escolher e usar a natureza para ajudar a curar – tanto por meio do alimento que ingerimos como do ambiente em que vivemos – é mais importante no apressado século XXI do que jamais o foi antes. De maneira semelhante, a compreensão dos princípios do yin e do yang, que levam à obtenção do equilíbrio em nossa vida moderna é hoje tão essencial quanto sempre o foi. De fato, essa lei básica dentro da filosofia chinesa é precisamente a mesma da ciência ocidental: *a primeira lei da termodinâmica*.

Em sua forma mais simples, essa lei afirma que a energia neste universo não pode ser destruída, mas apenas convertida em outras formas. Desse modo, sempre há fundamentalmente na natureza uma tendência subjacente para um estado de perfeito equilíbrio, ou simetria. Na natureza, nada é desperdiçado. Folhas caem das árvores no solo, que é enriquecido e fertilizado pela decomposição dessas folhas. O esterco usado nos terreiros, fazendas ou, ainda melhor, a "bosta animal", faz os tomates que crescem no meu modesto pedaço de terra para hortaliças terem um sabor "quase igual ao dos tomates comprados", segundo os membros da família. A água sobe dos mares para se condensar em nuvens, que finalmente caem como chuva sobre a terra para irrigar e sustentar toda vida ligada à terra. Em uma linguagem mais atual, podemos dizer que é a pura "informação" básica sustentada por todas essas diferentes formas que permanece intacta. Há hoje uma compreensão crescente de que essa informação universal é simplesmente outra maneira de explicar uma consciência universal que está na base de tudo o que conhecemos.

Mas a vida sobre esta Terra nos coloca face a face com outra verdade mais inevitável. Três décadas e meia de prática médica ocidental e quase seis décadas neste planeta colocaram-me frente a frente com o fato inegável de que o nosso corpo, infelizmente, deteriora-se com a idade, exigindo mais atenção e cuidado à medida que os anos passam. Assim, nos domínios tridimensionais e quadridimensionais desta vida na Terra, vemos a entropia em ação precisamente da maneira como ela se expressa na *segunda lei da termodinâmica*. Esse fato mostra que um sistema complexo como o corpo humano progride irreversivelmente no tempo em direção a um estado de caos e desordem que é cada vez mais difícil de "fixar". Na verdade, se não houvesse essa atuação da entropia, eu, como médico, provavelmente não teria emprego! Todas as máquinas complexas também estão sujeitas à entropia; daí a necessidade perpétua de providenciar *backups* dos dados temendo que o *hardware* dos computadores sofra uma pane. É uma realidade para toda a natureza, pois até mesmo a mais humilde ameba possui um sistema de armazenamento de informações bem mais aperfeiçoado do que o mais poderoso computador feito pelo homem. Se eu deixar cair um ovo não cozido no chão, ele inevitavelmente se quebrará e, como aconteceu com o pobre e infortunado Humpty, "todos os cavalos do rei e todos os homens do rei" (até mesmo SEUS consertadores!), não serão capazes de voltar a reconstituí-lo para o meu café da manhã.

Eu me lembro de uma adorável monja budista entrevistada em um programa de rádio e explicando por que não deveríamos nos lastimar ou ficar aborrecidos quando um precioso objeto de herança, como um vaso, porventura se quebra ao cair no chão, pois ele simplesmente segue o caminho de todas as coisas na natureza. Na verdade, sem esses eventos, as coisas antigas que permanecem deixariam de se tornar valiosas.

As brilhantes percepções de David Bohm, físico do século XX, proporcionam uma compreensão mais profunda das duas leis da termodinâmica. Para descrever o nosso mundo tridimensional e quadridimensional da entropia e da decadência, ele cunhou a expressão "ordem explicada". E o domínio simétrico, balanceado, que transcende o tempo e o espaço, ele chamou de "ordem implicada". Há uma compreensão contemporânea crescente de que o nosso mundo explicado, sujeito à tensão do tempo, é uma realidade virtual que oculta muitas verdades espirituais implicadas e atemporais.

Pelo que parece, as ocasiões em que o véu entre esses mundos se ergue são as extremidades finais de todas as vidas, ou as situações de profundo significado emocional. É então que tais verdades são conhecidas com tanta clareza quanto percebemos que a grama é verde e que o céu é azul. Muitas pessoas que passam por experiências de quase-morte obtêm percepções iluminadoras das verdades eternas, que colocam os prazeres superficiais que procuramos no nosso mundo material de volta ao seu verdadeiro contexto.

As filosofias chinesa e taoista também podem nos ajudar a entender como, dentro do nosso mundo explicado, podemos criar um equilíbrio perfeito entre forças yang (positivas) e forças yin (negativas) e ter acesso aos domínios ilimitados da ordem implicada, também conhecida por outros nomes, como energia do ponto zero, energia escalar ou energia livre. O caminho do meio é, com frequência, o mais realizador de nossa vida – por exemplo, quando nossas energias masculina e feminina se equilibram, quando há uma relação em que todos ganham em vez de uma relação em que alguns ganham e outros perdem. No entanto, nossas mídias ainda estão mais interessadas em nos vender o incomum, o bizarro e o extremo.

Formas geométricas simétricas, os símbolos da geometria sagrada, ocorrem fractalmente no mundo natural como sinais sempre persistentes para nós, fornecendo-nos a evidência de dimensões que estão além da natureza puramente física – simetria além do caos. Por exemplo, a série de Fibonacci e a Seção Áurea, igual a 1,618, a ela relacionada, são observadas por toda parte e por todo o cosmos, desde as galáxias espirais, observadas através dos nossos mais poderosos telescópios, até a estrutura do nosso DNA, à qual nossos microscópios eletrônicos de ponta têm acesso. Sua presença é constante nos padrões de crescimento de conchas, hortaliças e células no corpo humano. A geometria sagrada sugere vigorosamente que todos os seres vivos, incluindo nosso planeta, estão universalmente conectados, e que essa separação pode ser apenas uma ilusão. Exploraremos fractais em grandes detalhes, e até mesmo a expressão de complexidade deles, no Capítulo 9.

Minha exposição à medicina ayurvédica ajudou-me a aplicar esses padrões que se desdobram ao processo de crescimento da nossa consciência, e permitiu-me dar algum significado às dificuldades daqueles que procuram minha ajuda. A jornada da vida de todos nós nesta Terra envolve muitos encontros ocorridos na vida real e nos quais se obteve um equilíbrio entre aceitação e ação. Isso me ajudou a validar os conceitos de chakra e kundalini, nossa escada em espiral interior, em um local de perfeita paz. Os chakras também nos conectam holograficamente ao todo, de modo que a jornada de cada um de nós nutre e estimula direta e instantaneamente toda a comunidade. Portanto, à medida que a vida humana se desdobra, também o faz o grande campo unificador da consciência.

Aplicando esse modelo, cada pensamento que desponta em nós, cada observação que fazemos contribui para o cosmos que estamos observando. As coisas que percebemos com nossos sentidos são apenas as percepções que temos do mundo que nos cerca. Percepções restritivas condicionadas com que outras pessoas nos alimentam, principalmente na infância, talvez precisem ser reexaminadas, e até mesmo substituídas por novas verdades. Recentemente, descobriu-se, por meio de escaneamentos funcionais MRI (fMRI) (formação de imagens por ressonância magnética funcional) do cérebro, que a luz que atinge os olhos é processada não apenas pelo chamado córtex visual do cérebro, mas também é extensamente processada por outras áreas corticais. Por isso, é mais do que possível que crenças condicionadas e percepções estreitas influenciem o que nós pensamos que efetivamente vemos. Costuma-se dizer que a beleza sempre está nos olhos de quem vê.

Na terceira seção deste livro, exploraremos como o processo de cura profunda envolve o ato de a pessoa ser guiada e sustentada por essas percepções mutáveis. A jornada de cura segue o preciso padrão fractal de uma vida vivida desde a primeira infância até a idade adulta independente. Bebês e crianças novas sentem intensamente, mas carecem do poder mental, da racionalidade ou da eloquência para expressar esses sentimentos em palavras. Os sentimentos nos movem para a ação por meio da expressão das emoções que nos agitam. É então que o cérebro e os pensamentos tornam-se importantes. Se houve desequilíbrio na infância, isto é, sentimentos não reconhecidos, emoções abafadas e, em seguida, suprimidas, tais sentimentos podem submergir no subconsciente. E esse processo pode resultar em doença mais tarde em nossa vida.[3,4] Desse modo, de acordo com esse modelo, pode-se dizer que sentimentos baseados no coração são mais fundamentais do que pensamentos racionais baseados no cérebro. Precisamos empregar o coração e o cérebro de maneira equilibrada se quisermos curar a nós mesmos e salvar o planeta. Uma sociedade baseada apenas em decisões puramente racionais, destituída de compaixão, é uma sociedade perigosa e que está em perigo.

Chego a duvidar que meu interesse por hologramas teria sido despertado ou se mantido se eu não tivesse decidido espetar uma agulha solitária na aurícula (a parte externa) da orelha de uma pessoa em certa manhã no início da década de 1980. O fato de que essa intervenção terapêutica bizarra pudesse, de alguma maneira, revelar-se algo mais que uma breve distração da dor lombar do meu paciente, motorista de caminhão, poderia parecer uma conclusão extremamente forçada. No entanto, apesar de tudo isso, inseri a agulha e o motorista de caminhão sentiu alívio imediato. E eu repeti esse procedimento extremamente simples a cada semana, quase a cada dia, da minha vida de médico clínico até agora.

Nesse ano, um jovem estudante de engenharia, em meio a um sério ataque de enxaqueca, veio ao centro de saúde da universidade. Seu medicamento usual de combate à dor e uma injeção anti-inflamatória não haviam funcionado, e ele iria fazer seus exames finais em uma hora. Ele não queria que eu lhe ministrasse nada que o deixasse sonolento. Sem muita alternativa, concordou em receber uma agulha de acupuntura em sua orelha, que deu a ele alívio imediato, e permaneceu nesse lugar enquanto durou seu exame, para diversão do examinador. A necessidade, como um engenheiro seria o primeiro a nos lembrar, é muitas vezes a mãe da invenção.

Testes controlados, aleatórios e bem planejados estão sendo atualmente conduzidos para investigar a eficácia da acupuntura auricular. Em 2007, seguindo um estudo piloto, médicos da Universidade Ernst Moritz Arndt, da Alemanha, mostraram que agulhas minúsculas inseridas nos pontos da acupuntura auricular reduzem a dor depois de uma cirurgia do joelho. As agulhas foram mantidas no lugar durante toda a operação; os pacientes do grupo de controle tinham agulhas inseridas em locais de suas orelhas que não correspondiam aos pontos conhecidos da acupuntura. Os pacientes que receberam as aplicações de acupuntura corretas precisaram de uma quantidade significativamente menor de medicamentos para alívio da dor depois de terem passado pela cirurgia. O artigo, publicado no *Canadian Medical Association Journal*, provocou muitas discussões. Um médico cético foi extremamente crítico, lamentando que um conceituado periódico que só publicava artigos revisados por médicos e pesquisadores publicasse tal estudo, chamando os testes de "um desperdício de dinheiro".[5]

O conhecimento *de que* uma intervenção médica efetivamente funciona precede, com frequência, uma compreensão do *porquê* ela funciona. Em 1746, James Lind, um cirurgião naval escocês, começou a estudar por que tantos marinheiros da Marinha Britânica estavam morrendo de escorbuto durante viagens longas. Por meio de diligentes pesquisas, naquele que se comprovaria ser um teste belamente planejado e controlado, ele mostrou que os marinheiros do *HMS Salisbury* que incluíam limões e laranjas em sua dieta conseguiam reverter completamente os sinais dessa doença potencialmente letal. Infelizmente, foram necessários mais quarenta anos, e mais 100 mil mortes, antes de as autoridades introduzirem formalmente limões comuns e limões-galegos na dieta dos marinheiros. E foi apenas em 1932 que o cientista húngaro Albers Szent-Gyorgyi e o químico inglês Walter Haworth finalmente isolaram a substância química responsável, a vitamina C, chamando-a de ácido ascórbico, palavra derivada da palavra latina para o escorbuto, *scorbutus*.

O Segundo Princípio do Holograma Humano: A teoria holográfica está edificada sobre sabedoria antiga e ciência moderna em uma época crucial da história humana, quando as informações estão sendo livremente compartilhadas ao redor do mundo, rompendo velhas barreiras de raça, religião e política.

Uma Breve História do Holograma

O pioneiro no estudo do holograma foi o cientista húngaro Dennis Gabor, em 1947. Gabor passou seus primeiros anos trabalhando na Alemanha, mas fugiu do regime nazista em 1933, indo para a Inglaterra. Sua obra desbravadora permaneceu teórica até a invenção do *laser* em 1960 como fonte de luz coerente. Ondas luminosas coerentes são aquelas que "marcham em compasso" umas com as outras. Ao longo dos anos seguintes, cientistas russos, norte-americanos e britânicos desenvolveram protótipos do holograma.

Dois feixes de luz de *laser* são produzidos a partir de uma só fonte. Um deles é dirigido ao objeto a ser representado no holograma, enquanto o outro é desviado para um espelho. A luz que vem do espelho, conhecida como feixe de referência, é então reunida com a luz que foi espalhada, ou refletida, pelo objeto. Essa reunião resulta em um complexo padrão de interferência de ondas luminosas, e esse padrão é registrado em uma chapa fotográfica especial. (Veja a Figura 4.)

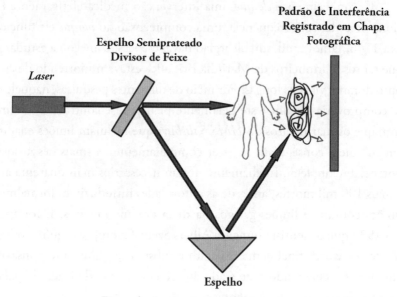

Figura 4 - A gravação do holograma.

Quando essa chapa fotográfica bidimensional plana, que retém a informação, é novamente exposta a um novo feixe de *laser*, aparece uma imagem tridimensional do objeto, semelhante a um fantasma, reconstruída a partir das informações armazenadas na chapa fotográfica. Desse modo, toda a informação é transportada dentro do feixe de *laser* que forma a imagem holográfica. (Veja a Figura 5.)

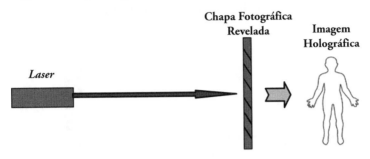

Figura 5 - Reprodução do holograma.

Uma vez que o holograma armazena e em seguida reconstrói toda a luz espalhada por um objeto, a imagem é vista pelo observador humano como um objeto tão real quanto o original. Duas pessoas em lados opostos do holograma verão diferentes lados da imagem holográfica, como se essa fosse real. Quando nos movemos ao redor do holograma, o objeto permanece parado e nós podemos explorá-lo de diferentes ângulos. Essa propriedade é conhecida como paralaxe. Isso não acontece quando colocamos nossos óculos 3D no cinema, pois todos no cinema veem exatamente a mesma imagem, estejam eles sentados na fileira A, poltrona 1, ou na fileira W, poltrona 20!

A outra importante propriedade do holograma, e essencial para este livro, é a natureza fractal da imagem, isto é, a menor parte da informação registrada na chapa fotográfica contém, quando exposta a um único feixe de *laser*, todas as informações do todo. Esse fato pode ser demonstrado cortando-se uma pequena porção da chapa, na qual a imagem holográfica foi registrada, e em seguida submendo-se esse fragmento a um feixe de *laser*. Uma imagem holográfica completa se formará como resultado. (Veja a Figura 6.)

O motivo exato pelo qual os feixes que se superpõem combinam-se para codificar a informação dessa maneira surpreendente ainda é tema de intensas discussões. Quando dois conjuntos de ondulações em uma piscina convergem, algumas irão se sobrepor, duplicando o seu tamanho, enquanto outras se cancelarão mutuamente – processos conhecidos, respectivamente, como interferência construtiva e destrutiva. Uma mistura variável desses padrões ocorre quando os dois feixes de *laser* se encontram – um deles transportando informações vindas do objeto e o outro agindo como feixe de referência. Em experimentos recentes, constatou-se que feixes de *laser* interagentes proporcionam o ambiente perfeito para induzir o entrelaçamento, ou conexões instantâneas não locais entre átomos.[6]

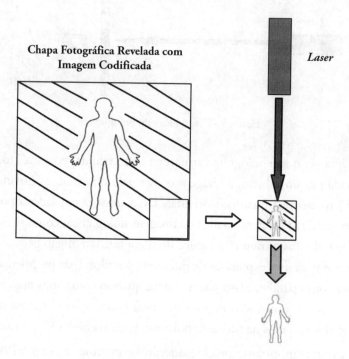

Figura 6 - Fragmento holográfico.

Quando ondas luminosas interferem entre si e se cancelam mutuamente, resulta disso um meio ou vácuo, aberto a informações vindas de além dos nossos confins conhecidos de tempo e de espaço. Partículas subatômicas aprisionadas nesses "faróis" convergentes respondem instantaneamente oscilando e se conectando em pares entrelaçados com spins opostos. Forma-se, dessa maneira, uma perfeita ressonância harmônica entre luz, átomos e seus átomos gêmeos entrelaçados. Esse conceito ficará mais claro quando, no Capítulo 5, explorarmos o fascinante papel do entrelaçamento.

Desse modo, o holograma contém informações locais e não locais, transportadas dentro de um feixe de luz de *laser* e com *inputs* vindos de várias fontes:

1. A forma do objeto por via do feixe de fótons que o varre (local).
2. A posição relativa do objeto no espaço por via da interação com o feixe de referência (local).
3. A informação "universal" não local vinda da "interferência destrutiva" dos feixes de luz.
4. Nossa própria observação (examinaremos esse fato no Capítulo 3).

Se, na verdade, extrapolarmos a teoria holográfica até levá-la à sua conclusão lógica, reconheceremos que todas as informações do todo podem ser transmitidas pela menor de suas partes. Assim, cada fóton poderia estar carregando, ou pelo menos transmitindo, informações universais. Essa propriedade é demonstrada no passo final do experimento do holograma de Gabor, à medida que o novo feixe de *laser* "absorve" e "registra" a informação armazenada na chapa antes de formar a imagem holográfica. Ninguém jamais viu um fóton, mas existem aqueles, que incluem o artista Jon-Henrik Andersen[7] e uma equipe de físicos da Universidade de Michigan, que representam o fóton como um objeto de forma toroidal ou de rosquinha – a forma de um buraco de minhoca dentro do qual todas as estruturas vindas desta dimensão se dissolvem e, muito possivelmente, da qual todas as estruturas continuamente se desdobram. Estamos agora aplicando o novo paradigma da teoria holográfica e tocando em conceitos que realmente expandem a mente!

A obra pioneira de Dennis Gabor foi formalmente reconhecida em 1971, quando ele recebeu o Prêmio Nobel de Física. Desde esse ano, os hologramas se tornaram parte integrante da vida moderna. Como são muito difíceis de serem reproduzidos, exigindo o uso de equipamentos dispendiosos, eles são utilizados como dispositivos de segurança em muitas cédulas de papel-moeda no mundo todo. Como o seu potencial de armazenamento de informações é imenso, eles estão sendo saudados como o próximo avanço significativo da tecnologia de armazenamento de dados. Além disso, eles são usados em campos tão diversos como escaneamento em supermercados e microscopia eletrônica.

Porém, desde a década de 1970, cientistas de destaque têm explorado a possibilidade de que nosso próprio universo é, em sua forma mais fundamental, um holograma. Para entender isso, por favor, junte-se a mim enquanto ingressamos no negro abismo, nada convidativo, de um buraco negro.

Terceiro Princípio do Holograma Humano: O holograma feito pelo homem tem duas propriedades proeminentes. Em primeiro lugar, a propriedade da paralaxe, que permite à imagem permanecer em uma posição fixa enquanto é vista a partir de diferentes ângulos. E, em segundo lugar, ele tem uma natureza fractal, por cujo intermédio todas as partes de todo o holograma estão contidas na menor de suas partes.

Capítulo 2:
O Universo como um Holograma

Na década de 1970, Stephen Hawking mostrou que os buracos negros, dentro dos quais, pelo que parece, estrelas e galáxias (e seres humanos como eu e você, se acidentalmente perambulassem por lá) inevitavelmente se dissolveriam e "evaporariam", não são inteiramente negros. De fato, ele mostrou que, lentamente, eles emitem radiação, fazendo com que acabem por desaparecer inteiramente. No entanto, as leis da entropia insistem em que a energia não pode ser destruída em nosso universo, mas apenas reciclada. Quando alguma coisa se decompõe, ela se transforma em alguma outra coisa – como na expressão "das cinzas às cinzas, do pó ao pó". Desse modo, os buracos negros pareciam fornecer uma exceção a essa regra, pois nele tudo supostamente desaparecia no nada. Isso foi chamado de paradoxo do buraco negro.

Uma solução para isso foi obtida por Jacob Bekenstein, da Universidade Hebraica de Jerusalém, em Israel.[8] Circundando cada buraco negro, há, em teoria, uma fronteira curva e plana, conhecida como horizonte dos eventos (veja a Figura 7). Bekenstein, fazendo uso de complexos cálculos matemáticos, comprovou que toda a informação contida dentro do imenso volume de um buraco negro pode ser, efetivamente, mantida na superfície plana do seu "horizonte dos eventos". Para que isso aconteça, é óbvio que cada *bit* de armazenamento sobre a superfície precisa ser infinitesimalmente pequeno para o buraco negro. Na verdade, precisa ser a menor medida conhecida pela ciência: a constante de Planck. Mas, estranhamente, a matemática funciona – e isso é importante para os cientistas – sem quebrar qualquer uma das leis correntes da física. Assim, a energia de alguma coisa que entra em um buraco negro não precisa desaparecer completamente no nada; ela é apenas convertida, e codificada, em alguns dos trilhões de trilhões de pixels, cada um deles com lado medindo um comprimento de Planck, o menor tamanho possível no espaço físico, correspondente à constante de Planck, distribuídos sobre a imensa megatela circundante.

Bekenstein recebeu apoio de outros físicos pioneiros, notavelmente de Leonard Susskind e do ganhador do Prêmio Nobel Gerard't Hooft, que estenderam essa teoria, aplicando-a ao nosso universo como um todo. Isso se revela realmente notável quando se percebe que, de acordo com nossa compreensão atual, nosso universo tem a forma de um pretzel, "encaixado" dentro de um horizonte dos eventos situado a quase 14 bilhões de anos-luz de distância de nós. Mais uma vez, de maneira quase inacreditável, a matemática funciona se se considera que essa enorme tela bidimensional abrange trilhões de trilhões de pontos que retêm informações, cada um deles com um tamanho correspondente à constante de Planck.

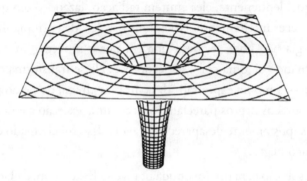

Figura 7 - Buraco negro – horizonte dos eventos.

Se o caso fosse esse, a realidade espaçotemporal que os cerca poderia ser concebida, antes de ser "afiada" por nossos sentidos humanos, como uma versão indistinta amplificada de toda essa informação projetada no "ar fino", como um *show* de luzes de *laser* fora de foco. E, de maneira bizarra, é exatamente isso o que uma sofisticada máquina de medir a energia cósmica, instalada em Hannover, na Alemanha, poderia estar mostrando. O GEO600 é um detector de ondas gravitacionais extremamente sensível, com braços de 600 metros de comprimento, e que, desde 2002, procura ondas sutis que correspondam à energia emitida por estrelas densas e buracos negros distantes. Até agora, ele ainda não detectou essas ondas.

Em vez delas, detectou uma interferência difusa, indistinta, granulada, inteiramente consistente com a teoria e os cálculos de Bekenstein. De fato, Bekenstein havia previsto que as projeções cósmicas provenientes da superfície do nosso universo causariam precisamente os padrões que estão sendo atualmente encontrados.[9] Na época em que eu redigia estas páginas, Craig Hogan e sua equipe de físicos do Fermilab, perto de Chicago, estavam planejando um "holômetro" de 40 metros de comprimento para testar a teoria de Bekenstein, em uma tentativa de confirmar e medir com maior precisão essa "interferência" difusa. Se, na verdade, esta e outras pesquisas apoiam essa teoria, ela poderia nos levar à inevitável conclusão de que são nossos olhos, ouvidos e tato que dão sentido a esta informação, convertendo toda ela em uma realidade tangível, um meio que nos permite alcançar os objetivos que estamos destinados a atingir aqui na Terra.

Esse processo tem paralelismos na vida cotidiana de todos nós. A tela plana dos televisores contém milhares de minúsculos pontos que continuamente mudam de cor. Fótons ou ondas luminosas emitidos por esses pontos alcançam nossos olhos, onde se misturam, combinam-se e cruzam várias vezes em seu caminho até o nosso cérebro, onde se misturam com nossas percepções preconcebidas. Os alto-falantes da TV emitem energia, vibrações que viajam através do ar da nossa sala de estar e alcançam nossos tímpanos, fazendo com que estes vibrem em resposta. Mais uma vez, o nosso cérebro processa essa energia, convertendo-a naquilo que conhecemos como som.

Essa combinação de luz e som nos atrai para uma realidade virtual que pode nos mover, nos entreter e nos exasperar. As sensações de tato e de percepção espaçotemporal nos ajudam a convencer a maior parte de nós de que a tela da TV é de fato uma ilusão. Nós podemos estabelecer uma conexão com a tela, olhar atrás do aparelho e acabar nos convencendo de que Larry King não se juntou a nós para a noite. No entanto, com o advento da tecnologia da televisão 3D e da projeção holográfica, é possível enganar o discernimento entre o que é e o que não é real. Imagino que a nossa poodle Lily ficaria muito barulhenta se um gato 3D surgisse miando sobre a mesa no centro da sala. Porém, para o restante de nós, essa tecnologia está nos levando a uma compreensão mais estreita da maneira como percebemos a realidade – ou daquilo que sempre consideramos como realidade. A realidade virtual dos jogos de computador tanto nos entretém como nos intriga. É também um fenômeno que espelha o crescimento da percepção consciente, que nos atrai para uma compreensão mais profunda dos domínios ocultos que estão por trás e além do mundo material, codificados nas próprias margens da realidade. Estamos começando a compreender que todas as coisas que pensávamos que eram reais, incluindo o corpo humano, podem ser percepções inventadas, cuja existência depende dos cinco sentidos.

Naturalmente, essas são especulações, mas se baseiam nas conclusões de um número crescente de pensadores seminais e desbravadores do século XXI – físicos e matemáticos com surpreendentes capacidades e poderes mentais de dedução. No entanto, no árido ambiente acadêmico atual, suas reputações adquiridas a duras penas poderiam ser colocadas em risco se eles fossem vistos expandindo incansavelmente essas teorias. Porém, você e eu, livres de temores de nos tornarmos objeto de escárnio por parte de nossos colegas, estamos perfeitamente livres para continuar especulando.

Como o físico Robert Dicke afirmou certa vez: "A ordem correta das ideias pode não ser esta: 'Eis o universo; então, o que o homem precisa ser?', mas esta: 'Eis o homem; então, o que o universo precisa ser?'". Cada um de nós precisa agora tentar entender o seu próprio papel especial nesse miraculoso processo de cocriação, usando uma dádiva universal comum a todos os seres sensíveis, independentemente do nível do seu QI, ou mesmo do seu número de pernas (ou asas): a poderosa dádiva da observação que todos nós temos.

Quarto Princípio do Holograma Humano: As modernas teorias científicas e matemáticas dão apoio à teoria de que a natureza do universo é holográfica. Segue-se disso que nós, como partes do universo, também precisamos ser holográficos. A ciência moderna reconhece que a pura informação é fundamental para o nosso universo.

Capítulo 3:
Você, o Observador

Em quem você vai acreditar, em mim ou em seus próprios olhos?
– Groucho Marx (1890-1977), comediante norte-americano

A percepção que nos faz crer que estamos separados das outras pessoas, do mundo e do cosmos não deixa de ter seus benefícios. Quando somos adolescentes, precisamos identificar os pontos que caracterizam as diferenças entre nós, as forças físicas e pessoais que nos permitirão servir melhor à família e à comunidade. Primeiro, nosso ego precisa se formar, e em seguida se equilibrar com humildade e empatia – a profunda apreciação das outras pessoas. Como resultado dessa jornada pessoal e espiritual, nossa vida e a vida das outras pessoas florescem quando trazemos ao mundo nossa presença única, nosso ser. Nossa sabedoria evolui e cresce.

Porém, o que nos separa do ambiente em que vivemos é, na própria essência do nosso ser, uma ilusão. Na realidade, o observador e o observado estão empenhados em uma dança íntima. Ou, como Bertrand Russel, filósofo do século XX, explicou: "O observador, quando parece para si mesmo estar observando uma pedra, está realmente, se devemos acreditar na física, observando os efeitos da pedra sobre ele". Sujeito e objeto estão conectados. Fótons vindos do Sol, ao atingir a superfície da pedra, são por ela desviados em direção aos olhos de quem a vê para atingir cada um deles em um ângulo ligeiramente diferente. Como acontece com os fótons vindos das telas dos televisores, eles são convertidos em impulsos elétricos na parte de trás dos olhos, que, em seguida, os transferem para diferentes áreas do cérebro a fim de serem processados. E até mesmo sem tocar alguma coisa, nossas experiências passadas nos dirão se ela é algo que podemos apanhar com a mão ou se alguma criatura venenosa pode estar escondida sob ela.

Sabemos que algumas coisas existem apenas em nossa mente. Quando ouvimos cientistas descreverem que o universo real está codificado em uma tela plana – por mais estranho que esse conceito possa parecer –, podemos, de fato, imaginar isso. Podemos nos lembrar de telas de aparelhos de TV ou de cinema e, possivelmente, até mesmo de imagens de balões e de pretzels.

Se fôssemos capazes de perscrutar o interior de um dos incontáveis átomos que se combinam para formar o corpo humano, encontraríamos minúsculas partículas espalhadas dentro de imensas extensões de espaço. Podemos figurar isso, pois conjura a imagem de um céu noturno com suas estrelas minúsculas envolvidas por volumes semelhantemente enormes feitos de nada. Nossa percepção depende de nossa experiência.

Mas a teoria quântica leva a compreensão que obtemos do papel do observador até outro nível. Experimentos repetidos vezes e mais vezes ao longo de décadas mostram que os elétrons que circulam em torno do núcleo dos átomos também se comportam como ondas que só realmente se tornam elétrons quando, com a mente, ao voltarmos para elas a nossa atenção, elas colapsam na forma de partículas. Ou melhor, antes disso, dizem os físicos, elas existem apenas sob a forma de estados indeterminados, ou ondas, de probabilidade.

De maneira semelhante, os fótons se comportam como pacotes individuais de luz ou como ondas, dependendo de as observarmos ou não. Antes disso, diz a moderna teoria, os fótons também existem apenas nos domínios da probabilidade. Podemos constatar que a luz se movimenta sob a forma de pacotes individuais conhecidos como fótons ou sob a forma de ondas, mas não podemos perceber a luz como partícula e onda ao mesmo tempo. O termo para isso é complementaridade. O famoso experimento da dupla fenda, frequentemente repetido e citado, demonstra isso de forma conclusiva. A natureza ondulatória da luz, que desafiou a teoria das partículas (ou corpuscular) de Sir Isaac Newton, foi demonstrada, pela primeira vez, em 1802, por Thomas Young, médico, físico e estudioso dos hieróglifos egípcios.

Young observou como as ondulações em uma lagoa interagiam quando duas pedras eram jogadas, atingindo a superfície da água uma ao lado da outra. Ele se perguntou se isso poderia explicar o estranho padrão em barras verticais que apareciam em um anteparo quando a luz projetada sobre uma placa plana na qual duas fendas eram abertas uma ao lado da outra (Figura 8a) atravessava as duas fendas e atingia o anteparo. Ele comparou esse resultado com o padrão produzido quando a luz atravessa uma única fenda (Figura 8b).

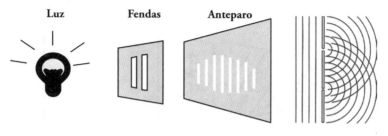

Figura 8a - Dupla fenda – padrão de interferência. O padrão no anteparo representa colunas de ondas sobrepostas. Como ondulações em uma lagoa (direita), se duas ondas se encontram, elas irão interferir, com uma delas se somando com a outra (construtivamente) ou se anulando com a outra (destrutivamente). O padrão representa muitas ondas interagindo dessa dupla maneira.

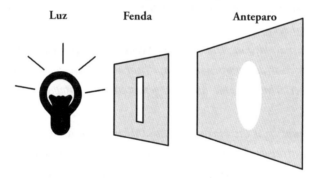

Figura 8b - Fenda simples – sem padrão de interferência. A luz atravessa a fenda simples. A luz se espalha de uma maneira lógica. Para demonstrar isso a si mesmo, acenda uma lâmpada e faça sua luz atravessar uma fenda em um cartão. Alternativamente, imagine como as balas disparadas por uma espingarda se espalham sobre o seu alvo.

Durante os últimos duzentos anos, os cientistas continuaram a explorar e a expandir os muitos mistérios das descobertas de Young, empregando métodos e equipamentos cada vez mais sofisticados. Modernos avanços na tecnologia do *laser* e detectores sofisticados são hoje usados para refinar a fonte de luz e para registrar os resultados com precisão, permitindo-nos testar suas teorias com grandes detalhes. Por exemplo, somos agora capazes de montar um experimento que altera a luz de tal maneira que podemos identificar exatamente por qual das duas fendas ela atravessa. Quando conseguimos isso, a luz aparece na tela não sob o padrão em listas de ondas que se interagem, mas no padrão de partículas em forma de "projéteis" individuais. A Figura 9 ilustra isso com mais detalhes.

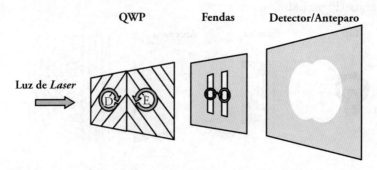

Figura 9 - Obtendo os dois tipos de polarização circular, E e D, com uma placa de quarto de onda (QWP). O observador sabe o caminho seguido pela luz de cada tipo.

Esse experimento faz uso de uma luz de laser, *que é uma luz coerente, uma placa conhecida como Placa de Quarto de Onda, que é colocada na frente das fendas, e uma placa de detecção, que registra as posições em que a luz incide depois de atravessar as fendas. Para simplificar a explicação, ilustrei o resultado (nenhuma interferência) como uma imagem sobre um anteparo.*

Explicação: Se a luz existisse como um conjunto de partículas-projéteis, ela precisaria atravessar uma fenda ou a outra. Se nós temos uma maneira de separar o feixe de luz em dois outros feixes (nesse experimento, dividindo-os em feixes polarizados circularmente), poderíamos imaginar um grupo de projéteis atravessando uma das fendas e outro grupo atravessando a outra. Placas que transformam luz polarizada linearmente em luz polarizada circularmente (conhecidas como Placas de Quarto de Onda) são usadas para fixar um tipo de polarização da luz que atravessa cada uma das duas fendas (e que pode ser uma polarização circular horária D ou uma polarização circular anti-horária E), o qual, em seguida, é registrado em uma placa de detecção. Desse modo, ao registrar o tipo de polarização, vemos que esse tipo "marca" o caminho seguido pela luz e, por isso, podemos saber exatamente qual fenda a luz atravessou. Se nós repetimos o experimento armados com esse conhecimento de qual caminho a luz seguiu, o padrão que aparece é o corpuscular – e não o padrão ondulatório. Isso acontece com diferentes tipos de detectores e divisores de feixe, com o progressivo consenso de que se trata de um efeito provocado diretamente pelo "observador". (Veja o Apêndice IIA para mais detalhes, incluindo uma explicação sobre a polarização circular.)

Desse modo, parece que quando nós, como observadores, esperamos que a luz se comporte como um conjunto de projéteis individuais, nós marcamos o caminho que ela segue, e ela responde a nós comportando-se exatamente assim, como partículas. Se nós esperamos que ela se comporte como ondas, o nosso desconhecimento do caminho que ela segue a compele a se comportar exatamente assim, como ondas.

Nos últimos dez anos, a estranheza dessa interação no menor e mais fundamental dos níveis do ser tornou-se ainda maior. Experimentos recentes mostraram que, utilizando-se fótons entrelaçados, a nossa influência sobre esse nível quântico pode ocorrer fora das linhas do tempo conhecidas. A observação realizada após o evento pode afetar o processo na fonte – retroativamente. Além disso, a atenção e a intenção a distância não diminuem esse efeito; ele tem realmente caráter não local.[10] (Veja os apêndices IIA e IIB.) Desse modo, pelo menos no âmbito desses experimentos, não podemos ser considerados como observadores passivos e desprendidos. A própria mente humana e as intenções humanas parecem estar em comunicação direta com o sujeito (luz) que estamos estudando, formando uma parceria cocriativa na qual cada parte tem algum controle, mas não um controle total. E também parece que a mente, quando está empenhada nisso, pode ultrapassar os limites condicionados de tempo e de espaço.

E, uma vez que somos claramente parte íntima desse processo, essa ciência precisa projetar luz sobre a nossa natureza etérea atemporal. De alguma maneira, no século passado, a ciência foi capaz de atravessar as restrições do espaço-tempo e penetrar outras dimensões, que, previamente, eram domínio de místicos e xamãs. No cerne da sofisticada racionalidade do século XXI reside uma semente de incerteza, ou de assombro, que, se for nutrida, crescerá e nos mostrará mais de si mesma. A felicidade que sentimos está frequentemente ligada à maneira como lidamos com a incerteza, e como lhe damos boas-vindas. A confiança na capacidade que temos para mudar e para nos adaptar nos liberta para que possamos viver no momento presente.

O filósofo do século XVI e fundador do método científico, Sir Francis Bacon, certa vez observou: "Se alguém começar com certezas, terminará com dúvidas, mas se essa pessoa se contentar em começar com dúvidas, terminará com certezas".

Quinto Princípio do Holograma Humano: A ciência do holograma humano precisa incluir uma percepção e um estudo do papel de participação dos seres humanos como observadores de si mesmos, do mundo e do universo. Na física do observador, nós nos tornamos cientes de que há uma parceria sutil e sempre presente entre luz, matéria e nós mesmos.

Capítulo 4:
O Gato, a Lua e a Vaga para Estacionar

No mundo quântico, uma partícula subatômica existe apenas em um estado, ou onda, de probabilidade antes que a nossa observação permita que ela se manifeste. Em 1935, em um famoso experimento de pensamento, o físico austríaco Ervin Schrödinger indagou se essa regra se aplicaria ao macromundo das criaturas vivas – por exemplo, ao seu gato. Será que um gato aprisionado em uma caixa blindada e que poderia ser envenenado pelo cianeto contido em um frasco que se quebraria, liberando o veneno, caso um processo radioativo aleatório fosse desencadeado estará, antes que a caixa seja aberta, vivo, morto ou em um estado indeterminado preexistente? Ou será, como Albert Einstein supostamente perguntou ao físico Niels Bohr, que a Lua realmente existe somente se alguém estiver olhando para ela?

Até agora, os experimentos ainda não conseguiram comprovar a realidade de tal efeito do observador (causado por indivíduos) em uma escala grande, embora Oriol Romero-Isart, do Max Planck Institute, em Garching, Alemanha, esteja atualmente planejando um estudo envolvendo um "vírus de Schrödinger", em vez de um gato.[11] Um filme popular, *O Segredo*, sugeriu que isso poderia funcionar em um nível cotidiano – usando o poder de nossa atenção para manifestar vagas para estacionar na parte central da cidade. No meu caso, esse desejo tem me deixado desapontado, pois isso nunca funcionou muito bem para mim.

Recentemente, pediram-me, juntamente com várias outras pessoas, para participar de um teste de grupo para um dos muitos filmes que estavam sendo realizados na esteira desse longa-metragem imensamente bem-sucedido. Íamos nos encontrar com os produtores em um conjunto de prédios de escritório no centro comercial de Auckland, cidade onde o transporte público era deficitário. Cheguei em meu carro vinte minutos antes, e, juntamente com vários outros candidatos, comecei a circular pelas ruas da vizinhança procurando, em vão, uma vaga para estacionar. Meia hora depois, voltei para casa, resignado a aceitar o fato de que essa era uma tarefa da qual, claramente, eu não estava destinado a participar. No entanto, ainda me pergunto se esse não seria, na verdade, um plano inteligente e astuto concebido pelos produtores para eliminar aqueles que ainda eram incapazes de criar efetivamente a sua própria realidade. Um teste de transcendência no qual, infelizmente, eu não fui aprovado.

Mais adiante, exploraremos o conceito de que é a compaixão e o estado de união, e não a competição e a separatividade, que facilitam tais efeitos quânticos em nossa vida diária.

Sexto Princípio do Holograma Humano: Os efeitos do observador que encontramos no nível microquântico nem sempre nos ajudam a encontrar a perfeita macrovaga no estacionamento.

Capítulo 5:
Entrelaçamento — Todos Juntos Agora

"Um instante, um aspecto da natureza contém toda a natureza." Essas palavras traduzidas, escritas bem visivelmente acima da porta de entrada da exibição, realizada em 2009, das obras de Claude Monet, no Museu Te Papa, em Wellington, na Nova Zelândia, foram pronunciadas pelo próprio mestre francês impressionista. Durante os últimos trinta anos de sua vida, Monet estava no seu período mais feliz pintando cenas cotidianas da natureza em seu jardim de 8.094 metros quadrados, em Giverny. Cada momento único, cada sutil mudança de luminosidade apresentava a Monet um tema diferente para captar na tela. Raramente ele sentiu a necessidade de viajar, afastando-se de sua casa para observar e registrar a beleza de seu mundo, preferindo, em vez disso, explorar, e festejar, o microcosmo que o circundava em sua casa. Uma pintura, *O Lago das Ninfeias*, uma das obras de sua série mais famosa, *As Ninfeias*, foi vendida em leilão em junho de 2008 por 80 milhões de dólares.

Para realmente entender "entrelaçamento", não é preciso procurar além de uma obra de arte como *O Lago das Ninfeias* – um registro atemporal da impressão instantânea da natureza por um homem. Cada parte, cada pincelada concluída complementa o todo. Um mundo registrado sem causa e efeito lineares, e sem equações ou extrapolações complicadas. Ao longo do século passado, a ciência aproximou-se da compreensão de como o mundo, e o universo, funcionam. Físicos que estudavam os minúsculos domínios quânticos precisaram se defrontar com muitos desafios que esses domínios impunham às suas visões condicionadas da natureza, e resolvê-los.

As velhas regras da ciência que nos separavam de nosso ambiente e que consideravam o tempo e o espaço como fixos não podiam mais ser sustentadas. Em 1935, os físicos Albert Einstein, Boris Podolsky e Nathan Rosen humildemente chegaram à conclusão de que os singulares resultados que estavam obtendo eram causados por "variáveis ocultas", propriedades da matéria e da energia que eles ainda não entendiam. Einstein lutou contra o conceito de não localidade ("telepatia" instantânea entre partículas ou "ação fantasmagórica a distância"), tentando justificá-lo como algo independente de nossa observação e ainda não completamente entendido.

Por ocasião de sua morte, em 1955, Einstein ainda não havia se conciliado com o que veio a ser conhecido como a Interpretação de Copenhague do Princípio da Incerteza de Heisenberg, o qual sustenta que o ato de observação ou medição é parte integrante da física quântica e, por sua vez, o que chamamos de "realidade", e as partículas subatômicas, podem existir como meras probabilidades antes de se materializarem. Einstein achava difícil acreditar que Deus permitisse tal imprevisibilidade e aleatoriedade, "jogando dados" dessa maneira. Como aconteceu com outros cientistas antes dele, sua disciplina exigiu que ele se distanciasse do resultado de qualquer experimento. Dez anos depois da morte de Einstein, o cientista irlandês John Bell mostrou, por meio da matemática, que a verdadeira realidade desse pequeno mundo quântico era, realmente, uma realidade de conexões instantâneas e não locais, e que as nossas próprias medições estavam estatisticamente envolvidas nos resultados.

Em grande parte como resultado de seu trabalho, conhecido como teorema de Bell, estamos agora cientes de que, sempre que procuramos um elétron rodopiando ao redor do núcleo de um átomo, ele aparece de forma inesperada. No entanto, ele rodopia precisamente da maneira como quer (nossa observação não exerce controle total sobre ele), entrelaçado com seu companheiro que rodopia no sentido oposto (veja a Figura 28). O companheiro não precisa estar no mesmo quarto, na mesma cidade, no mesmo país e nem mesmo na mesma galáxia. Aqui não há causa e efeito; esse, assim como acontece com *As Ninfeias* de Monet, em Giverny, é simplesmente um estado de união, de permanecer juntos, de coexistência.

Em 1997, Nicolas Gisin e sua equipe da Universidade de Genebra separou pares de fótons entrelaçados enviando seus gêmeos, por meio de cabos ópticos, até detectores situados a dez quilômetros de distância. Eles constataram que a medição de um fóton influenciava instantaneamente o resultado do outro. Essa foi uma vigorosa prova experimental da não localidade – a evidência de uma conectividade ocorrendo dentro da natureza e além dos conceitos de tempo, espaço e separatividade. E como mencionamos previamente, experimentos subsequentes com pares de fótons entrelaçados em versões modificadas do Experimento da Dupla Fenda, realizadas no presente século, confirmaram não apenas que os fótons podem se conectar não localmente, mas também que a atenção humana, e possivelmente até mesmo a intenção, podem afetar os resultados retroativamente, irrompendo através das barreiras de tempo e de espaço. Porém, até que ponto é fácil estudar o entrelaçamento entre outras partículas subatômicas além dos fótons? E quanto aos elétrons, aos átomos inteiros, às moléculas e aos organismos?

Até agora, para demonstrar o entrelaçamento entre elétrons nos átomos, os cientistas tiveram de criar condições nas próprias margens do mundo material. Para que isso aconteça, o ambiente precisa ser resfriado (por via de *lasers*) até temperaturas pouco acima do zero absoluto – o limite que caracteriza o frio absoluto, abaixo do qual não há sequer o menor movimento, nem mesmo no nível atômico. Nessa temperatura, não apenas é possível observar o entrelaçamento entre elétrons e átomos, mas também (atualmente, apenas em situações momentâneas) entre moléculas estreitamente compactadas com a forma das modernas bolas de futebol, as esferas geodésicas – as chamadas *buckyballs*.* Há, por isso, uma excitação em torno dessa descoberta na tecnologia da informação e nas indústrias de telecomunicação, pois ela representa maneiras mais rápidas e mais eficientes de armazenar e transportar a informação. Uma vez que a informação de uma estrutura de *buckyball* é instantaneamente compartilhada, existe um potencial para clonar ou teletransportar tais minúsculos objetos.

E até mesmo na ciência oficial se discute o teletransporte de coisas vivas. Há uma criatura microscópica de oito patas afetivamente conhecida como "urso-d'água" e, mais oficialmente, como tardígrado, que vicejou na Terra durante meio bilhão de anos. É um animal surpreendentemente capaz de se adaptar às mais diversas condições. Podemos encontrá-lo no fundo dos mares mais escuros, e no topo das montanhas mais altas cobertas de neve. Ele pode sobreviver durante uma década sem água, e tolerar

---

* Também conhecidas como fulerenos, em homenagem a Buckminster Fuller, o arquiteto norte-americano que planejou a cúpula geodésica.

condições extremas de calor e altos níveis de radiação. Ainda mais fascinante é o fato de que ele pode reduzir radicalmente o seu metabolismo a um estado de quase morte, em um processo reversível conhecido como criptobiose. Em setembro de 2007, ele foi estudado no vácuo do espaço sideral na plataforma experimental Biopan-6 fornecida pela Agência Espacial Europeia durante a missão FOTON-M3. Os ursos-d'água não apenas sobrevivem à sua experiência como astronautas, como também continuam a se reproduzir na condição extremamente desidratada do vácuo do espaço. E ainda mais que isso, sabe-se que sobrevivem a temperaturas próximas do zero absoluto, e por isso estão sendo considerados como minúsculas e ideais "cobaias" para experiências de clonagem quântica.[12]

Nessa temperatura extremamente baixa, tudo desacelera. *Lasers* são usados para resfriar átomos até esse estado de "animação suspensa". Marcus Chown, escritor inglês especializado em divulgar assuntos científicos, explica que isso acontece porque os fótons dos feixes de *laser* absorvem a energia das partículas subatômicas, levando tudo a suspender sua atividade. Nesse estado, os átomos perdem a sua individualidade, coalescendo no que se chama de condensado de Bose-Einstein. Ou seja, nesse estado inclusivo e compacto, os átomos estão entrelaçados como uma coisa só, e podem atuar como um superfluido ou supercondutor, sem apresentar atividade interferente que cause resistência ao fluxo de informação.

Por isso, compreender e reproduzir esse processo tem sido o objetivo dominante das nossas indústrias de computação e comunicações, sendo que o principal foco da pesquisa é descobrir maneiras de fazer isso acontecer em temperaturas mais quentes – o ideal seria que se conseguisse tal proeza na temperatura ambiente –, o que tornaria todo esse processo praticável na realidade da vida cotidiana. Embora esses avanços estejam destinados a revolucionar a maneira como vivemos nossa vida exterior, material – resultando em sistemas de comunicação de clareza cristalina, em computadores quânticos com memória que se estende até o domínio infinitesimal e, nas salas de estar onde desfrutamos de imagens tridimensionais em tempo real de nossos astros de esporte favoritos –, eles carregam consigo implicações ainda maiores para o nosso eu interior, e talvez uma compreensão mais profunda da consciência humana e, de fato, da própria realidade.

Desse modo, exatamente como essas descobertas provenientes da generosamente financiada linha de frente da ciência do século XXI nos esclarecem sobre a realidade humana? E por que há certa relutância em extrapolar que propriedades como a não localidade ou a bilocação (estar em dois lugares ao mesmo tempo) podem ocorrer no âmbito da vida cotidiana?

É claro que a ciência ainda tem um longo caminho pela frente até conseguir transportar um ser humano. Isso significaria sujeitar um de nós a um estado de completa desmaterialização, antes de nos reconstituir exatamente como éramos. Pareceria que somos demasiadamente complexos, e que nosso corpo é demasiadamente "decoerente" para que isso seja obtido em um futuro próximo. E é questionável por que precisaríamos fazer isso – por que não permanecer onde estamos, intactos, e permitir que uma imagem holográfica em tempo real seja projetada na casa de um amigo, enquanto ele nos devolve o favor com a sua presença, e, possivelmente, também de suas vizinhanças. Isso, sem dúvida, intensificaria a experiência humana, e poderia ser considerado importante para a evolução da espécie, enquanto poupa milhas aéreas e nossas pegadas de carbono coletivas. No entanto, ainda não estou convencido de que a vida do urso-d'água, provavelmente um ser sensível muito mais bem-sucedido e mais bem-adaptado a este mundo que o *Homo sapiens*, será assim intensificada ao ser transportada ao redor do globo.

Para mim, a verdadeira mensagem que essa simpática criaturazinha passa para nós é a de que nas margens, nas próprias extremidades, das nossas vidas tridimensionais e quadridimensionais aparece uma passagem para uma dimensão atemporal do estado de união e comunhão (*togetherness*). Ela testemunha a consistência nos relatos daqueles que passaram por experiências de quase morte que mudaram suas vidas. E os vívidos relatos de crianças muito novas que se lembram de suas vidas passadas. E as sincronicidades experimentadas em ocasiões de grande emoção ou de perigo físico entre pessoas que se amam. São essas as experiências relatadas a mim com uma frequência quase diária dentro do tranquilo ambiente confidencial do meu consultório. Experiências que, invariavelmente, parecem ligadas à compaixão que uma pessoa tem por outra. Uma coerência e uma ressonância não forçadas entre dois corações, e que os atraem e os arrastam em uma ressonância universal que transporta consigo um sentido de "conhecimento justo". Poderíamos dizer que o complexo e caótico estado de entropia a que estamos submetidos foi temporariamente ultrapassado quando experimentamos um lampejo do simétrico e equilibrado estado de união e comunhão que poderia ser genuinamente descrito como bem-aventurado, e até mesmo como celestial.

Fiquei intrigado, pela primeira vez, com a ciência do entrelaçamento entre átomos precisamente porque parecia o espelho do "entrelaçamento" que eu estava testemunhando em minha prática médica entre pessoas que se amavam. Para mim, essa ciência do nível microscópico era mais a metáfora, e minhas ciências compartilhadas eram mais a realidade. Como cada um de nós contém, como eu estava confiavelmente bem informado, 9 bilhões de bilhões de bilhões de átomos, naturalmente fiquei intrigado, querendo descobrir exatamente de que forma a coerência poderia ocorrer em uma escala tão grande de modo a conseguir explicar essas experiências.

Até recentemente, a visão convencional expressada pelos cientistas tradicionais tem sido a de que o mundo quântico experimental do muito pequeno tem pouca importância para a nossa vida do dia a dia, e menos ainda para as operações realizadas pelo nosso corpo. No Capítulo 7, veremos que essa posição não é mais sustentável, pois os biólogos estão explorando o quente e úmido mundo da vida armados com os sofisticados instrumentos de medida utilizados pela nanotecnologia do século XXI. Os motivos por trás dessas pesquisas pioneiras podem, até agora, ser comerciais (por exemplo, a produção de energia solar, perfumes e terapias naturais), mas a nova ciência da biologia quântica está rapidamente dissipando o mito segundo o qual os únicos seres vivos que conseguem ter acesso ao mundo quântico são aqueles que, como o urso-d'água, são capazes de sobreviver em temperaturas que se aproximam do zero absoluto.

Os principais patrocinadores de pesquisas sobre a teletransportação, a clonagem e a bilocação são, compreensivelmente, a TI e as indústrias de comunicações. Um dos maiores obstáculos que se opõem ao desenvolvimento bem-sucedido do computador quântico e da teletransportação em grande escala é a temperatura extremamente baixa que se precisa atingir para facilitar esses estados entrelaçados. Ironicamente, parece que a pista mais vital para solucionar esse problema pode estar dentro dos corpos quentes e úmidos dos próprios pesquisadores. No filme de ficção científica *Avatar*, parece que esses problemas foram resolvidos em meados do século XXII. Os seres humanos, em seu estado de animação suspensa sob assistência mecânica, coexistem (bilocados) com seus avatares clonados por meio de DNA sob a forma atraente dos Na'vi azuis de 3 metros de altura, amorosos e pacíficos.

Relatos sem comprovação científica sobre bilocação humana vêm à tona de tempos em tempos em minha prática médica. Três anos atrás, um homem de cerca de 55 anos, conhecido e amado pela sua natureza bondosa e gentil, ficou preso à cama nos estágios terminais do seu câncer. Durante os dias e as noites da semana que precedeu sua morte, ele "apareceu" para vários de seus amigos íntimos e parentes, na casa deles, para lhes dizer adeus e tranquilizá-los.

Relatos históricos podem ser encontrados na literatura religiosa e esotérica. Em 21 de setembro de 1774, Santo Afonso Maria de Ligório aparentemente caiu em um estado alterado de bem-aventurança, feliz e tranquilo, depois de administrar uma missa. Não se conseguiu despertá-lo durante várias horas, o que deixou seus amigos muito preocupados. Ao acordar, ele lhes contou que viajara até Roma para ficar junto ao leito de morte do papa Clemente XIV. Posteriormente, descobriram que o pontífice havia de fato morrido no exato momento em que Afonso despertou de seu transe. Aparentemente, houve testemunhas de sua presença junto ao leito de morte do papa.[13]

No folclore nórdico, há um fenômeno conhecido como *Vardøgr*, no qual se testemunha que alguém aparece em um certo lugar antes da chegada do seu corpo físico. Em um relato de 2002, que apareceu em um periódico especulativo, *Journal of Scientific Exploration*, o engenheiro mecânico David Leiter documentou duas ocasiões em que ele próprio esteve envolvido em tais premonições.[14] Uma delas envolveu um colega engenheiro e um amigo, que testemunharam o aparecimento dele no seu local de trabalho em seu dia de folga, vestido com um terno elegante e usando gravata (o que era incomum para ele). Nessa exata ocasião, ele estava, de fato, perto de seu escritório em seu carro, a caminho de um culto memorial pela sua querida tia, apropriadamente vestido de terno e gravata. No assento do passageiro, sua mulher empatizava com ele a respeito de quão difícil devia ser, em seu dia de folga, passar tão perto do seu local de trabalho, o que levou David a se visualizar no trabalho. Nessa manhã, a posição mais próxima que o seu carro esteve do seu local de trabalho foi a uma distância de pouco mais de 8 quilômetros.

Os céticos, naturalmente, terão dificuldade para explicar que essas histórias são simplesmente relatos sem comprovação, e para aplicar a elas a navalha de Occam, dizendo que tais aparições se devem a confusão de identidade, alucinação ou simplesmente imaginação descontrolada e vívida. No entanto, com base em minha própria experiência ao longo dos anos, sei que engenheiros mecânicos, juntamente com cirurgiões ortopédicos e neurologistas, não constituem grupos profissionais que estejam mais sujeitos a ser influenciados por voos de fantasia especulativa.

Desse modo, se devemos nos tornar crentes, pelo menos, no princípio da bilocação humana, quais serão, exatamente, as condições ambientais que nos permitem experimentar tais estados quânticos não locais? Tenho certeza de que você percebeu certas tendências.

Pelo que parece, uma atmosfera de simples amizade, cordialidade, paz e relaxamento é um pré-requisito. Também têm importância vital os relacionamentos amorosos que se mantêm firmes entre pessoas nessas ocasiões em que o delgado véu do ego é levantado – em particular quando alguém próximo a nós está morrendo. Sugiro que esse é o verdadeiro ambiente que nos permite, como seres humanos completos e complexos, ter acesso ao ponto zero do vácuo sem que, diferentemente do pobre urso-d'água, seja preciso ser congelado no estado sólido. Nesse estado de verdade emocional, a vida se apresenta como uma profunda experiência interconectada ligando conjuntamente, em um tecido inconsútil, papas, santos, engenheiros, ursos-d'água – e as ninfeias de Giverny. Um estado de harmonia, equilíbrio e intenção compassiva que precisa ser apreciada não apenas pelos poucos pesquisadores talentosos nas melhores universidades, mas também por todos os que viajam a bordo desse laboratório flutuante ímpar que chamamos de Terra.

Sétimo Princípio do Holograma Humano: Nossa compreensão científica do entrelaçamento, no nível quântico do muito pequeno, está levando a uma compreensão do "entrelaçamento" entre seres humanos que ressoam por meio da compaixão uns pelos outros e pela natureza. A ciência dedutiva objetiva é complementada e intensificada pela experiência humana subjetiva e honesta. O entrelaçamento e/ou os termos a ele relacionados – por exemplo, não localidade, bilocalidade e multilocalidade – são coerentes com a natureza fractal do nosso universo e com o modelo do holograma humano.

Capítulo 6:
A Estatística da Não Localidade – Medindo o Imensurável

Se você quer inspirar confiança, forneça uma profusão de estatísticas. Não importa se elas são precisas ou não, ou mesmo inteligíveis, contanto que haja um número suficiente delas.
– Lewis Carroll (1832-1898), autor inglês

Alguns diriam que a medição científica de dimensões além dos domínios do espaço e do tempo usando-se ferramentas desenvolvidas para os nossos domínios limitados e existindo neles, é quase impossível. Os críticos podem até mesmo acusar esses pioneiros que investigaram tais fenômenos dizendo que eles, como a Alice de Lewis Carroll, vivem em uma terra de faz de conta. Ou, talvez de maneira mais ingênua, apenas investindo lanças contra moinhos de vento, uma referência ao valente, mas mal orientado Don Quixote, que confundiu trinta ou quarenta moinhos de vento com gigantes desajeitados e prontos para serem massacrados. Quanto aos cientistas, eles poderiam considerá-los cheios de ideias grandiosas e heroicas, que os cegam para as verdadeiras realidades da vida.

E, no entanto, ao longo dos últimos 25 anos, foram realizados muitos estudos e meta-análises cuidadosamente planejados, os quais sugerem que, pelo menos estatisticamente, fenômenos não locais como a telepatia ganzfeld,[15,16] interações mentais com sistemas vivos,[17] fenômenos psi em sonhos,[18] e prece intercessória[19,20] não ocorrem simplesmente como obra do acaso. Uma figura proeminente nesse campo dos estudos sobre a consciência é o cientista pesquisador e autor Dean Radin, cujas obras desbravadoras *The Conscious Universe* e *Entangled Minds*, que se tornaram marcos, estão repletas de relatos bem ponderados de testes planejados com rigor e que examinam criticamente os efeitos psi ou paranormais. Entre os que complementam a obra de Radin está o médico Larry Dossey, cujos muitos livros, tais como *Healing Words*,* exploram os papéis da intenção e da prece nas interações de cura.

No entanto, o próprio ato da prece é, em si mesmo, algo difícil de categorizar e de medir. Quando jovem, lembro-me bem de repetir, a cada manhã, como um papagaio, em nossa capela no Epsom College, as palavras de intermináveis e complexas preces, ansiando eternamente pelo bem-vindo alívio do amém final (a única palavra de qualquer prece que a congregação, para um menino, soava com qualquer semelhança de entusiasmo). Hoje, comparo essa experiência prescrita diariamente com as ocasiões, posteriores em minha vida, em que eu orei pela paz para outras pessoas e para mim mesmo. Ocasiões em que pessoas amadas estavam sofrendo, morrendo ou simplesmente em algum tipo de apuro. Ou o desejo desesperado e apaixonado de consolo e alívio para os moradores de comunidades dilaceradas pela guerra ou assoladas por terremotos.

Apesar de vários estudos comprovarem a eficiência da prece no processo de cura, um artigo de 2006, publicado no *American Heart Journal*, não mostrou esse efeito na recuperação de pessoas que passaram por uma cirurgia cardíaca. O estudo, realizado ao longo de dez anos, envolvia 1.802 pacientes em seis hospitais.[21] Eles foram divididos em três grupos: um terço não recebeu orações; um terço foi informado de que poderia ou não ter recebido orações; e um terço foi informado de que iria, em definitivo, receber uma prece. As preces provieram de três congregações: o Mosteiro de São Paulo, em Minnesota, o Silent Unity, no Missouri, e a Comunidade Camellia de carmelitas teresianas, em Massachusetts. Todos os que oraram eram estranhos aos pacientes. A modalidade da prece era bem definida: os prenomes dos pacientes e a primeira parte dos seus sobrenomes eram declarados na prece. Embora as pessoas que oravam pudessem usar livremente suas próprias palavras e seus próprios métodos, a seguinte frase era um acréscimo obrigatório: "para uma cirurgia bem-sucedida, com uma recuperação rápida e saudável, e sem complicações". Os resultados nos trinta dias que se seguiram à cirurgia não mostraram diferença entre os pacientes que receberam as

---

* *As Palavras Curam: O Poder da Prece e a Prática da Medicina*, São Paulo: Cultrix, 1996 (fora de catálogo). (N.T.)

orações e os que não as receberam. Além disso, aqueles que souberam que receberiam as orações tiveram uma incidência significativamente mais alta (59%) de complicações em comparação com aqueles que não tinham certeza de que receberiam orações (51%).

Esse estudo, naturalmente, gerou muitas discussões. Os antagonistas permaneceram críticos, desaconselhando que qualquer dinheiro do governo fosse gasto em empreendimentos tão fúteis quanto artigos de pesquisa sobre a prece. (Nesse caso, a maior parte do financiamento proveio de uma fonte privada, a John Templeton Foundation.) Os protagonistas afirmaram que tal maneira de orar, imposta e controlada, não era natural e era ineficiente. Dean Marak, coautor do estudo e capelão da Mayo Clinic, concordou, comentando que o estudo nada dizia a respeito do poder da prece pessoal para os membros da família e os amigos.[22]

Os autores da meta-análise Cochrane mais recente (2009) sobre os efeitos da prece intercessória sentiram que, examinados coletivamente, os resultados dos testes eram, na melhor das hipóteses, "equívocos".[23] Eles concluíram: "Não estamos convencidos de que mais testes sobre essa intervenção deveriam ser empreendidos e preferiríamos que quaisquer recursos disponíveis para esses testes fossem utilizados para investigar outras questões de assistência à saúde".

A sincera intenção compassiva é difícil de ser medida. Nos capítulos 14 e 16, explicarei como o Institute of HearthMath está abordando cientificamente esse problema tanto localmente, para os indivíduos, como não localmente, em seus projetos da Global Coherence Initiative. Estes envolvem muitas pessoas ao redor do mundo sincronizando suas intenções em tentativas de fornecer paz e harmonia ao nosso planeta.

Minha própria compreensão da prece e experiência com ela para os doentes leva-me a apoiar os pontos de vista de Dean Marak. Na maioria dos casos das formas mais íntimas de prece de pessoa a pessoa, um vínculo de compaixão já foi estabelecido entre a pessoa que ora e a pessoa por quem ela ora. Então, a prece torna-se uma expressão simples e sincera desse amor; é a pura intenção por trás da prece que é a essência do ato. Ou, como observou, no século XVII, John Bunyan, autor de *O Peregrino*: "Na prece, é melhor ter um coração sem palavras do que palavras sem um coração".

Bunyan estava descrevendo algo que não pode ser medido nem controlado – algo silencioso e intangível, que existe além de tais limites. No entanto, é um precioso recurso que as pessoas descobrem em algum lugar nas profundezas do seu mundo interior sempre que a vida as está realmente testando. Duvido que até mesmo a alma cética mais endurecida negue-se a fazer uma prece em favor do próprio filho seriamente doente com base apenas nos resultados negativos de um estudo científico. No entanto, mesmo quando o peso das evidências estatísticas favorece conexões não locais entrelaçadas em uma escala humana, existem aqueles que sentem que todo o conceito é tão absurdo que novas regras científicas deveriam aplicar-se a ele.

Em 1995, o Congresso dos Estados Unidos pediu a cientistas independentes para que avaliassem o programa de visão remota do governo. Visão remota é a expressão usada para descrever o processo por meio do qual um indivíduo, com frequência em um estado meditativo ou relaxado, pode receber, intuitivamente, informações vindas de um local distante da Terra. O governo dos Estados Unidos estava interessado no potencial desse método para uso efetivo em espionagem, em especial durante a Guerra Fria. Por exemplo, em 1973, Pat Price, um talentoso vidente remoto, a quem fora dado apenas um conjunto de coordenadas cartográficas, identificou o que posteriormente se descobriu ser uma instalação para mísseis soviéticos. Ele foi capaz de descobrir com precisão a forma das máquinas usadas.[24] Uma cientista, Jessica Utts, destacada professora de estatística da Universidade da Califórnia, em Davis, descobriu uma taxa de precisão em um programa de visão remota de 34%, porcentagem que que não poderia ser estatisticamente explicada pelo "acaso ou por falhas nos experimentos".[25]

Até mesmo o mais cético dos psicólogos ingleses, o professor Richard Wiseman, concordou que, "pelos padrões de qualquer outra área da ciência, a visão remota está comprovada". No entanto, ele concluiu que, pelo fato de a visão remota "ser uma reivindicação tão bizarra que revolucionaria o mundo, precisamos de evidências esmagadoras antes de chegar a qualquer conclusão". Por isso, enquanto as discussões agitam ferozmente o bizarro assunto da não localidade dentro das altivas, mas frequentemente frígidas, torres de marfim da academia, continuo a me instruir, a cada semana, pelas histórias que ouço no cálido conforto do meu consultório. Histórias fascinantes de sincronicidade, experiências não locais comumente compartilhadas que efetivamente asseguram vínculos duradouros entre pessoas que se amam.

Enquanto eu escrevia este capítulo, Julie, uma mulher de menos de 50 anos, procurou-me queixando-se de dor de longa data no pé e nas costas. Ela abrira um próspero negócio com seu marido enquanto atendia às demandas sempre constantes de seus três filhos adolescentes. Ela explicou que antes de conhecer seu marido, dera à luz um filho, hoje com 30 anos, que fora entregue para adoção. Durante muitos anos, embora agisse como protetora de seus outros filhos e do marido, ela se mantinha relutante em fazer contato com seu primeiro filho. No entanto, cinco anos atrás, incitada e apoiada pelo marido, ela decidiu entrar em contato com a agência de adoção para tentar encontrar seu filho.

Ela, seguindo o protocolo, marcou uma entrevista com um dos membros sêniores da equipe para iniciar a procura. Ela fora advertida de que seria mais provável que seu filho de 25 anos talvez preferisse não fazer contato com ela naquele momento, uma vez que não fora ele que requisitara tal encontro. Porém, a agência a tranquilizou, dizendo-lhe que, provavelmente, em algum momento no futuro ele se sentiria confortável diante da ideia de se encontrar com a mãe biológica, especialmente se soubesse que ela estava muito interessada. Assim que o relatório foi completado na tarde da entrevista, a agência recebeu um telefonema de um jovem chamado Bradley solicitando um encontro com sua mãe biológica, que, como se descobriu rapidamente, era Julie. Essa foi a primeira vez que ele contatava a agência. Todas as partes posteriormente confirmaram que esse foi verdadeiramente um evento sincronístico. Não só Julie e Bradley se reuniram de uma maneira que realmente os levou a mudar de vida, mas também a família adotiva de Bradley tornou-se amiga íntima da família de Julie.

As estatísticas jamais comprovarão de maneira conclusiva se essa alegre reunião foi um evento sincronístico não local facilitado pela consciência focalizada e compartilhada dentro de um ambiente de amor verdadeiramente incondicional ou apenas uma feliz coincidência. E, realmente, será que isso importa? Afinal, para Bradley, Julie e suas respectivas famílias, é a alegria da experiência, e o efeito que ela terá em suas vidas futuras, que é significativa – muito além das palavras, das estatísticas e das discussões acadêmicas.

No entanto, a aceitação, pelos acadêmicos tradicionais, da ciência de tais fenômenos não locais capacitará muitas pessoas a seguir sua intuição, a procurar compaixão e a encontrar soluções criativas para seus problemas.

E, como nós já descobrimos, há um ramo da ciência, em rápida evolução nestes primeiros anos do século XXI, que poderia muito bem promover tal aceitação e ajudar a preencher a lacuna entre as visões de mundo opostas que expressamos aqui. Ele carrega o título de biologia quântica, e já existe um número crescente de cientistas que especulam que suas implicações poderiam, na verdade, para usar a frase do professor Wiseman, "revolucionar o mundo".

Capítulo 7:
Biologia Quântica — A Ciência que Saiu do Frio

Todo grande avanço no conhecimento natural envolveu a absoluta rejeição da autoridade.
— Thomas Huxley (1825-1895), biólogo inglês

A necessidade, que é a mãe da invenção.
— Platão (cerca de 428 a.C.-348 a.C.), filósofo grego

Um dos maiores desafios que enfrentamos no século XXI é o de saber como vamos nos adaptar, como espécie, às rápidas mudanças que estão ocorrendo no clima do mundo. É claro que os gases responsáveis pelo efeito estufa estão se acumulando na atmosfera, enquanto os pulmões da Terra, suas florestas, estão sendo destruídos para satisfazer às necessidades de consumo de uma população humana em rápida expansão. As árvores e áreas verdes têm importância vital para a sobrevivência da espécie humana e dos animais; elas absorvem excessos prejudiciais de dióxido de carbono e, por meio de uma interação com a luz solar vinda do céu e com a água vinda do solo, produzem açúcares para ajudá-las a crescer e a produzir oxigênio para todos nós. Esse processo que dá vida é conhecido como fotossíntese.

Naturalmente, precisamos abordar o problema da mudança climática a partir de muitos ângulos. Quando eu nasci, em 1951, a população mundial era de pouco mais de 2,5 bilhões de habitantes. Em 2010, ela alcançou 7 bilhões, com projeções que preveem mais 1 bilhão de seres humanos habitando o planeta por volta de 2020.* Portanto, gerenciar esse crescimento está se tornando uma prioridade, uma questão prática e filosófica de proporções monumentais, uma vez que esse crescimento resulta, em grande medida, do fato de que os seres humanos estão vivendo mais tempo. No entanto, é evidente que nós estamos agravando o problema ao destruir as florestas tropicais. Não estamos simplesmente mordendo a mão que nos alimenta, pois essa mão, generosa e efetivamente no mais alto grau, purifica o mundo ao eliminar os resíduos venenosos que nele despejamos.

Uma maneira pela qual os cientistas podem ser proativos no combate às causas das mudanças climáticas consiste em estudar como e por que a fotossíntese é muito mais eficiente do que qualquer um dos dispositivos de energia solar feitos pelo homem, uma vez que eles chegam a perder 20% da valiosa energia que extraem da luz do Sol no processo. Pesquisas sobre os mistérios da fotossíntese das plantas poderiam dar frutos na forma de dispositivos que fariam uso consideravelmente mais limpo, mais barato e mais sustentável da energia do Sol.

Um avanço dramático e desbravador ocorreu em 2007 com o trabalho de cientistas da Universidade da Califórnia, em Berkeley, e da Universidade de Washington, em St. Louis. A equipe, liderada pelos biofísicos Gregory Engel e Graham Fleming, estudou a fotossíntese nas proteínas de bactérias verdes sulfurosas, ou sulfobactérias, usando luz do *laser* altamente especializada, emitida em pulsos ultrarrápidos de um femtossegundo cada. Isto é, os pulsos são emitidos desse *laser* com uma frequência vertiginosamente alta – um femtosegundo é igual a 10^{-15} de segundo –, suficiente apenas para afetar os spins de elétrons individuais. Para você ter uma ideia da dimensão dessa medida, saiba que um femtossegundo está para um segundo assim como um segundo está para cerca de 31,7 milhões de anos![26]

Fazendo uso da moderna nanotecnologia, eles descobriram algo notável sobre a maneira como a luz é transmitida e processada no interior dessas bactérias. A luz do *laser* foi retransmitida pelos "andaimes" de proteínas, semelhantes a antenas, que se erguem da superfície das células para os centros de reação em suas profundezas. No entanto, em vez de seguir um único caminho direto, como as setas nos diagramas explicativos da fotossíntese

---

* Registros e projeções realizados pela ONU em 2004 para a população mundial de 1800 a 2100.

que aprendemos a ver no ensino fundamental, a luz parecia viajar em várias direções ao mesmo tempo. Ela, literalmente falando, apareceu em diversos locais de recepção no mesmo instante, entrelaçada de uma maneira anteriormente vista apenas nas condições de secura do estado sólido nos laboratórios de física quântica. O artigo com os resultados da pesquisa, publicado no periódico *Nature* em 2007, já está sendo saudado como um marco revolucionário, pois demonstra que processos quânticos estão realmente em ação nas condições úmidas de um sistema vivo.[27] Os pesquisadores teorizam que a energia solar está envolvida em um processo de "escaneamento" quântico cujo propósito é localizar o melhor caminho completo para a conversão da energia. Só então, após o evento, e uma vez que o caminho mais eficiente tenha sido "escolhido", o processo quântico colapsa em um padrão linear formal. Alguns cientistas estão rotulando esse processo de seleção natural de o caminho "mais apto" de darwinismo quântico.

No entanto, essas observações foram feitas ainda nas temperaturas ultrabaixas dos estudos anteriores. Para permitir que essa tecnologia da energia solar se torne verdadeiramente prática, foi importante mostrar que esse efeito não local (que agora está sendo conhecido como coerência fotossintética) pode acontecer, e ser reproduzido, em temperaturas da vida cotidiana. Em fevereiro de 2010, Greg Scholes, biofísico da Universidade de Toronto, publicou, também no periódico *Nature*, uma pesquisa que demonstrou exatamente o mesmo processamento quântico da luz, dessa vez em algas marinhas, mas, e isso é o mais importante, em temperatura ambiente.[28] No momento em que escrevo este capítulo, novas pesquisas realizadas pelo grupo de Engel estão confirmando isso em outros organismos fotossintetizadores, sugerindo com muito vigor que o mundo quântico também opera no nível mais fundamental da própria vida. Então, com essas pesquisas – uma emocionante síntese que o século XXI está nos revelando entre nanotecnologia, ecologia e biologia –, destinadas a explorar melhores maneiras para nos ajudar a salvar o planeta, estamos ganhando notáveis e iluminadoras percepções sobre a verdadeira ciência da vida.

As pesquisas em biologia quântica não estão sendo financiadas apenas pela indústria da energia solar. Empresas de tecnologia da informação, obviamente, também estão interessadas em explorar a possibilidade da computação quântica nas temperaturas em que vivemos. Elas, no entanto, assim como outras, estão começando a perceber que os processos quânticos que ocorrem dentro de um ser vivo representam uma combinação holística que pode ser difícil de ser replicada com a tecnologia. Como demonstra o trabalho de Engel e Fleming com bactérias e a pesquisa de Scholes com algas marinhas comuns, há um estado de harmonia e equilíbrio entre o organismo, seu meio ambiente, e, como foi discutido no Capítulo 3, nossa própria observação. De fato, esses três elementos são provavelmente inseparáveis – íntima e fundamentalmente conectados em um estado de entrelaçamento.

Há, porém, evidências científicas sólidas de que tal atividade quântica está presente dentro do próprio corpo humano? Onde deveríamos procurar e, mais especificamente, quem estaria suficientemente motivado e teria os meios financeiros para sustentar tais pesquisas sofisticadas e dispendiosas?

Poderíamos dizer que as respostas a essas perguntas, pelo que certas pesquisas estão confirmando, encontram-se exatamente dentro, se não bem debaixo, do nosso nariz. O sentido do olfato sempre provocou fortes emoções e, durante séculos, tem sido conhecido por comunicar verdades fundamentais por uma via ainda mais eficiente que a palavra falada. A Julieta de Shakespeare parecia compartilhar dessa sabedoria convencional, pois ficava no seu balcão pensando por que exatamente aconteceu de um jovem chamado Romeu tê-la afetado a tal ponto, enquanto, suavemente, pronunciava as linhas imortais: "O que há em um nome? Se chamássemos a rosa por qualquer outra palavra seu aroma seria igualmente doce".

Os cheiros podem transcender quem os sente além das restrições de tempo e de espaço, e ajudar a despertar profundos sentimentos intuitivos. Helen Keller, surda e cega ativista social do século XX, descreveu o olfato como "um mágico poderoso que o transporta ao longo de milhares de quilômetros e através de todos os anos que você já viveu". O grande ator cinematográfico Paul Newman certa vez explicou como ele selecionava os filmes em que iria estrelar. Não eram apenas as palavras de um roteiro que o convenceriam de que ele era exatamente o ator certo para o papel. Para ele, era igualmente importante "ver cores, imagens. Também era preciso haver cheiro. É como se apaixonar. Você não pode dar uma razão para isso".

Mas agora, no início do século XXI, há cientistas que estão muito interessados em descobrir essa razão. E uma das instituições que ajudam a financiar esse trabalho é uma agência de pesquisas do Pentágono, a DARPA (Defense Advanced Research Projects Agency / **Agência de Projetos de**

Pesquisa de Defesa Avançada), interessada em desenvolver dispositivos sensores que possam identificar ameaças à segurança por meio de objetos sólidos.[29] Ao encarregar uma equipe de pesquisadores do Massachusetts Institute of Technology de um projeto chamado MITRealNose, eles esperam desenvolver um sofisticado e-nariz tão sensível quanto o de um cão farejador. O biofísico Luca Turin, fundador da empresa de fragrâncias Flexitral, faz parte dessa equipe empreendedora.[30]

Em 1996, foi Turin que desafiou o pensamento da corrente dominante de cientistas ao teorizar que as substâncias químicas responsáveis pelo odor, conhecidas como feromônios, poderiam não produzir os seus efeitos evocativos apenas bloqueando quimicamente locais receptores em nosso nariz.[31] Se esse modelo de chave e fechadura estivesse correto, então moléculas dotadas de formas muito semelhantes teriam de produzir cheiros semelhantes. E, na experiência de Turin, esse estava longe de ser o caso. Em vez disso, ele propôs que processos quânticos estivessem em ação, com escaneamentos e conexões instantâneas entrelaçando o cheiro com o farejador. Ele propôs que vibrações provenientes da interação do cheiro com receptores no nariz colocam imediatamente em movimento um padrão único de vibração ao longo de todos os átomos da substância odorífera.

Em 2007, a teoria de Turin ganhou forte apoio científico de quatro físicos da Universidade College London.[32] O grupo confirmou que o modelo de Turin segue as leis da física, se supomos que ele põe em jogo um processo conhecido como tunelamento quântico. Em palavras mais simples, esse é um estado de entrelaçamento bem conhecido e demonstrado em nanotecnologia, o qual permite que a informação seja "tunelada" instantaneamente através de objetos físicos. Os pesquisadores deduziram que foi o padrão vibratório único da molécula de odor, e não a sua forma estática, que, ao se encontrar com um receptor, pôs em movimento esse tunelamento quântico, com as moléculas e os receptores entrando instantaneamente em ressonância mútua, como se estivessem envolvidos em uma dança frenética e exótica. Era esse padrão global de vibração que poderia então ser retransmitido para o cérebro por meio do nervo sensorial do nariz, o nervo olfativo.

Essas pesquisas sobre os fundamentos quânticos da vida ainda estão dando seus primeiros passos. Elas foram geradas por dois dos maiores desafios que estamos enfrentando neste início do século XXI: a mudança climática e a segurança nacional, em resposta ao terrorismo e ao tráfico de drogas. Isso só se tornou possível por causa dos rápidos avanços em tecnologia da informação, e do impulso inflexível dos cientistas rumo ao Santo Graal da tecnologia da informação: o computador quântico. Talvez não seja surpreendente o fato de que essa pesquisa também revelou quão absolutamente essencial o mundo quântico é para a maneira como plantas e animais interagem, e se conectam, com o seu ambiente. Outros estudos estão mostrando que "bússolas" quânticas podem estar operando nos olhos de aves migratórias, permitindo-lhes sentir, e até mesmo ver, os campos magnéticos que as guiam em suas longas jornadas ao redor do globo.[33, 34]

Biofísicos também estão começando a descobrir que estados entrelaçados não locais devem estar em jogo ao longo de todo o corpo humano. Aproximando-se do funcionamento dos seus processos somáticos com um profundo conhecimento de matemática e de física, eles estão deduzindo que, sem esse domínio quântico vital, muitas das reações químicas do corpo seriam insustentáveis, pois perderiam uma quantidade demasiada de energia no processo. Por exemplo, cálculos e medições estão nos mostrando agora que a biologia quântica precisa estar por trás de muitas reações químicas que acontecem dentro de nós a cada momento, em particular, na maneira como:

1. o chá verde, um oxidante, neutraliza instantânea e sincronizadamente os radicais livres no corpo humano;[35]
2. as moléculas de DNA, de água e de proteínas se comunicam quando as informações genéticas são traduzidas na formação dos blocos de construção do corpo, as proteínas.[36, 37]

É também evidente que essas propriedades quânticas dos sistemas vivos só são possíveis por causa do estado de equilíbrio sutil, mas essencial mantido pelo organismo em ressonância com o seu ambiente natural.

É provável que, à medida que este século progride, avanços científicos levem à fabricação de computadores quânticos super-rápidos com capacidade de armazenamento e de memória quase ilimitada. No entanto, a coerência, de importância tão essencial para a vida de um organismo – planta ou animal, grande ou pequeno –, não pode ser criada simplesmente montando-se todas as suas partes componentes separadas, como descobriu o fictício dr. Frankenstein, para sua grande decepção.

Foi Thomas Huxley, citado na epígrafe deste capítulo e conhecido pelo público vitoriano como o destemido defensor, ou "buldogue", de Charles Darwin, pois ele ajudou a popularizar a nova e radical teoria da evolução de Darwin, que previu que chegaria um tempo em que nós empunharíamos as ferramentas científicas com as quais poderíamos criar a vida humana e, assim, controlar o nosso destino. Esse tempo é agora e está conosco; entramos em uma era que transporta para o futuro uma tremenda responsabilidade. É essencial que possamos contar com uma ética e uma moral do mais alto padrão. Foi o próprio neto de Huxley, Aldous, que, em seu romance clássico *Admirável Mundo Novo*, teve a clarividência de advertir o público do século XX sobre os potenciais perigos da eugenia, a engenharia genética de uma raça superior.

A biologia quântica ainda está na sua primeira infância. À medida que ela for crescendo e amadurecendo, passará a desempenhar o importante papel de convencer o mundo acadêmico de que nós somos, na verdade, seres multidimensionais, vivendo em harmonia com um universo multidimensional. Ela proporcionará conforto e confiança para aqueles que, em seu coração, já sabem que as coisas, de fato, são assim. Ao abrir a mente e o coração, podemos descobrir novas maneiras de curar a nós mesmos e o planeta em que vivemos. Isso porque não podemos curar um sem curar o outro.

Oitavo Princípio do Holograma Humano: No início do século XXI, os cientistas estão apenas começando a explorar os fundamentos quânticos da vida.

Capítulo 8:
Sobre Formigas e Homens — A Vida nas Colônias

Lance sobre a prudente formiga teus olhos atentos. Observe como ela trabalha, criatura preguiçosa, e seja sábio.

– Samuel Johnson (1709-1784), autor inglês

Observar formigas é um dos meus passatempos preferidos. Quando me encontro em um estado de ânimo reflexivo, há poucas coisas de que eu goste mais do que voltar minha atenção para baixo, para o mundo que existe em miniatura sob os nossos pés. Diferentemente da observação dos pássaros, encontrar formigas requer muito pouco esforço; na verdade, com frequência elas vêm a nós, especialmente se deixamos aberto o pote de açúcar. A observação de formigas pode ser desfrutada tanto fora de casa como no cálido conforto do lar, enquanto descansamos em uma espreguiçadeira ou poltrona ou até mesmo no banheiro. E não temos necessidade de binóculos caros – apenas, para olhos mais maduros, como os meus, de óculos com lentes bifocais.

A primeira coisa que o neófito observador de formigas notará é que essas minúsculas criaturas não apenas são incansavelmente diligentes como também parecem, pelo menos às suas colegas formigas, muito refinadas. Quando estão viajando em suas rodovias, não há sequer um mínimo sinal de raiva nem de irritação nas estradas. Na verdade, uma procissão de formigas movendo-se em linha reta no mesmo sentido desacelera e acelera de maneira precisamente sincronizada. Não ocorrem aglomerações nem colisões – e nem congestionamentos de tráfego. Se mais formigas se juntam em um pelotão, a fila simplesmente fica mais longa.

Esse comportamento modelar foi registrado por cientistas em um estudo conjunto realizado em 2009 com instituições da Alemanha, da Índia e do Japão.[38] Naturalmente, ele captou a atenção daqueles cujo ofício é ajudar a controlar o tráfego em nossas cidades. Embora ainda possa levar algum tempo até que os seres humanos evoluam o bastante para se afastar do seu comportamento egocêntrico nas estradas, um dos pesquisadores, Andreas Schladschneider, da Universidade de Bonn, na Alemanha, previu que "no futuro, nossos automóveis poderiam estar eletronicamente conectados e transmitir instantaneamente informações sobre mudança de velocidade".

Os cientistas acreditam que as formigas fazem isso quimicamente, formando trilhas com seus feromônios. No entanto, sabe-se que as formigas do deserto navegam ao longo do seu caminho até cem metros longe de seus formigueiros sem precisar recorrer a marcos visuais e distante de trilhas de feromônios. Usando antenas gêmeas, elas respondem a "assinaturas de odor" vindas do seu hábitat, literalmente cheirando o cenário em estéreo.[39] (Também se acredita que nós cheiramos em estéreo – afinal, podemos perfeitamente nos perguntar por que, além de possuirmos dois olhos e dois ouvidos, temos também duas narinas?)

Até agora ainda não se realizaram estudos nem se fizeram cálculos para confirmar que processos quânticos estão em ação ligando formigas aos seus ambientes e umas às outras. No entanto, parece lógico sugerir que a teoria do cheiro de Luca Turin, conforme é apoiada pelos físicos da Universidade College London (veja o Capítulo 7), poderia se aplicar igualmente aqui. Isto é, nas raízes desse comportamento de navegação extremamente eficiente e sofisticado, e nas raízes dessa fantástica sincronia de movimentos dentro da colônia de formigas, vigora uma atividade vibratória e quântica. Há uma capacidade notável, comum a abelhas, formigas e bactérias, que continua a intrigar biólogos, físicos e farmacologistas. Sensoriamento de quórum é a expressão que nomeia uma habilidade inerente a um organismo individual e que lhe permite sentir o tamanho de sua colônia, e em seguida responder, apropriada e instintivamente, a essa situação.

Por exemplo, sempre que um ninho é destruído, formigas se espalham para cá e para lá, procurando vários sítios potenciais, retornando após certos espaços de tempo ao ninho destruído. Uma vez lá, elas, com uma percepção aguçada, se apressam em retornar junto às suas colegas trabalhadoras até o melhor dos novos locais escolhidos e, como resultado, o número de formigas que afluem para esse novo local aumenta mais rapidamente do que em outros. Uma vez que uma massa crítica (ou quórum) de formigas é formado em um novo local, esse fato é sentido pelas formigas que viajam de volta e transportam os seus jovens, as suas rainhas e os seus colegas trabalhadores para o novo ninho. Elas até mesmo recrutam as formigas restantes, que ainda estão à procura de novos locais. Desse modo, ainda que cada formiga não tenha checado todas as opções potenciais, um consenso grupal é estabelecido por meios democráticos. Graças a esse processo, as formigas finalmente se congregam em seu novo lar.

As abelhas melífluas também têm a capacidade de sensoriamento de quórum, comunicando-se com suas colegas abelhas trabalhadoras a respeito da excelência de um novo local potencial por meio de uma manobra exótica conhecida como dança de balanço (*waggle dance*). Quanto mais tempo a abelha dançar, mais promissora ela sente que é a nova localização. A abelha também usa essa dança para indicar exatamente onde o melhor pólen e o melhor néctar podem ser encontrados – sendo que o comprimento do movimento que ela executa na dança e o ângulo da dança com relação ao Sol indicam a distância e a direção, respectivamente.

No entanto, são as habilidades sensoriadoras de quórum das bactérias que estão gerando a maior parte dos estudos. A resistência aos antibióticos, ocasionada principalmente pelo uso excessivo das drogas, se tornou um sério problema de saúde nos últimos vinte anos, e por isso estão sendo procuradas novas maneiras de tratar e de prevenir doenças bacterianas. Citando o *New England Journal of Medicine* de janeiro de 2009: "Quase demos uma volta completa e chegamos a um ponto tão assustador quanto a era pré-antibiótico: para pacientes infectados com bactérias resistentes a muitas drogas, não há uma fórmula mágica".[40]

Uma solução para essa crise da saúde pode resultar de uma compreensão mais profunda a respeito de como as bactérias se comportam como redes entrelaçadas. Uma vez que a população das bactérias atinja um certo número de indivíduos, elas começam a se comportar coletivamente como colônias, ou biocampos. Esse fato é constatado da maneira mais dramática em um processo conhecido como bioluminescência, uma emissão espontânea de luz por todas as bactérias da colônia. A lula havaiana de cauda ondulada, em cujo corpo residem milhões dessas bactérias (*Vibrio fisheri*), beneficia-se muito dessa bioluminescência. A lula tende a nadar perto da superfície do oceano, ficando vulnerável ao ataque de predadores vindos de baixo. No entanto, em certas ocasiões do dia e da noite, as bactérias, espontaneamente, se acendem, combinando-se com precisão com a luz que vem do Sol e da Lua, camuflando o seu hospedeiro.

A dramática exibição de bioluminescência proveniente de outra bacteria marinha, a *Vibrio harveyi*, chegou a ser fotografada do espaço externo.[*] Em 2005, fotografias tomadas de um satélite em órbita mostraram claramente uma mancha com forma de charuto estendendo-se ao longo de mais de 1.600 quilômetros nas águas a noroeste do Oceano Índico. Esse fenômeno, conhecido tradicionalmente pelos marinheiros como "mar de leite" (a luz, na verdade, é azul e não branca) foi vividadamente descrita por Júlio Verne em seu romance de ficção científica *20.000 Léguas Submarinas*. O *Nautilus*, o submarino do Capitão Nemo, encontrou um misterioso "mar de leite" quando viajava, semissubmerso, em sua perigosa jornada pela Baía de Bengala.[41a]

Voltando agora ao século XXI, é a resistência que bactérias nocivas opõem a antibióticos e a esquiva cura do câncer que estão forçando os pesquisadores médicos a mergulhar além das limitações dos seus modelos restritivos, lineares. Importantes cientistas estão pedindo que se adote uma abordagem mais ampla, menos reducionista, se quisermos começar a encontrar soluções duradouras. O professor Julian Davies, renomado microbiólogo da Universidade de British Columbia, incentiva mais pesquisas a respeito de como as bactérias usam sinais quando se comunicam dentro de seus "mosaicos de redes interativas".[42] O professor Paul Davies, cosmológo, biólogo e físico da Universidade do Arizona, está realizando pesquisas pioneiras sobre as propriedades físicas das células cancerígenas. Ele explica: "Olhamos para as forças que atuam sobre elas, observamos suas propriedades mecânicas, suas propriedades elétricas, a maneira como se aglomeram, como agem enquanto comunidades".[43]

---

[*] Outro organismo marinho bioluminescente, o rim-do-mar (*Renilla reniformis*), está ajudando os pesquisadores de medicina a obter melhor formação de imagem de nossos órgãos internos. Injetando a enzima responsável pela iluminação do rim-do-mar juntamente com minúsculos cristais sintéticos de tamanho nano, conhecidos como pontos quânticos, imagens de nitidez cristalina de partes do corpo previamente ocultas se acendem e podem ser facilmente registradas. A limitação dominante de se injetar pontos quânticos isolados está no fato de que é necessária uma fonte de luz externa. Mas isso não acontece com essa equipe híbrida – pois alia natureza e tecnologia de ponta – que emite luz por autogeração.[41b] Verificou-se atualmente um fato interessante: pontos quânticos expostos a feixes de *laser* entrelaçam fótons de luz visível, o que nos leva a especular que os organismos bioluminescentes poderiam ter sua própria versão natural e intrínseca desses minúsculos cristais.

Isso tudo pode estar indicando os primeiros passos, ainda provisórios, com que os cientistas estão se encaminhando rumo a uma compreensão mais profunda e mais holística a respeito de como uma colônia massiva de células funciona em perfeita harmonia dentro de um sistema vivo como o corpo humano. Ao estudar o mundo exterior dos biocampos das bactérias e dos insetos, podemos adquirir valiosas e esclarecedoras percepções a respeito do mundo interior do corpo humano. No entanto, até agora, o enfoque tem sido na comunicação de célula a célula por meio de substâncias químicas e de forças elétricas de atuação local. Ainda há uma relutância dominante em saltar esses passos intermediários e fazer a pergunta aparentemente óbvia: "Qual é o sistema fundamental que coordena trilhões de células individuais, seja dentro de uma colônia de formigas ou de um corpo humano, permitindo que eles cresçam e funcionem com tal harmonia?"

Usando os conceitos filosóficos de David Bohm, podemos dizer que ainda estamos focalizando a ordem explicada da atividade superficial local em vez da organização implicada menos visível, que está além do alcance dos nossos sentidos. Isso, para mim, se parece com a ação de descrever um fascinante jogo de xadrez meramente em termos do movimento mecânico das peças sobre o tabuleiro.

Em seu livro seminal *The Soul of the White Ant*, de 1925, o biólogo e poeta sul-africano Eugene Marais detalhou, em seu africâner nativo, sua meticulosa pesquisa sobre a vida comunitária dos cupins. Pensador sistêmico altamente original, ele comparou toda a colônia e o ninho dos cupins com o corpo de um animal. Para Marais, os operários e soldados representavam células vermelhas e brancas, os jardins de fungos o órgão digestório e a rainha o cérebro "que controla a mente coletiva". Ele descreveu o voo nupcial dos reis e rainhas como idêntico à fuga de espermatozoides e óvulos.[44]

Em um experimento, ele dividiu em dois um cupinzeiro, utilizando uma espessa chapa de metal e observando a atividade dos cupins em ambos os lados da barreira. A chapa bloqueou efetivamente tanto a transmissão elétrica como a de feromônios (é preciso observar que os cupins são completamente cegos). Apesar disso, ambos os lados do monte foram reconstruídos em perfeita simetria, sugerindo conexões entre os cupins por meio de um campo que está além da eletricidade e da química. Ele também descobriu que se a rainha fosse removida de sua célula e destruída, a atividade dos cupins cessava imediatamente. Antes disso, mesmo que ela fosse separada dos operários pela chapa de aço, o trabalho meticuloso deles continuaria.

Apesar de esse experimento não ter sido repetido nos tempos modernos, caso fosse confirmado, ele daria crédito à teoria da ressonância mórfica do biólogo evolutivo Rupert Sheldrake, de acordo com a qual o comportamento e o crescimento dos organismos são organizados por meio de um campo de informação fundamental. E também à teoria dos senhores Bekenstein, Susskind e 't Hooft segundo a qual o mundo físico é apenas uma projeção holográfica, uma realidade virtual criada pelos nossos sentidos a partir de um domínio invisível misterioso.

Infelizmente, Eugene Marais não viveu para ver suas teorias aceitas, nem sua contribuição para a ciência plenamente reconhecida. Sua obra sobre cupins foi plagiada pelo Prêmio Nobel Maurice Maeterlinck, que apresentou as teorias de Marais como se fossem suas. E, em 1936, Marais, dependente de morfina de longa data, e inclinado a surtos de profunda melancolia, disparou um tiro na própria cabeça, depois de tentar, sem sucesso, pôr um fim à sua vida alguns momentos antes ao disparar um tiro no peito.

Capítulo 9:
Os Padrões da Natureza

É verdade que um matemático que também não seja um pouco poeta nunca será um matemático perfeito.
— Karl Weierstrass (1815-1897), matemático alemão, descobridor do primeiro fractal

Grandes redemoinhos contêm pequenos redemoinhos,/ Que dos grandes alimentam a velocidade;/ E pequenos redemoinhos contêm redemoinhos/ ainda menores, e assim por diante, até a viscosidade.
— Lewis Fry Richardson (1881-1953), matemático inglês

A era do computador não inundou todos nós apenas de informação, mas também criou um instigante novo meio para os artistas. Essa mistura eclética de matemática, tecnologia e imagem permitiu o florescimento da ciência e da apreciação da geometria fractal. No entanto, foi preciso o gênio em estado bruto de Benoît Mandelbrot e a visão de sua empregadora norte-americana, a gigantesca fabricante de computadores IBM, para introduzir o mundo moderno na beleza e na complexidade de sua forma.

Mandelbrot nasceu em uma família lituana judia, em Varsóvia, em 1924. Sob ameaça de uma invasão nazista, a família mudou-se para Paris, e então, depois de sua queda em 1940, para o sul da França. Foi lá que ele ficou fascinado pelas formas da natureza. Ele achou intrigante que os estuários dos rios imitassem a forma dos vasos sanguíneos humanos; e que um pequeno pedaço de couve-flor imitasse a hortaliça toda. As rupturas que ocorreram em sua vida doméstica significaram que ele recebeu apenas educação formal limitada; aparentemente, ele nunca aprendeu o alfabeto ou a tabuada para números maiores que 5. No entanto, sua memória visual era tão aguçada que ele foi capaz de passar nos exames de matemática simplesmente visualizando a forma dos problemas.

Um dos muitos cientistas visionários que inspiraram Mandelbrot foi o pouco conhecido Lewis Fry Richardson, um pacifista e naturalista britânico que estudou os padrões meteorológicos, em particular a turbulência eólica conhecida como "o redemoinho dentro do redemoinho". Ele era igualmente fascinado por outros mistérios não resolvidos do mundo ao seu redor. Por exemplo, ele foi o primeiro a fazer a pergunta: "Qual é exatamente a extensão total da linha litorânea da Grã-Bretanha?"

Se percorrêssemos as estradas que acompanham o litoral de um país, seguindo por todas as rotas costeiras, o odômetro nos diria claramente a quilometragem que cobrimos. Mas isso reflete apenas a distância percorrida ao longo da estrada, e de modo algum é uma verdadeira medida da linha litorânea, com todas as suas intrincadas sinuosidades, ângulos e fissuras. Na verdade, se fôssemos examinar a superfície de cada rocha, e de cada quebra-mar, no ponto em que elas encontram a marca do nível superior da água do mar, descobriríamos incontáveis e minúsculas fendas dentro de fendas. Se usássemos um microscópio moderno, padrões ainda mais intrincados seriam vistos. Na verdade, a circunferência de uma terra aumentará proporcionalmente, dependendo de quão minuciosamente a examinarmos; no nível subatômico, essa riqueza se aproximaria do infinito!

As observações de Richardson foram inspirações que guiaram Benoît Mandelbrot. Durante seus anos na IBM, Mandelbrot estudou a matemática e a geometria do mundo natural, aplicando técnicas de formação de imagens por meio de computador a teorias de outros matemáticos dos séculos XIX e XX. O resultado foi o agora famoso conjunto de Mandelbrot, cuja periferia reflete um padrão fractal complexo, mas autorreplicante. Quando penetramos, por meio de um *zoom* contínuo, na fronteira de um conjunto de Mandelbrot com recursos de microscopia computadorizada mais e mais poderosos, novos e belíssimos mundos aparecerão: os conjuntos de Julia autorrepetitivos são reminiscentes de dragões que vomitam fogo. Matematicamente, ainda há muito para se aprender sobre o conjunto de Mandelbrot, mas codificados nele estão a simetria e o caos do mundo natural.

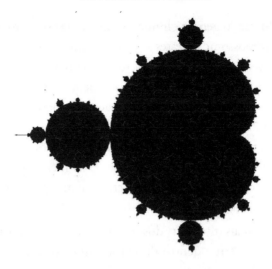

Figura 10 - Conjunto de Mandelbrot.

Podemos começar a compreender esse equilíbrio quando observamos como o padrão fractal de cada floco de neve individual é único, sutilmente diferente de todos os outros. Gêmeos idênticos, por mais semelhantes que sejam, sempre têm impressões digitais diferentes. Apesar do fato de uma simetria subjacente residir nas próprias raízes da natureza, é como se a expressão individual do caos e da diversidade na dimensão física fosse um componente igualmente vital do mundo vivo. Tudo se passa como se, ao explorar as próprias margens de nossa existência – estudando uma linha litorânea, um conjunto de Mandelbrot, ou mesmo uma couve-flor –, descobrimos exatamente por que somos todos tão diversificados, e por que estamos expostos a um número infinito de escolhas em nossa vida.

Os corpos são fractais; por exemplo, como os galhos de uma árvore, os vasos sanguíneos se ramificam a partir de um tronco central, a aorta, em direção a vasos progressivamente menores que se infiltram por dentro dos tecidos, fornecendo nutrientes e removendo resíduos de todas as partes. Os pulmões compreendem ramos fractais cada vez menores, que permitem uma absorção de oxigênio maior e mais eficiente pelo sangue. Os cérebros também são fractais, com todas as suas dobras e suas rugas bizarras, e suas complexas redes intercomunicantes formadas por 100 bilhões de células nervosas.

A ciência fractal também explica exatamente como cerca de 183 centímetros de DNA podem ser compactados dentro de cada uma das células do corpo para formar o genoma humano. Apesar de estarmos acostumados a ver pares de cromossomos prestes a se dividir em nítidas formas de X, em todas as outras vezes eles ocorrem em forma de bola, com o DNA compactado em seu interior, como se expressa o cientista da computação Erez Lieberman-Aiden, "como uma bola de macarrão incrivelmente densa".[45] Essa não apenas é a forma mais eficiente, e livre de laços e nós, de compactar o DNA, pois também é perfeita para realizar a necessária comunicação cruzada entre diferentes partes da molécula. E também é provável que sua compactação fractal seja altamente importante para as conexões não locais do DNA com os domínios quânticos.

Mas talvez o mais intrigante dos sistemas fractais – e que foi negligenciado até hoje – existente dentro do corpo humano seja o citoesqueleto. Essa rede de tecido conectivo (ou conjuntivo) não somente se infiltra em cada célula do corpo, mas também compõe uma surpreendente porcentagem de 70% da massa de cada célula. Ele fornece o andaime interno para os tecidos, os fusos que mantêm separados os cromossomos, e os circuitos elétricos semicondutores conhecidos popularmente, na acupuntura chinesa, como o sistema dos meridianos.[46]

Evidências recentes mostram que essa rede fibrosa fractal desempenha um papel da maior importância na "organização e regulação espaciais da tradução, tanto no nível local como no global, em uma modalidade de atuação (*manner*) que tem importância crucial para o crescimento, a proliferação e a função celulares".[47] Em outras palavras, o citoesqueleto funciona como um mapa vivo sobre o qual nós crescemos. Mas é provável que haja ainda mais coisas importantes relacionadas ao citoesqueleto. De acordo com Sir Roger Penrose e o professor Stuart Hameroff, as estruturas dentro das células conhecidas como microtúbulos – alguns semelhantes a antenas, outros com uma forma de hélice tripla – poderiam atuar como microscópicas oficinas de fundição dentro de cujas paredes se processa a consciência humana. Assim como uma árvore utiliza o processamento quântico dentro de suas folhas verdes frescas ao converter a luz em energia, nas pontas distantes dos ramos mais distantes do citoesqueleto humano a biologia quântica também pode estar em ação. De acordo com a teoria de Penrose-Hameroff, é por meio dessas estruturas que os domínios quânticos são processados, onde as ondas de probabilidade colapsam dentro da realidade, ou talvez da ilusão, a que chamamos de vida.

Os microtúbulos estão simplesmente por toda parte no corpo humano, e no corpo de todos os animais que evoluíram ao longo dos últimos 540 milhões de anos. Eles são particularmente numerosos nas células do cérebro; e é provável que, de acordo com Hameroff, um anestesista de Tucson, no Arizona, que seja neles que os agentes da anestesia geral realizem o seu trabalho, alterando a consciência humana para fazê-la ignorar qualquer dor e ficar totalmente alheia à passagem do tempo durante uma intervenção cirúrgica.

A geometria fractal, o estudo dos padrões da natureza, está nos levando para mais perto da compreensão das raízes da nossa existência. Ela representa uma mudança que nos afasta de uma ciência que tenta descrever o nosso universo de maneira estritamente linear e mecânica. Os matemáticos e cientistas pioneiros nesse trabalho, como os poetas talentosos, observam e traduzem a linguagem rítmica da vida e, como grandes artistas, revelam sua beleza oculta. Eles personificam uma evolução da consciência humana, misturando inconsutilmente o analítico com o conceitual, e aplicando em uma atuação conjunta, pelo menos metaforicamente, os hemisférios esquerdo e direito do cérebro. Além disso, eles permitem que a moderna tecnologia de ponta ajude, confirme e faça avançar as sábias observações e teorias de seus antecessores.

Poderíamos dizer que a verdadeira natureza do mundo está se revelando para aqueles que estão prontos para receber essa revelação.

Nono Princípio do Holograma Humano: A natureza fractal do universo, que é coerente com a teoria holográfica, é hoje um princípio reconhecido até mesmo pela ciência convencional.

Capítulo 10:
O Bio-Holograma Humano — Um Modelo Experimental

> *A ciência natural não descreve e explica simplesmente a natureza;*
> *ela é parte da interação entre a natureza e nós mesmos.*
> – Werner Heisenberg (1901-1976), físico alemão

> *Estamos envolvidos nas dobras do universo.*
> – David Bohm (1917-1992), físico inglês, norte-americano de nascimento

O mundo científico ainda precisa levar plenamente em consideração a possibilidade de que nós mesmos sejamos cocriadores, e refletores, do mundo que nos cerca. A exigência de objetivismo a todo custo ainda domina a voz da ciência pura que nos diz que o sujeito e o objeto, o observador e o observado, nunca estão completamente unidos. No início do século XXI, poucos cientistas parecem ter aprendido a importância das palavras do falecido físico dinamarquês Niels Bohr: "Um físico é apenas a maneira de um átomo olhar para si mesmo".

Olhar para nós mesmos, e para dentro de nós mesmos, nunca foi fácil. Como médico, sei que sempre provei ser o meu paciente mais difícil, sempre lutando com o conselho consagrado pelo tempo: "Médico, cura-te a ti mesmo". Porém, se devemos aceitar que o universo é holográfico, que há campos de informação ou de consciência que se estendem fundamentalmente por trás de tudo o que percebemos, precisamos também entrar em acordo com o fato de que tudo isso aplica-se igualmente ao nosso próprio ser. Isso poderia nos deixar sentindo-nos frágeis, vulneráveis e extremamente instáveis – não apenas em território não familiar, mas também precariamente perdidos no espaço.

Mas estou convencido de que se nós, de fato, nos aceitarmos como hologramas humanos, nossa vida será enriquecida além da medida. Logo adiante (na Seção Três), explicarei como a compreensão dessa dimensão de nós mesmos pode nos levar a novos níveis de saúde pessoal, que poderão ser atingidos sem a necessidade de medicamentos ou equipamentos excessivos e dispendiosos. Essa é a minha motivação por trás da redação deste livro.

Mesmo que a compreensão que temos da ciência holográfica, dos fractais e da biologia quântica ainda esteja em sua primeira infância, alguns cientistas conceituados já estão nos abrindo o caminho com suas pesquisas desbravadoras. O trabalho deles, que citamos aqui, ainda é considerado altamente controvertido, mas não foram apresentadas tentativas bem-sucedidas capazes de desacreditar suas descobertas. Isso se deve, em parte, ao fato de que poucos cientistas têm a habilidade de desafiar com êxito a natureza extremamente especializada de suas pesquisas. Mas também, muito possivelmente, efeitos quânticos que ocorram no âmbito da vida e que sejam observados e medidos por um cientista que neles acredite e que tenha intenção positiva poderiam diferir daqueles observados e medidos por um investigador cético.

No início da década de 1970, Fritz-Albert Popp detectou uma "luz" especial, emitida e transmitida por células vivas. Ele deu a essa energia sutil o nome de energia biofotônica e às partículas envolvidas o nome de biofótons.[48] Por meio de dispositivos eletrônicos sensíveis, ele conseguiu medir essa energia quando ela era emitida por tecidos vegetais e animais. Outros pesquisadores estudaram suas propriedades ondulatórias em uma tentativa de compreender exatamente onde, se considerarmos todo o espectro da energia eletromagnética, essa energia se encaixa. O interessante é que, de acordo com o consenso, ela se assemelha muito mais às ondas sonoras, amplamente espaçadas, do que às ondas luminosas, mais estreitas. Alguns cientistas especularam que esse fato permite que "feixes" de biofótons viajem através do corpo mais efetivamente e com menos resistência.

Os experimentos de Popp revelaram informações fascinantes a respeito da natureza dessa energia sutil, e, no entanto, vital. Ele e outros físicos descobriram que as células cancerígenas emitem mais energia biofotônica do que os tecidos saudáveis, sugerindo que essa energia é realmente um recurso sustentável e renovável no tecido saudável. Células saudáveis são menos inclinadas a perder energia, reciclando-a ativamente. Aparentemente, a multiplicação desenfreada, incontrolável, das células cancerígenas ultrapassa a capacidade do corpo de reabsorver essa energia,[49-53] deixando quem sofre de câncer esgotado e fraco. Outro estudo revelou que uma pessoa em um estado balanceado, calmo, meditativo, emite até mesmo menos dessa energia que o normal. Em outras palavras, nesse estado de equilíbrio e quietude temos maior probabilidade de conservar a energia vital, o que resulta em benefícios para a saúde.

Há também especulações sugerindo que a energia biofotônica é processada pelo DNA dentro do núcleo de cada célula,[54] e em seguida disparada da célula em um feixe de *laser* coerente com "a trajetória de uma bala". Outros especularam que os tecidos conectivo do corpo, em particular os microtúbulos de forma helicoidal, os flagelos e as moléculas de colágeno, estão envolvidos na propagação desses feixes de biofótons dentro do corpo.

Assim como acontece em um *show* de luzes de *laser*, dentro do corpo humano, os feixes de biofótons interagem e interferem uns com os outros formando um campo ou matriz que tem, efetivamente, natureza holográfica. Somente no corpo humano, esse *show* é de uma complexidade que ultrapassa a mais ousada das imaginações, com muitos trilhões de fontes, todas elas disparando simultaneamente. Chega-se até mesmo a conceber que o crescimento e a regeneração do corpo humano desdobram-se dentro dessa matriz oculta, a qual, quando estamos com a saúde perfeita, encontra-se em perfeita harmonia com o ambiente natural que nos envolve.

Modelos teóricos detalhados desse processo foram propostos ao longo dos últimos vinte anos por cientistas desbravadores e de grande amplitude mental. O físico Bevan Reid descreve um processo passo a passo por meio do qual a energia "virtual" do espaço puro e vazio se converte inicialmente nesses feixes de biofótons, os quais, por sua vez, formam a matriz que constitui a fundação da matéria viva.[55]

Porém, antes de descrevermos esse fascinante e complexo ato de conversão que ocorre a cada dado momento dentro de todos nós, talvez devamos examinar a relação especial, de compartilhamento, que todos nós temos com o espaço que existe entre nós. Os cientistas estão agora começando a compreender exatamente como e por que o corpo humano, feito de células, o nosso *hardware*, está em constante comunicação com essa misteriosa e ubíqua energia "virtual" do espaço.

No entanto, será que o espaço, como sempre fomos levados a acreditar, consiste simplesmente de nada, a região vazia na qual tudo se ajusta, tudo se encaixa? Não é nada assim, de acordo com o físico quântico John Wheeler, que foi colega de Albert Einstein. Todo o espaço, incluindo as extensões proporcionalmente vastas dentro dos átomos do corpo humano, onde não há partículas presentes, abrange um número infinito de minúsculos vórtices, ou buracos de minhoca, coletivamente conhecidos como "espuma quântica".[56] Cada um deles, de acordo com essa teoria, atua como um portal para toda a biblioteca de informação universal, cada um deles é um miniportal estelar para outras dimensões.

Reid propôs que essa energia do espaço "armazenada" nas espirais simétricas desses redemoinhos do vácuo faz contato com o tecido humano vivo e denso, e em seguida é convertida nos feixes de luz coerente semelhantes a *lasers* que já descrevi. Esses feixes de biofótons então contêm o depósito infinito de informações vindas do espaço, e também informações posteriores adquiridas dessa colisão com o *hardware* físico do corpo humano. O corpo físico é um dispositivo de armazenamento de memória maravilhosamente eficiente, um computador complexo que contém a história de tudo o que nós experimentamos. Por isso, propõe-se que a energia do espaço, ao fazer contato com o corpo humano – a base de dados de experiências exclusivamente pessoais – faz um *download* instantâneo dessa informação vital, armazenando-a em seus imensos arquivos para a posteridade.

Há, portanto, uma troca de informações constante e harmoniosa entre cada um de nós – e, na verdade, entre todos os seres dotados de percepção – e o invisível campo de consciência universal. Esse processo é conhecido como ressonância.[57] Desse modo, a energia do espaço está sendo continuamente "atualizada" [*updated*] e "melhorada" [*upgraded*] pelo contato com o corpo humano, que registra meticulosamente em suas galerias todas as experiências terrestres. Esse registro é enriquecido além da medida por essa dádiva especial tão valorizada por todos os seres humanos: o *livre-arbítrio*, tão generosamente confiado a cada um de nós.

Desse modo, cada ato deliberado, até mesmo cada pensamento, na vida singular de cada um de nós, contribui significativamente para esse campo de consciência universal e atemporal. À medida que cada um de nós evolui espiritualmente, o campo, por sua vez, também evolui. Se abraçarmos plenamente esse modelo, nós, seres humanos, herdamos um impressionante nível de responsabilidade. Pelo que parece, somos claramente cocriadores do nosso próprio destino, e dos destinos do planeta e do universo (veja a Figura 11).

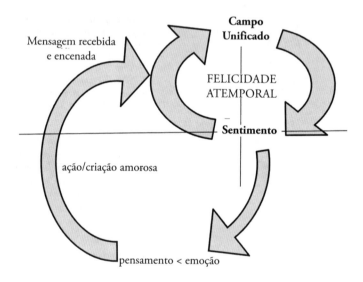

Figura 11 - Desafios no tempo e no espaço.

É o próprio corpo humano que também se beneficia, e em uma proporção imensurável, desse empreendimento cooperativo. Para explicar isso, vamos agora revisitar o intrincado processo por meio do qual feixes de energia biofotônica (outro nome para biofótons é bósons) interferentes, derivados da energia do espaço e processados por meio do nosso DNA e de microtúbulos, formam um campo ou matriz em cujo âmbito o tecido físico do corpo humano se manifesta (veja a Figura 12).

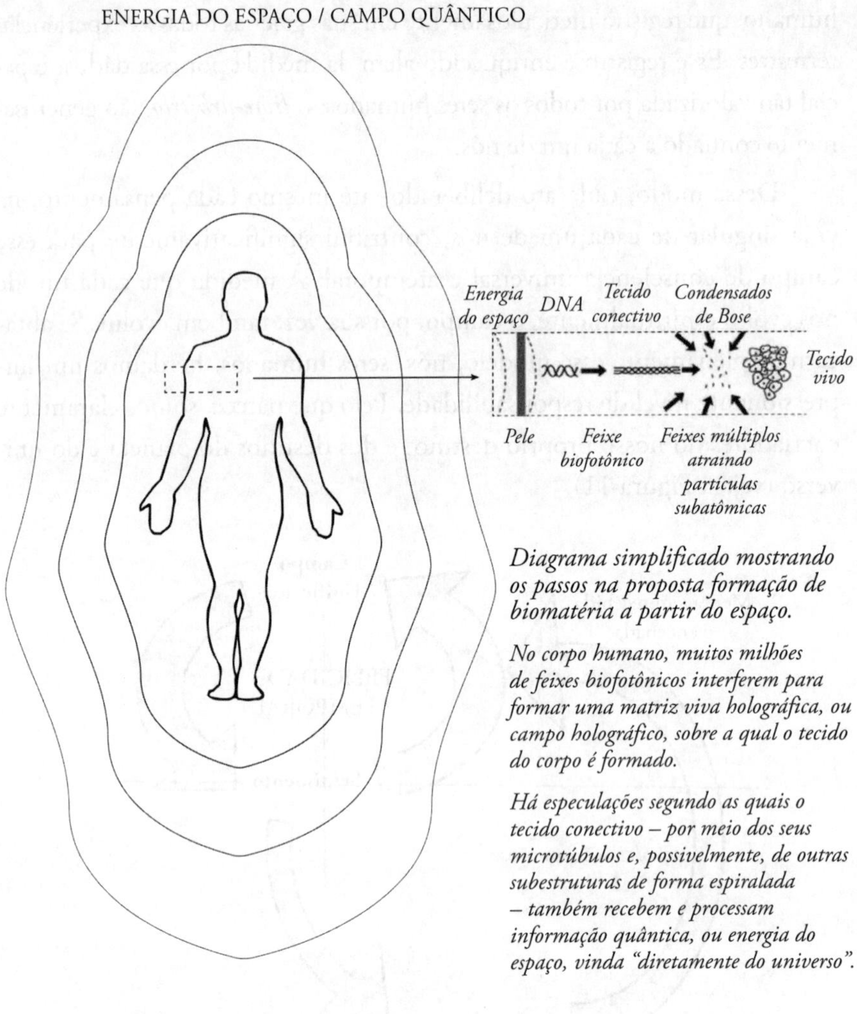

ENERGIA DO ESPAÇO / CAMPO QUÂNTICO

Energia do espaço   DNA   Tecido conectivo   Condensados de Bose

Tecido vivo

Pele   Feixe biofotônico   Feixes múltiplos atraindo partículas subatômicas

Diagrama simplificado mostrando os passos na proposta formação de biomatéria a partir do espaço.

No corpo humano, muitos milhões de feixes biofotônicos interferem para formar uma matriz viva holográfica, ou campo holográfico, sobre a qual o tecido do corpo é formado.

Há especulações segundo as quais o tecido conectivo – por meio dos seus microtúbulos e, possivelmente, de outras subestruturas de forma espiralada – também recebem e processam informação quântica, ou energia do espaço, vinda "diretamente do universo".

Figura 12 - Bósons interagindo com microtúbulos e células.

Cientistas descobriram recentemente que partículas subatômicas chamadas bósons são atraídas para esse campo, condensando-se na sua matriz e dentro dela, exatamente da maneira pela qual um vidro frio atrai água para a sua superfície. A resultante mistura de partículas é conhecida como *condensado de Bose* ou condensado bosônico. Condensados de Bose ocorrem apenas em laboratório em temperaturas muito baixas, próximas do zero absoluto.

No entanto, especula-se que um processo semelhante possa ocorrer no ambiente perfeitamente equilibrado, quente e úmido do organismo vivo, formando o próprio tecido vivo – as proteínas estruturais dos corpos dos seres vivos – que podemos ver e sentir com os cinco sentidos. (Como aprendemos no Capítulo 7, estamos agora descobrindo evidências de que há processos quânticos que ocorrem dentro dos organismos vivos.)

Em um corajoso conjunto de experimentos realizados entre 2001 e 2005, o cientista russo Peter Gariaev e sua equipe do Instituto de Genética Quântica, em Moscou, demonstraram muitos desses efeitos em laboratório. Em um experimento, os pâncreas de ratos envenenados foram completamente remodelados em tecidos saudáveis usando-se um feixe de *laser* emitido de um "biocomputador quântico". Essa máquina escaneou previamente o pâncreas de um rato saudável da mesma espécie, registrando informações quânticas emitidas pelo DNA desse tecido saudável. As informações, sob a forma de um feixe de *laser*, foram então dirigidas de volta para o pâncreas envenenado dos ratos doentes. Noventa por cento desses ratos recuperaram-se completamente, tendo, portanto, seu pâncreas totalmente curado, em comparação com um grupo de controle no qual todos os ratos morreram.[58]

No começo de 1985, Gariaev demonstrara o chamado efeito do DNA fantasma. Depois de disparar feixes coerentes de fótons sobre uma amostra de DNA no vácuo, um holograma do DNA, semelhante a um fantasma, apareceu, permanecendo por algum tempo, até mesmo depois que a molécula de DNA foi removida. Ele deduziu desse experimento que uma molécula de DNA foi capaz de receber, processar e projetar luz. Seu trabalho, desde essa época, tem focalizado as propriedades ondulatórias e quânticas do genoma, expondo as limitações da abordagem puramente mecânica e linear nos esforços para se elucidar o código genético. Com a ajuda de especialistas em linguística, sua equipe descobriu que havia uma linguagem codificada na sequência dos pares de base no DNA e que seguia todas as regras das linguagens do nosso mundo. Desse modo, em vez de os pares de bases simplesmente existirem como linhas de letras complexas e sem significado, as relações sutis delas umas com as outras também tranportavam informação. Em certo sentido, sentenças, e até mesmo o ritmo da poesia, poderiam ser codificados nessas sequências.

Mais que isso, de acordo com Gariaev, os 98% de DNA que haviam sido descartados como "lixo" pelos cientistas empenhados em elucidar o genoma de uma maneira linear provavelmente desempenhavam um papel vital nessa tradução e irradiação instantânea de informações. Para explicar isso, propôs-se que processos não lineares e não locais estivessem em ação tanto dentro de cada molécula de DNA, como também entre moléculas de DNA ao longo de todo o corpo. Uma compreensão da natureza fractal da vida, a percepção de padrões autossemelhantes e sempre presentes de graus de complexidade variáveis e das propriedades de um holograma agora familiares a nós, nos permitem dar o próximo passo: o reconhecimento de que as informações processadas dentro dessas estruturas microscópicas podem ser projetadas instantaneamente para todo o organismo.

Talvez seja esse o princípio mais importante da nova ciência do holograma humano. Como John Wheeler afirmou: "Amanhã, ninguém será considerado cientificamente instruído se não estiver familiarizado com os fractais". Um dos aspectos mais instigantes desse novo grau de alfabetização científica está no fato de que ele abre o campo a disciplinas que, até agora, têm permanecido totalmente fora do modelo científico formal. Uma apreciação dos padrões esteve, em grande medida, associada com aqueles que têm um cérebro direito saudavelmente desenvolvido. Desse modo, como propus no capítulo anterior, estamos testemunhando um equilíbrio do dedutivo e linear, função que, basicamente, pertence ao hemisfério esquerdo do cérebro, com o hemisfério direito do cérebro, mais artístico e criativo.

Como exemplo dessa colaboração, em 2009, pesquisadores da Universidade de Tecnologia de Queensland e da Universidade do Sul da Flórida reuniram-se em um estudo para compreender melhor como nós combinamos palavras para criar significado.[59] Acontece que, como meio para nos expressar e transmitir informações para outras pessoas, nós apanhamos "no fino ar" palavras que estão intimamente associadas, ou entrelaçadas, com outras palavras. Dessa maneira, somos capazes de comunicar ideias complexas usando um número relativamente pequeno de palavras. Esse campo emergente está sendo formalmente conhecido como cognição quântica.

Ainda há, talvez, um salto de fé necessário para podermos celebrar tal visão radicalmente nova de nós mesmos como bio-hologramas humanos – segundo a qual nós existimos como projeções holográficas que constantemente se formam no espaço, e interagem com o espaço. A conclusão inevitável, se ela for de fato aceita, é que nós vivemos, pelo menos mecanicamente, como seres virtuais dentro de uma realidade virtual. Que o caos e a entropia que encontramos na vida física que vivemos aqui na Terra são simplesmente o meio pelo qual aprendemos a crescer conscientemente como indivíduos e como coletividade. E que assim como crescemos, também cresce o campo da consciência – pois, na verdade somos um e o mesmo com ele.

Capítulo 11:
Ciência, Fé e Evolução no Século XXI

A ciência pode purificar a religião do erro e da superstição; a religião pode purificar a ciência da idolatria e dos falsos absolutos. Cada uma pode atrair a outra para um mundo mais amplo, um mundo em que ambas podem florescer.

– Papa João Paulo II (1920-2005)

Na minha visão, a ciência e o budismo compartilham de uma busca pela verdade e pela compreensão da realidade.

– 14º Dalai Lama (1935-)

Muitos estudiosos que exploram as origens e o funcionamento do nosso universo o fazem a partir de um sentimento de temor reverente e de admiração. Milhares de cientistas de todas as culturas e crenças estão atualmente envolvidos em replicar o ponto em que a matéria apareceu a partir da energia no momento do Big Bang. O Grande Colisor de Hádrons do CERN, alojado no interior de um túnel circular maciço com 27 quilômetros de circunferência e 175 metros abaixo da fronteira da França e da Suíça, não representa apenas o auge da moderna engenharia científica, mas também carrega consigo as esperanças de cientistas jovens e velhos, de que uma compreensão mais profunda de nossas origens levará a uma melhor qualidade de vida e a uma vida mais sustentável para todos. Sua benevolente intenção coletiva, à qual responde o compartilhamento do seu entusiasmo e do seu intelecto, tem ainda um longo caminho a percorrer até que consiga me tranquilizar e me levar a reconhecer que esse passo corajoso em direção ao desconhecido é seguro e necessário. São cientistas que estão empolgados com o que está à sua frente, compartilhando a visão do astrônomo Carl Sagan segundo a qual "em algum lugar, algo incrível está esperando para ser conhecido".

Desse modo, parece que a fé é tão importante na ciência como na religião. Minhas próprias pesquisas, que realizei no início da década de 1980, em vista de uma compreensão mais profunda da ciência da cura, levaram-me para o mundo então estranho da medicina oriental. Em algum lugar dentro de mim havia a confiança e a fé de que conceitos bizarros como a Lei dos Cinco Elementos, os meridianos e os chakras eram legítimos, e derivavam em grande parte do reconhecimento de que haviam nascido das observações doutas de seres humanos sábios e cuidadosos, embora vindos de culturas muito estranhas à minha. Acredito que aprendi a aplicar e adaptar efetivamente esses princípios holísticos em minha prática médica sem por isso depreciar o valor da medicina moderna digna de confiança. Na verdade, tenho observado que as medicinas ocidental e oriental tiram grandes benefícios uma da outra. Por exemplo, nos últimos anos, um número crescente de pessoas idosas e que sofrem de artrite conseguiram reduzir seus medicamentos e melhorar imensamente a qualidade de suas vidas praticando a antiga arte do *tai chi*. Muitas pessoas de todas as idades estão encontrando na prática do yoga um antídoto essencial aos estresses da atarefada vida urbana.

Assim, ao longo dos anos, minha fé foi recompensada de diversas maneiras. A Lei dos Cinco Elementos pode agora ser explicada por meio dos padrões fractais autossemelhantes que ocorrem em toda a natureza. Na Figura 13, o anel circular externo representa as relações coerentes e nutritivas que articulam os elementos, enquanto os segmentos de reta orientados que formam o pentagrama central mostram as ações de controle, possivelmente mais caóticas, de um elemento sobre outro. Por exemplo, a madeira alimenta o fogo, mas a água pode ser necessária para extingui-lo se ele se espalhar.

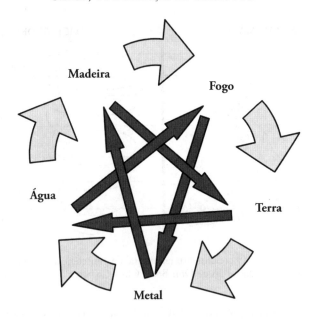

Figura 13 - Os cinco elementos.

Os sábios védicos observaram o crescimento da consciência humana em conformidade com as funções dos chakras, redemoinhos que ao espiralar-se conectam nossos mundos interior e exterior. Forças opostas de controle e submissão precisam ser equilibradas dentro de cada chakra, um por vez, permitindo por meio disso uma ascensão constante na consciência através do coração e para cima dele. Esse modelo é inequivocamente holográfico, uma vez que permite a troca instantânea de informações não locais entre o corpo humano e a sociedade, e vice-versa. Podemos imaginar claramente o padrão microscópico do DNA sendo projetado holograficamente em uma forma macroscópica, como o caduceu, as serpentes gêmeas das energias "masculina" e "feminina" que se erguem como a kundalini, reunindo-se em harmonia em sete pontos no corpo (veja a Figura 14). Teoricamente, com cada chakra em equilíbrio, um estado de coerência é alcançado no corpo, o qual nos permite, como antenas humanas, conectarmo-nos com o universo em perfeita sincronia e ressonância.

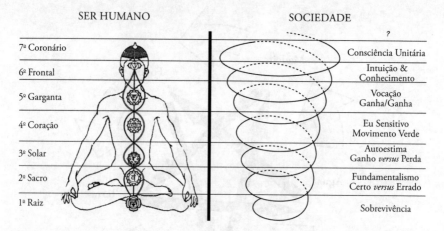

Figura 14 - O crescimento em espiral da consciência humana.
(Adaptado das obras de Don Beck, Chris Cowan e Ken Wilber.)

As experiências que temos aqui na Terra são os catalisadores para esse crescimento. Mais uma vez, esse é um processo de duas vias, um espelhamento – à medida que a nossa consciência cresce, cresce também a da nossa sociedade e a do nosso universo. O ciclo é completado como o campo de consciência que vemos atuando sobre o nosso DNA, como descrevemos anteriormente, no Capítulo 10. Isto é ilustrado na Figura 15a.

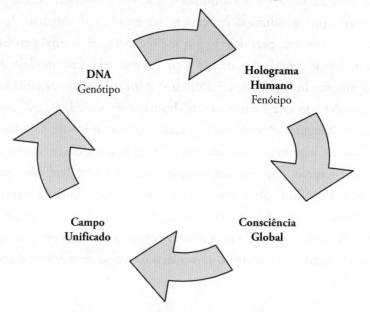

Figura 15a - O modelo do holograma humano.

Esse modelo se fundamenta, em vez de negá-lo completamente, no modelo mendeliano/darwiniano tradicional, que descreve o nosso material genético afirmando que ele existe fixo dentro do DNA humano (o chamado genótipo) e exercendo controle global do crescimento e do funcionamento do corpo humano (o fenótipo). Aqueles que têm DNA mais vigoroso sobrevivem e se reproduzem, e, por isso, nós evoluímos por meio da "seleção natural". Além disso, mudanças ou mutações na estrutura genética ocorrem ao longo do tempo em resposta a uma paisagem ambiental mutável – algo para o qual a espécie bem-sucedida contribui, e do qual torna-se parte (veja a Figura 15b).

Figura 15b - O modelo de evolução tradicional – a seleção natural. Nota: Atualmente também apareceram evidências de que os genes são transferidos entre espécies (transferência gênica horizontal).[60]

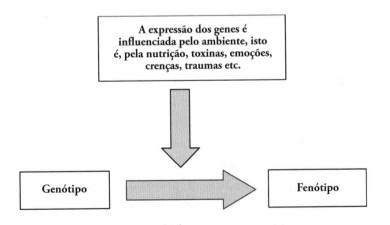

Figura 15c - O modelo epigenético.

Sabemos agora que os genes existentes podem ser ativados, desativados e modificados diretamente por fatores ambientais ou epigenéticos, incluindo até mesmo as palavras e ações de pessoas que nos cercam. Os genes se expressam de maneira diferente de acordo com seu ambiente imediato (veja a Figura 15c).

Um estudo fascinante ilustra justamente quão poderosas podem ser as ações exercidas por crenças otimistas sobre o desenvolvimento de uma doença. Em 2008, o dr. Robert Gramling e sua equipe da Universidade do Rochester Medical Center analisaram dados coletados ao longo de quinze anos com 2.816 adultos cuja idade ia de 35 a 75 anos e sem histórico de doenças do coração.[61] Surpreendentemente, eles descobriram que homens que acreditavam estar sujeitos a baixo risco para desenvolver doenças cardíacas realmente experimentaram uma incidência três vezes mais baixa de mortes por ataques cardíacos e derrames. A equipe de pesquisa coletou, entre outros dados, valores de variáveis como o histórico familiar, o tabagismo, a pressão arterial alta e o colesterol elevado.

Esse estudo sugeriu que o próprio medo, a crença em que a doença cardíaca pode se desenvolver, é capaz de exercer um efeito dramático sobre a saúde. Para citar o dr. Gramling: "Talvez devamos trabalhar para mudar comportamentos incutindo mais confiança na capacidade para evitar ter um ataque cardíaco em vez de levantar temores sobre sofrer um". Outro elemento de interesse nesse estudo foi o fato de que a presença ou a ausência desse fator de medo parecia se relacionar apenas com homens.

O modelo do holograma humano, que se baseia na física e não na química, mergulha mais profundamente no processo epigenético, teorizando sobre como tais crenças passam a exercer seus efeitos sobre o corpo humano. Ele se dirige para além da química do medo – a secreção excessiva de cortisol, de vasopressina e de adrenalina, que, se não for controlada, contribui para a doença –, rumo à ciência do próprio medo. Ele se dirige até mesmo para além da energia envolvida no otimismo e no medo – as boas e más "vibrações" – rumo à compreensão de como e por que as emoções, como puras informações, permeiam a consciência humana. Ele reconhece que a informação e a consciência residem no próprio fundamento do nosso ser.

Mais e mais pesquisadores estão reconhecendo o papel que a compaixão e o altruísmo desempenham no progresso da espécie humana. O psicólogo Dacher Keltner é diretor do Social Interaction Laboratory da Universidade da Califórnia, em Berkeley. Sua pesquisa revela que os seres humanos evoluíram com "tendências notáveis para a bondade, o jogo e as brincadeiras, a generosidade, a reverência e o autossacrifício, que têm importância vital para as tarefas clássicas da evolução – sobrevivência, replicação genética e grupos que funcionam de maneira suave e uniforme".[62]

Então, é claro que não estamos evoluindo exclusivamente por meio do processo conhecido popularmente como a sobrevivência do mais apto ou "a lei da selva". Estamos começando a apreciar o papel vital que a compaixão humana desempenha na evolução física do corpo e consciente da mente; pelo que parece, todos nós também somos produtos de uma "sobrevivência do mais bondoso". Mais que isso, estamos ativamente desempenhando o papel que nos cabe representar nessa evolução compassiva, dissipando o medo em cada simples ato de integridade que realizamos aqui e agora. Dentro do modelo do hologramą humano, não há conflito entre criação e evolução. Em cada dado momento, somos os cocriadores do futuro.

Capítulo 12:
A Respeito do Tempo

*O tempo voa como uma flecha; as moscas-das-frutas
gostam de uma banana.**
– Groucho Marx (1890-1977), comediante norte-americano

O tempo é, sem dúvida, a mais incompreendida das quatro dimensões encontradas aqui na Terra. Talvez o mais sábio comentário sobre a natureza do tempo, à parte do gracejo de Groucho, seja o popular "o tempo existe para impedir que tudo aconteça ao mesmo tempo". De fato, se estamos aqui para desempenhar o nosso papel na evolução da consciência, então precisamos da estrutura do tempo e do espaço para atingir as nossas metas. Aprendemos a planejar, a prevenir, para poupar o esforço de remediar, pois um bom trabalho poupa a realização de nove trabalhos desnecessários se esse esforço único for aplicado no momento certo. Não adianta chorar se o leite foi derramado sobre o estofamento de couro do nosso carro novinho em folha; é preciso esfregar completamente, pois uma manchinha que seja de leite envelhecido pode deixar um mau cheiro por semanas a fio.

O tempo, ou pelo menos a percepção que temos do tempo, é relativo. Compare e contraste o ato de passar meia hora navegando pela internet com o de passar meia hora imerso voluptuosamente numa banheira de água quente. Quanto mais depressa nós caminhamos, quanto mais alta é a velocidade da banda larga que utilizamos, menos tempo parecemos ter para completar a procura em que estamos empenhados. No entanto, se nos

---

* Trocadilho intraduzível: *Time flies like an arrow; fruit flies like a banana*. O leitor, enganado pelo verbo *to fly* ("voar") na primeira frase, é levado a reproduzi-lo na segunda, e a lê-la, surrealisticamente, como "a fruta voa como uma banana". (N.T.)

entregarmos sem propósito a um prazeroso banho quente, trinta minutos podem parecer uma eternidade. Tempo de qualidade, e não de quantidade.

A maior parte das pessoas que procuram a minha ajuda tem o que se chama saúde abalada por uma doença crônica. São doenças cuja seriedade não pode ser medida apenas pelo sofrimento encontrado em qualquer dado momento. Alguém com um diagnóstico de câncer traz consigo preocupações e temores a respeito do futuro. Será que morrerei mais cedo do que imaginava? Será que sofrerei? Como a minha família enfrentará a vida sem mim? Será que a quimioterapia me fará sentir insuportavelmente doente? Novas variáveis são acrescentadas a vidas já complicadas; planos são desfeitos e prioridades reestabelecidas.

Havia dois deuses do tempo na mitologia grega: Kronos e Kairós. De Kronos, derivamos as palavras "crônico", "crônica" e "cronológico". Kronos, como o velho Pai Tempo, personificava não apenas a sabedoria, mas também a decadência física que advém com a idade. Marcado na minha memória de menino, há um cata-vento representando o Pai Tempo que permanecia bem no alto do Lord's Cricket Ground, o "lar do críquete", em Londres. Lá estava a silhueta de um velho recurvado e barbado, apoiando-se em um frágil bastão, enquanto carrega uma foice nas costas e uma ampulheta. A foice, o símbolo do Austero Ceifeiro, representa a inevitável colheita da vida humana depois que acabou o seu tempo aqui na Terra.63

A imagem do outro deus grego do tempo não podia ser mais diferente. Em vez de personificar a idade e a decadência, Kairós era jovem, aprumado, saudável e ativo. Ele representava o momento fugidio, a oportunidade de aproveitar o dia, ou, para citar o poeta romano Horácio, *carpe diem*. Kairós era a alegria e a leveza de estar no agora.

Para aqueles que sofrem de dúvidas e de melancolia por causa de doenças crônicas, aprender a "viver no agora" torna-se essencial para a sua cura. Quase sempre é um reaprendizado, como este é um estado de ser, um estado lúdico que vinha naturalmente a nós quando éramos crianças. Esse estado forma a base dos exercícios simples que descrevo no Apêndice I – antídotos que podem ser realizados instantaneamente sem drenar uma energia preciosa. Isso porque é dentro do momento, fora do tempo linear, que nos conectamos com a eternidade. E com essa parte de nós mesmos que nunca envelhece.

Embora nosso corpo físico siga as leis da entropia e enfraqueça com o avanço dos anos, relacionamentos estreitos se fortalecem. A medicina chinesa tem por foco os padrões cíclicos das relações de nutrição que ocorrem no mundo natural. A Lei dos Cinco Elementos é também a Lei das Cinco Fases, as quais reconhecem que o nosso mundo físico e o próprio tempo são inseparáveis. Quando fitamos as estrelas, também olhamos para trás no tempo. Uma seção transversal do tronco de uma velha árvore revela anéis dentro de anéis, cada um deles um registro vivo de um tempo específico que já passou. Na porta do quarto do meu filho em sua fase de rápido crescimento, há muitas pequenas linhas paralelas desenhadas a lápis, cada uma delas representando uma nova altura com uma diferente data rabiscada ao lado.

Em biologia, falamos sobre ciclos de vida. Até mesmo na morte, o ciclo continua, pois os elementos que constituem o corpo humano retornam à terra, e o legado que deixamos – o relacionamento que tivemos com o mundo que ficou para trás – sobrevive. Os dias que vivemos dependem da rotação da Terra em torno do Sol, e os meses – e, com eles, a preparação do útero para a concepção –, da Lua e das suas fases. E os anos, por sua vez, são marcados pelo ciclo das estações.

Esses padrões do tempo são fractais – são autossemelhantes, mas com variações. De dia para dia, o tempo meteorológico é imprevisível, mas os verões são sempre mais quentes que os invernos. Há caos dentro de um padrão de ordem e de simetria. A Figura 16 mostra como a Lei das Cinco Fases se revela na natureza, nas estações, na vida que vivemos, na criação do universo e nas procuras criativas que empreendemos aqui na Terra.

Repare em como "florescemos" no início da vida adulta depois de "brotarmos" na adolescência. Como os sonhos "são realizados" ao aplicarmos, quando amadurecemos, a mente sobre o coração. Como, finalmente, nos soltamos, transferindo nosso legado eterno para as gerações futuras.

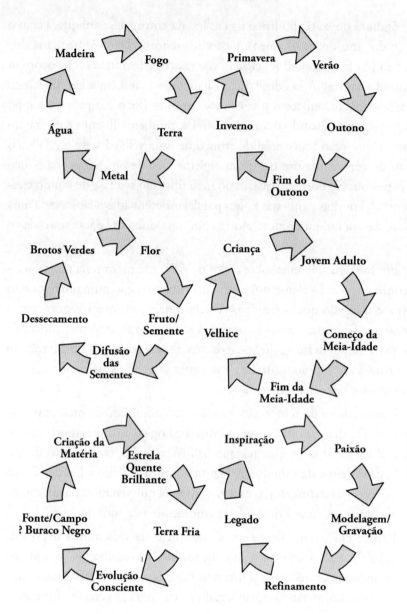

Figura 16 - As cinco fases. No topo à esquerda: cinco elementos. No topo à direita: estações. No meio à esquerda: ciclo da vida vegetal. No meio à direita: ciclo da vida humana. Abaixo à esquerda: ciclo da vida do universo. Abaixo à direita: ciclo criativo.

Testemunho disso é o papel vital desempenhado pelos pais nesses ciclos de vida. À primeira vista, pode parecer forçado afirmar que o cultivo de um tomateiro a partir da semente espelha com precisão o ato altamente complexo e responsável de criar uma criança até a idade adulta, mas seja indulgente comigo. Nesta primavera, plantei minúsculas sementes de tomate em uma pequena bandeja de plástico dividindo-a em minúsculos compartimentos ou "úteros", cada um deles cheio da melhor amostra de solo com os melhores nutrientes. Mantive a bandeja aquecida sobre uma prateleira junto à janela na garagem, lembrando-me – e, às vezes, me esquecendo – de regar as sementes diariamente. Quando os brotos atingiram cerca de dez centímetros de altura, havia chegado a hora de enviá-los ao mundo, replantando cada um deles em um recipiente maior com solo fertilizado. Exposto aos elementos, às pragas e aos dois gatos da família, eles ainda precisaram de vigilância, de proteção e de ser regados, mas durante o mês seguinte meus tomates adolescentes cresceram depressa. Às vezes, seu crescimento se tornava imprevisível e caprichoso, de modo que seus caules precisavam ser amarrados à treliça de vez em quando – o suficiente para controlar seu avanço, mas não o bastante para paralisar seu estilo. Finalmente, ao atingirem plena vida adulta, eles me recompensaram (e, infelizmente, também recompensaram nosso amigável gambá Gary) com seus suculentos frutos, que eram, de acordo com minha família, quase tão bons quanto "os comprados".

Criar os filhos até a idade adulta tem benefícios comprovados para a saúde. Exploraremos isso na Seção Três. O papel que desempenhamos como agentes de cura espelha o papel por nós desempenhado como pais. Em primeiro lugar, empenhamo-nos empaticamente como guias protetores para a pessoa que procura a ajuda que oferecemos. À medida que o processo amadurece, com o coração aberto, compartilhamos mente e responsabilidades, finalmente liberando-lhes proteção até o tempo em que ela possa ser novamente requisitada. Quando experimentamos tal cura profunda, frequentemente revisitamos a infância, entrando em acordo com as circunstâncias que envolvem qualquer abuso ou abandono. Compreendendo os motivos dos que cometeram os abusos ou dos que nos negligenciaram, o perdão para eles e para nós mesmos pode acontecer. Atualmente, sabe-se que acontecimentos traumáticos ou experiências adversas na infância (EAIs) contribuem de maneira significativa para o desenvolvimento de doenças crônicas em períodos posteriores da vida.[4]

Para o meu próprio trabalho, é por isso que o modelo do holograma humano é tão importante. Uma compreensão de que esses ciclos de tempo são autorrepetitivos e efetivamente fractais nos dá acesso à possibilidade de curar as feridas do passado por meio de ações que realizamos no presente. Uma vez que os traumas originais são mais frequentemente emocionais do que químicos, então a cura também precisa basear-se em verdades emocionais e em intenção compassiva.

O modelo dos chakras também pode nos ajudar a curar traumas do passado. À medida que crescemos, encontramos desafios e lições que nos levam a cada chakra, e cada um deles proporciona, por sua vez, o equilíbrio. Em geral, os ensinamentos sugerem que um ciclo envolvendo os sete chakras é completado por volta da ocasião em que estamos com cerca de 30 anos. Então, começa um novo ciclo. Com isso, os próximos trinta anos nos permitem redirecionar os problemas e traumas do passado; com frequência, o caminho nos é mostrado pelas ações e pelos comportamentos dos nossos filhos e pelos nossos como pais. Com 60 anos, começa um novo ciclo, quando aprendemos a ser avós. (Veja a Figura 17.)

O CRESCIMENTO EM ESPIRAL DA CONSCIÊNCIA

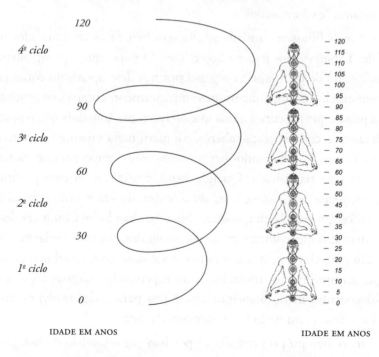

Figura 17 - O crescimento em espiral da consciência.

Nesse diagrama, o tempo é representado não somente em forma linear, mas também por meio de ciclos de consciência abrindo-se e expandindo-se enquanto espiralam para cima. Esse modelo carrega consigo muito otimismo ao atribuir valor à sabedoria dos anciãos, e ao reconhecer que há muitas oportunidades para curar os padrões que foram instalados no passado. Ao curar dessa maneira esses traumas antigos, eles são realmente consignados ao passado, e prejuízos repetitivos à vida de cada um de nós e à vida daqueles que nos seguem podem ser eliminados.

A compreensão da natureza fractal do tempo também levanta profundas indagações a respeito das origens do ser humano e das origens do universo. Na mitologia grega, os deuses, incluindo Kronos, emergiram de um negro vazio primordial conhecido como Caos. A ciência moderna está agora entrando em acordo com as evidências que se avolumam e segundo as quais todas as galáxias do universo – e, portanto, nós mesmos – emergiram dos negros vazios primordiais que passamos a conhecer como buracos negros. Em 2009, astrônomos do U.S. National Radio Astronomy Observatory (NRAO) publicaram suas conclusões, que apoiam essa teoria, depois de estudar a formação de galáxias quando o universo ainda era jovem, com menos de um bilhão de anos de idade.[64] Alguns cientistas iriam ainda mais longe. Levando o modelo do universo holográfico aos seus extremos limites lógicos, verificaram que o próprio tecido do espaço-tempo consiste em um número infinito de portais para outras dimensões – a visão de John Wheeler sobre a espuma quântica.

A natureza do tempo continua a ser o maior mistério com que o homem sempre se defrontou. Talvez seja parte da realidade virtual que nós observamos e criamos; como observou Albert Einstein: "O tempo e o espaço são modos pelos quais nós pensamos, e não condições nas quais nós vivemos". Uma ilusão que se desvanece quando dormimos e desaparece temporariamente quando recebemos uma anestesia geral; e, mais permanentemente, quando "chega a nossa vez".

Mesmo sendo muito elaborada, a quarta dimensão complementa perfeitamente as três primeiras. Ela permanece o perfeito dispositivo para nos ajudar a obter uma vida de realização. E dentro dos estreitos limites da atual compreensão da realidade, perceber o tempo como sendo relativo, fractal e cíclico, em vez de absoluto, linear e finito, leva-nos um passo para mais perto de elucidar os mistérios da vida. No mínimo, está nos fazendo ponderar a respeito de onde, em nome do céu, nós emergimos. Isso porque daí se segue que é para lá que nós, finalmente, deveremos retornar.

Décimo Princípio do Holograma Humano: Estão emergindo modelos experimentais viáveis do holograma humano baseados na compreensão da primazia da informação e da consciência. Filosofias tradicionais, como as da Índia e da China, baseiam-se nessa primazia da consciência. A existência do ser humano no espaço-tempo quadridimensional é considerada como uma consequência de outras dimensões ocultas, as quais, por sua vez, são intensificadas vitalmente pela sua presença.

Resumo da Ciência do Holograma Humano

Em 1971, Dennis Gabor recebeu o Prêmio Nobel pela sua obra pioneira ao criar imagens holográficas tridimensionais a partir de feixes de luz de *laser* que se cruzavam para formar padrões de interferência. A criação de um objeto tridimensional semelhante a um fantasma que parece permanecer em uma posição fixa quando visto de diferentes ângulos tornou-se um fenômeno nos mundos das artes e da comunicação. No entanto, a ciência do holograma tem implicações de alcance ainda maior para a compreensão mais profunda sobre nós mesmos e o universo.

A noção segundo a qual nós vivemos em uma realidade virtual como hologramas em um universo holográfico ganhou algum apoio científico e matemático ao longo da última década. Estudando flutuações nos padrões de energia do espaço externo, pesquisadores teorizaram que o nosso universo consiste básica e fundamentalmente em campos de informação. É por meio do poder da nossa observação, através dos nossos sentidos, que essa informação se manifesta como as quatro dimensões que experimentamos aqui na Terra. Então, logicamente, tornamo-nos cocriadores da realidade, uma realidade que inclui a presença de cada um de nós.

Para que esse paradigma ganhe crédito, precisamos, em primeiro lugar, desenterrar evidências científicas que apoiem essa teoria revolucionária.

Em primeiro lugar, precisamos procurar evidências de que os seres humanos, de fato, influenciam os resultados de experimentos científicos por meio do ato de sua observação. Os experimentos da dupla fenda, com os muitos refinamentos que ela tem adquirido ao longo dos anos, mostraram o caminho para que esse fenômeno se tornasse amplamente (mas não universalmente) aceito no âmbito da ciência oficial.

Em segundo lugar, precisamos procurar evidências de que há outros domínios mais fundamentais do que o mundo materialista que encontramos aqui na Terra. Na segunda metade do século XX, os físicos mostraram, inicialmente em teoria, e em seguida em laboratório, que tais domínios são de fato fundamentais para a construção da realidade – e, com isso, nasceu a era científica da mecânica quântica. No entanto, a ciência ainda teve de demonstrar que uma característica essencial da mecânica quântica, o entrelaçamento quântico (um estado de união instantânea independente do tempo e do espaço), poderia existir fora do laboratório e dentro dos seres vivos. Os avanços tecnológicos que estão ocorrendo neste início do século XXI, especialmente no campo da nanotecnologia, têm mostrado que o entrelaçamento quântico de fato ocorre como parte vital de processos vivos. O patrocínio para essas pesquisas dispendiosas e sofisticadas provém, entre outras, das indústrias do computador, da perfumaria, da terapia natural e da energia solar. Há uma necessidade de mais pesquisas na ciência pura da biologia quântica, de modo que percepções mais aguçadas e esclarecedoras sobre a condição humana possam ser adquiridas.

Em terceiro lugar, os estudos científicos sobre o comportamento coletivo dos insetos em suas colônias e das bactérias em um biocampo estão nos levando a uma compreensão melhor dos processos que permitem a organismos multicelulares complexos, como nós mesmos, funcionarem internamente de maneira coordenada e sincronizada. Estudos formais que comprovem a existência de um estado de entrelaçamento quântico, ou de ressonância mórfica, em colônias de insetos e de bactérias, ainda não foram realizados.

Em quarto lugar, a geometria fractal tornou-se hoje parte plenamente integrada da ciência oficial. Isso está se tornando possível graças aos rápidos avanços da tecnologia do computador, e ao gênio inquestionável de Benoît Mandelbrot. A geometria fractal – a geometria do mundo natural – revela sequências e padrões autorreplicantes universais. Estes, por sua vez, abrem nossa percepção tanto ao conhecimento do estado de ordem como ao do estado de caos da natureza. Hologramas feitos pelo homem exibem certas qualidades fractais, com informações sobre o todo armazenadas na menor parte da chapa fotográfica.

Finalmente, pesquisas revolucionárias realizadas pelos biofísicos Fritz-Albert Popp e Peter Gariaev contribuíram para especulações segundo as quais o corpo humano é formado continuamente em um molde ou matriz de campos de informação invisíveis. Teoriza-se que o DNA do ser humano está envolvido na projeção e no processamento de um mapa holográfico quadridimensional sobre o qual se forma sua estrutura física (como é observada por nós). Também se teoriza que o citoesqueleto, que incorpora estruturas subcelulares como os microtúbulos, está envolvido em ambos os processos, local e não local, coordenando o crescimento e as operações do corpo humano. Este é visualizado como complexos computadores quânticos plenamente integrados, sendo que estruturas como o DNA e os microtúbulos atuam como usinas de fundição dentro das quais estados quânticos probabilísticos "colapsam" nos domínios reconhecíveis da existência diária – nosso espaço-tempo quadridimensional.

Todos os cientistas agora concordam que, por trás do mundo do tempo e do espaço, há outro mundo que se esconde do acesso aos órgãos dos sentidos. A ciência da biologia quântica ainda está na sua primeira infância. Com a vontade e o financiamento corretos, mais pesquisas levarão a uma compreensão mais profunda da condição e da consciência humanas, e do papel único que desempenhamos na sobrevivência do planeta.

Os Dez Princípios Diretores do Holograma Humano

Primeiro Princípio: O estudo da ciência e da filosofia holográficas nos oferece uma compreensão mais profunda do valor da nossa vida cotidiana.

Segundo Princípio: A teoria holográfica está edificada sobre sabedoria antiga e ciência moderna em uma época crucial da história humana, quando as informações estão sendo livremente compartilhadas ao redor do mundo, rompendo velhas barreiras de raça, religião e política.

Terceiro Princípio: O holograma feito pelo homem tem duas propriedades proeminentes. Em primeiro lugar, a propriedade da paralaxe, que permite à imagem permanecer em uma posição fixa enquanto é vista a partir de diferentes ângulos. E, em segundo lugar, ele tem uma natureza fractal, por cujo intermédio todas as partes de todo o holograma estão contidas na menor das suas partes.

Quarto Princípio: As modernas teorias científicas e matemáticas dão apoio à teoria de que a natureza do universo é holográfica. Segue-se disso que nós, como partes do universo, também precisamos ser holográficos. A ciência moderna reconhece que a pura informação é fundamental para o universo.

Quinto Princípio: A ciência do holograma humano precisa incluir uma percepção e um estudo do papel participatório dos seres humanos como observadores de si mesmos, do mundo e do universo. Na física do observador, nós nos tornamos cientes de que há uma parceria sutil e sempre presente entre luz, matéria e nós mesmos.

Sexto Princípio: Os efeitos do observador que encontramos no nível microquântico nem sempre nos ajudam a encontrar a perfeita macrovaga no estacionamento.

Sétimo Princípio: Nossa compreensão científica do entrelaçamento, no nível quântico do muito pequeno, está levando a uma compreensão do "entrelaçamento" entre seres humanos que ressoam por meio da compaixão uns pelos outros e pela natureza. A ciência dedutiva objetiva é complementada e intensificada pela experiência humana subjetiva e honesta. O entrelaçamento e/ou os termos a ele relacionados – não localidade, bilocalidade e multilocalidade – são coerentes com a natureza fractal do nosso universo e com o modelo do holograma humano.

Oitavo Princípio: No início do século XXI, os cientistas estão apenas começando a explorar os fundamentos quânticos da vida.

Nono Princípio: A natureza fractal do universo, que é coerente com a teoria holográfica, é hoje um princípio reconhecido até mesmo pela ciência convencional.

Décimo Princípio: Estão emergindo modelos experimentais viáveis do holograma humano baseados na compreensão da primazia da informação e da consciência. Filosofias tradicionais, como as da Índia e da China, baseiam-se nessa primazia da consciência. A existência do ser humano no espaço-tempo quadridimensional é considerada como uma consequência de outras dimensões ocultas, as quais, por sua vez, são intensificadas vitalmente pela sua presença.

Seção Três
O Holograma Humano — A Experiência

Capítulo 13:
Introdução à Experiência

Somente uma certeza absoluta é possível ao homem, a saber, a de que, em qualquer dado momento, ele tem o sentimento de que ele existe.
– Thomas Huxley (1825-1895), biólogo inglês

Em cada dia de trabalho, durante 35 anos, pediram-me para interpretar os sentimentos das pessoas, e de algum modo procurar compreendê-los no próprio interesse delas. Fui treinado a chamá-los de *sintomas*, palavra derivada do grego *sumptoma*, um acontecimento. São os acontecimentos, ou sentimentos que experimentamos e que sugerem que alguma coisa está errada dentro de nós. São também o ponto de entrada de cada um de nós ao sistema médico de cada país do planeta.

Como médicos, somos treinados a escutar a história subjetiva de alguém, ou a examinar seu histórico, bem no início de qualquer avaliação. O ato de registrar uma história continua a ser considerado em medicina como a parte mais importante e frutífera do nosso trabalho. No início da década de 1970, quando ainda era estudante de medicina do Middlesex Hospital de Londres, grande parte do meu tempo era despendida coletando dados de novos pacientes, e registrando meticulosamente a interpretação pessoal de seus sintomas, antes de disparar sobre eles uma série de perguntas diretas, detalhadas e, estou certo disso, um tanto entediantes. Somente então eu tentava examinar o paciente, registrar minhas descobertas e, nervosamente, relatá-las aos meus superiores.

Por isso, poder-se-ia dizer que a medicina sempre honrou a importância central dos sentimentos subjetivos. Depois que me formei, e progredi ao longo da residência hospitalar até níveis mais seniores, esse tipo de avaliação tornou-se ainda mais enraizado, embora a pressão do tempo sempre viesse a se impor intensamente sobre o processo. Ainda como residente no hospital de West London, a cada semana outro médico e eu nos defrontávamos com uma sala de espera com setenta pacientes vítimas de vários tipos de câncer, muitos em estado avançado. Em certa ocasião, um paciente morreu enquanto esperava para se consultar comigo.

Mesmo no início da década de 1980, depois que comecei na prática como clínico geral, havia médicos na vizinhança atendendo cem pacientes por dia. Eram dias de consultas breves, e em que imperava uma cultura, tanto dentro da profissão médica como entre o público em geral, de procurar "uma pílula para cada doença". As consultas baseavam-se nessa mentalidade, que evitava fazer perguntas abertamente e dificultava, portanto, uma livre troca de informações, que pudesse ultrapassar o modelo médico de prescrever receitas e saísse em direção à abordagem de questões sociais e de relacionamentos que, com tanta frequência, estavam no cerne do problema. Em vez disso, tanto os médicos como o público se contentavam em se empenhar em uma linha de investigação que procurava associar cada uma das indisposições a um medicamento específico.

Esse condicionamento social permanece presente em grande parte do público. Na prática geral, ainda se costuma esperar de mim que eu lide com quatro ou cinco problemas de saúde não relacionados entre si em uma consulta de quinze minutos. Há, também, com frequência, uma linha introdutória do tipo: "Meus amigos dizem que eu deveria começar com Prozac" ou "tal site da Internet diz para que eu peça a você uma amostra grátis de _____". (Invariavelmente, um medicamento cujo nome rima com Niagara!)

Minha própria prática como clínico geral é hoje construída em torno de um tempo mínimo de trinta minutos por consulta, com pacientes instruídos para saber como eles próprios poderiam lidar melhor com doenças de menor importância. Mesmo assim, com frequência novos pacientes apresentam a mim seus sentimentos em um jargão medicalizado, como "acho que eu tenho uma dor de gastrite", em vez de "tenho uma dor que parece me queimar aqui bem na boca do estômago e que aparece depois que eu me alimento". Com frequência, um novo paciente espera de mim, em vez de conversar sobre seus sentimentos de dor e de fadiga, que eu, antes de tudo, examine as suas radiografias, que são vagas e, muitas vezes, empoeiradas imagens em negativo, bidimensionais e em preto e branco, com frequência tiradas semanas atrás no passado e acrescentando informações pouco importantes para o seu problema atual.

E assim, se me tornei especialista ao longo dos anos, foi como um ouvinte de pessoas expressando seus sentimentos de que falta alguma coisa em suas vidas. Eu, repetidas vezes, aprendi que, se é lento o progresso na cura de uma pessoa, esse é o lugar ao qual nós devemos retornar, com eu a ouvindo ainda mais intensamente do que antes.

Nesta seção do livro, você aprenderá como aplicar melhor o modelo do holograma humano à vida cotidiana recorrendo a caminhos positivos e práticos. Em todas as ocasiões, procuro equilibrar o objetivo, a ciência, com as experiências mais subjetivas, de mim mesmo e das pessoas que procuram a minha ajuda. O paradigma holográfico, alinhado à moderna teoria científica, coloca os sentimentos, as informações e a consciência na raiz do ser. Estou certo de que, se devemos fazer progressos importantes na cura dos mais persistentes problemas crônicos que nos afligem, precisamos reaprender essa verdade e explorar terapias seguras e eficientes, capazes de ser plenamente incorporadas e usadas por aqueles que sofrem. Nós, profissionais da saúde, precisamos dar o melhor de nós mesmos para ajudar nossos pacientes ou clientes a atingir essa meta.

Quando nos relacionamos com o corpo humano e com a condição humana por vias não materiais, mais espirituais, de maneira alguma solapamos o trabalho dos profissionais cujos empregos consistem em cuidar das necessidades físicas e mecânicas de seus pacientes. Quadris e joelhos ainda precisarão ser substituídos por cirurgiões habilitados; crianças com câncer continuarão a necessitar de complexos regimes de quimioterapia e transplantes de medula óssea em tentativas para curá-las. Haverá um lugar no futuro para a terapia com células-tronco, e até mesmo terapia genética.

Porém, tenho a esperança de que o novo paradigma, com seu enfoque na compreensão da ciência dos sentimentos, reduzirá o sofrimento e impedirá o ataque e a severidade de muitas doenças que vemos no início do século XXI. Isso acontecerá desafiando e mudando mentalidades condicionadas. Para ter empatia, nós, médicos e profissionais da saúde, precisamos desafiar essas mentalidades, que se sustentam não apenas em toda a sociedade, mas também profundamente em nós mesmos. Precisamos examinar nossas próprias histórias passadas.

Como foi previamente estabelecido, há hoje uma aceitação comum do fato de que experiências adversas ocorridas na infância (EAIs) têm o poder de influenciar não apenas a saúde mental e social nos anos posteriores, mas também a saúde física.[4, 65]

Uma resenha, publicada em 2009 no *Journal of the American Medical Association*, reconhece que há hoje um vigoroso consenso científico a respeito desse assunto. Para citar os autores: "Essas antigas experiências podem afetar de duas maneiras a saúde adulta – por danos cumulativos ao longo do tempo ou pelo encaixe biológico de adversidades durante períodos do desenvolvimento sensitivo".[3]

Traumas e estresses vivenciados no começo da vida são memorizados pelo corpo, com frequência resultando em padrões de comportamento que se repetem e que se acumulam ao longo dos anos à medida que a vida e os relacionamentos tornam-se mais complexos. Abusos nos primeiros anos de vida podem preparar o palco para relacionamentos abusivos ao longo de toda a vida. No entanto, até mesmo na ausência desses padrões cíclicos de destruição, o abandono, a negligência e o abuso no início da vida podem levar a mudanças físicas e químicas que deixam alguém com o risco de desenvolver doenças sérias no início dos seus anos de meia-idade. Um estudo mostrou que adultos de 32 anos sofrendo de depressão tinham maior probabilidade de apresentar níveis elevados de uma substância química conhecida como proteína C-reativa quando eles apresentavam um histórico de maus-tratos na infância.[66] Níveis altos dessa proteína estão associados com um aumento de risco de doença cardíaca e de outras condições inflamatórias.

Sabemos hoje que os genes codificados no DNA não são nem estáticos nem fixos. Os genes para muitas doenças podem estar adormecidos e inativos dentro de nós, dadas as condições corretas. De modo inverso, danos sofridos no início da vida, quando estamos em nossa condição mais vulnerável, podem "ligar" esses genes ou favorecer sua expressão. Um aumento da compreensão dos processos envolvidos evoluiu em um ramo totalmente novo da ciência, a epigenética. Emoções e sentimentos com frequência encontram-se na raiz dessas mudanças epigenéticas. Segue-se assim que é no âmbito da ciência da emoção e do sentimento que devemos procurar soluções.

Às vezes, os efeitos do abuso na infância podem ser devastadores. Sou grato a Vanessa por permitir-me contar aqui a sua história. É importante notar que a ocorrência do diabetes dependente de insulina do tipo 1 na infância não está relacionada, na maioria das famílias, em nenhum sentido com negligência ou abuso anteriores. Sei de muitas crianças amadas e bem cuidadas pelos pais e pela família e que, mesmo assim, desenvolveram essa condição muito exigente.

A História de Vanessa

Vanessa cresceu em uma fazenda na Ilha Sul da Nova Zelândia. Seu pai trabalhava arduamente na terra e, com frequência, encerrava cada um de seus dias bebendo cerveja com amigos no bar local. Na maior parte do tempo, ele era rigoroso, mas justo. No entanto, havia ocasiões em que ele voltava para casa depois de beber e se tornava verbalmente abusivo com a mãe de Vanessa. Ocasionalmente, dava surras de cinta nos dois irmãos mais velhos de Vanessa, mas nunca batia nela.

A vida da mãe de Vanessa girava em torno de seu lar e dos filhos. Treinada como professora de escola secundária, ela ajudava na administração da fazenda e com a contabilidade durante o dia. À noite, cozinhava e competia, da melhor maneira que conseguia, em condições de igualdade com o comportamento controlador do marido. Até onde Vanessa sabia, seu pai nunca abusava fisicamente de sua mãe.

O irmão mais velho de seu pai também tinha uma fazenda na região. Ele tinha dois filhos, ambos muito mais velhos do que Vanessa. Ela se lembrava vividamente, a começar de quando tinha 4 anos de idade, de seus primos que vinham e ficavam durante semanas, ajudando na fazenda e passando tempo com os irmãos dela. Dos 4 até os 8 anos de idade, ela foi abusada sexualmente por um primo, até que ele deixou a região aos 18 anos de idade para se juntar ao exército. Ela nunca contou ao pai, à mãe ou aos irmãos sobre a sua provação.

Com 17 anos, durante seu último ano na escola (era uma aluna brilhante), ela ficou doente. Perdeu mais de quatro quilos e meio ao longo de duas semanas, e ficou muito magra e cansada. Seu médico diagnosticou diabetes mellitus, e ela foi levada ao hospital por uma semana, onde aprendeu a aplicar em si mesma injeções de insulina. Mais tarde, nesse mesmo ano, conheceu um adolescente local, um trabalhador agrícola, e dois anos depois se casaram.

O casamento se revelou um desastre. Ele bebia em excesso, e abusava física e verbalmente de Vanessa. O nível de glicose em seu sangue aumentava com o estresse, e seu diabetes ficava difícil de controlar. Ela engravidou e o diabetes piorou. Ela deixou o marido depois que o bebê nasceu, e se mudou para a cidade para viver em um apartamento frio e úmido, usando da melhor maneira que podia a ajuda financeira do programa de bem-estar social.

Sua condição médica piorou. O diabetes afetara seus rins, que começaram a falhar. Ela fazia frequentes viagens ao hospital, acabando por se tornar dependente de uma máquina de diálise. Criou sua jovem filha da melhor maneira que sua capacidade lhe permitia, ocasionalmente ajudada pela mãe, que havia então retornado ao trabalho como professora em tempo integral.

Com cerca de 30 anos de idade, a condição de Vanessa se deteriorou ainda mais. A única opção era considerar um transplante combinado de rins e de pâncreas, uma cirurgia essencial que exigia o uso de fortes medicamentos, em parte para impedir que seu corpo rejeitasse os órgãos doados. A cirurgia foi um sucesso, mas, dois meses depois, um caminhão atropelou-a quando ela atravessava um cruzamento para pedestres, fraturando seu crânio, ambas as pernas, um braço e várias costelas, e rompendo seu baço.

Ao longo dos últimos cinco anos, Vanessa fez uma lenta e corajosa recuperação. Ela precisa tomar mais de quinze medicamentos por dia para a dor, para o sono e para impedir a rejeição dos órgãos. As poderosas drogas que recebeu afetaram seu sistema imunológico; ela desenvolveu múltiplos cânceres de pele, que precisam de tratamento constante e de cirurgia. Apesar de tudo isso, Vanessa tem uma visão positiva do futuro. Ela se matriculou como aluna em um curso extracurricular na universidade, estudando contabilidade, enquanto cuida de sua filha de 12 anos, que é seu orgulho e sua alegria. Vanessa recebe uma ajuda financeira por invalidez, enquanto complementa legitimamente sua renda ajudando um pequeno comércio local graças ao seu conhecimento de contabilidade.

Vanessa é uma mulher inteligente e perceptiva. Ela sabe que a sua vida foi tão complexa que seria demasiadamente simplista dizer que sua saúde precária foi causada apenas pelo abuso que ela sofrera nas mãos do seu primo e do seu marido. Pensar assim a colocaria no papel da vítima sem esperança, sentimento contra o qual ela tem lutado continuamente.

No entanto, ao longo dos anos em que a conheci, ela desenvolveu a força interior para relatar mais sobre sua história de vida, e mais ainda sobre como compreendera quanto precisou refrear dentro de si. Ela sabe, em seu coração, que o controle exercido sobre sua vida e seu espírito quando se encontrava em seu estado mais vulnerável desempenhou um importante papel nos seus dramáticos problemas de saúde. Ela expressou para mim como lamenta não ter recebido quando jovem um aconselhamento compassivo em profundidade, pois isso, ela sente, poderia tê-la ajudado a evitar a espiral descendente em sua saúde. Ela lamenta precisar tomar tantos medicamentos agora, e o fato de a sua vida depender de médicos e de visitas ao hospital.

Prevenir é melhor do que curar. Sua maior esperança, e isso é algo que ela, com certeza, está conseguindo, é que sua filha continue crescendo com segurança e crescendo bem. E ela sabe que seu próprio sistema imunológico precisa estar forte novamente e está determinada a alcançar um lugar de compreensão e de perdão que lhe permitirá dar andamento à sua cura.

Escutar a história de alguém com um ouvido confiante e sem julgamento é provavelmente o ato mais poderoso de cura que nós podemos realizar. No caso de Vanessa, tal confiança levou anos para ser cultivada. A escuta precisa prosseguir. As palavras precisam fluir do coração para serem ouvidas com confiança. E dois corações precisam estar abertos, ressoando em harmonia um com o outro.

As teorias científicas que examinamos até agora podem até certo ponto explicar com precisão como o ato aparentemente passivo de escutar palavras pode ser tão curativo. As palavras, quando estamos falando livremente, parecem provir de nossos lábios em sequências entrelaçadas, e não em sequências lineares. Padrões emergem, conexões são feitas, e "a ficha cai". O corpo, e não apenas os ouvidos, ouve as palavras. Pode ser que o o DNA em nosso corpo responda diretamente a essas sequências, processando e retransmitindo as mensagens holograficamente ao corpo como um todo. Talvez novas sombras sejam projetadas no mapa, ou matriz, do corpo, criando um molde melhorado no qual novas e resilientes proteínas se formam. E talvez esse processo pacífico possa se espalhar para além da nossa pele em direção às pessoas que amamos, e para além delas.

A Figura 18 mostra como nós fortalecemos o campo da consciência todas as vezes em que escutamos com compaixão. Estou certo de que se a história de Vanessa o tocou de maneira significativa, então você já desempenhou um papel na cura dela, que ainda está em andamento.

Figura 18 - Escuta compassiva.

Capítulo 14:
O Coração do Holograma Humano

Os mil mistérios que nos cercam não nos incomodariam, mas nos interessariam se pelo menos tivéssemos corações alegres, saudáveis.
– Friedrich Nietzsche (1844-1900), filósofo alemão

O coração é o centro de energia do corpo. Seu padrão de pulsações continua sendo a medida mais sensível do estado de relaxamento ou de ansiedade. O coração humano normal bate mais de 100 mil vezes por dia, e mais de 3 bilhões de vezes em uma vida de mais de oitenta anos. Um pulso regular forte é sinal de um coração saudável. No entanto, um coração saudável apresenta, em seu ritmo, variações sutis que são indetectáveis pelos métodos tradicionais de apalpar a artéria do pulso ou de ausculta-lo por meio de um estetoscópio. Para evitar o desgaste excessivo e danos, o coração varia continuamente a taxa e a qualidade das pulsações, uma variação muito ligeira de pulsação para pulsação. Nos últimos anos, a tecnologia do computador revelou que essas variações muito sutis das pulsações seguem as regras dos fractais.[67]

Uma alteração dessa sequência de variações de pulsação para pulsação é um sinal vital de angústia em um bebê prestes a nascer. Enquanto tal, o bebê comunica perigo para o mundo exterior, diretamente por meio do seu coração. Estudos mostram que os adultos que apresentam níveis naturalmente intensificados de variabilidade da frequência cardíaca (VFC) são mais capazes de suportar o estresse da tentação. Em 2007, uma pesquisa realizada pelas psicólogas Suzanne Segerstrom e Lise Solberg Nes, da Universidade de Kentucky, mostrou ser esse o caso quando participantes com altas VFCs em seu estudo foram mais bem-sucedidos em resistir a lanches deliciosos. Além disso, eles mostraram uma enorme autodisciplina ao mastigar cenouras.[68]

Corações saudáveis têm um alto nível de VFC, uma medida de um equilíbrio ideal dos sistemas nervosos simpático e parassimpático (ou, em termos orientais, yin e yang).

Estudos mostraram que praticantes experientes de yoga têm níveis mais elevados de VFC, e, portanto, acredita-se que sejam menos propensos a sucumbir a uma doença do coração.[69] O yoga, com a prática, induz um estado de paz e tranquilidade, mas também de resiliência e disciplina. Uma pessoa com um VFC saudável tende a responder de maneira apropriada às ameaças mudando suavemente para um modo "lute ou fuja" (ou modo simpático/yang) sempre que necessário. Quando a ameaça passa, a pessoa retorna rapidamente ao seu estado atual de graça e aceitação (um modo parassimpático/yin).

Outra palavra para nomear esse estado parassimpático harmonioso é coerência. A atividade do coração não se restringe a bombear simplesmente sangue para os tecidos; suas pulsações são ondas de energia. É o tambor ao ritmo do qual o corpo dança. Uma pulsação cardíaca coerente cria um estado de sincronia no corpo humano como um baterista de uma banda, um DJ em uma pista de dança ou um maestro de uma orquestra sinfônica. Seu ritmo é o ritmo da vida.

Um coração coerente induz um estado de coerência no corpo. Se deixarmos cair uma pedra em um tanque com águas tranquilas, as ondas se espalharão perfeitamente em anéis que se expandem continuamente a partir do ponto em que a pedra penetra a água. Se formos precisos o bastante para deixar cair outra pedra exatamente no mesmo local usando a mesma força, e repetirmos esse ato continuamente e em intervalos precisamente iguais, veríamos esse padrão de ondulações perfeitas continuar.

Se as ondulações atingirem uma das paredes do tanque, testemunharemos uma reflexão e uma colisão e interferência delas com as ondas que ainda estão se aproximando das paredes. Se tivéssemos um tanque perfeitamente redondo com uma parede perfeitamente circular, as ondas refletidas e as que se aproximam das paredes acabariam por atingir um estado de harmonia umas com as outras, interferindo de maneira coerente. Haveria um padrão simétrico agradável de ondas que se movem para a frente e para trás no tanque quando um estado de equilíbrio é atingido. No entanto, se depois da primeira pedra jogássemos mais pedras em uma progressão completamente aleatória e com forças de intensidade e direção diferentes, a superfície da água rapidamente se tornaria desorganizada e agitada. As ondas interagiriam umas com as outras de maneira confusa, caótica, sem coerência nem harmonia. Podemos aplicar esse modelo ondulatório ao funcionamento do coração humano.

Um grupo de pesquisa, o Institute of HeartMath, concentrou seus trabalhos no estudo da capacidade do coração para criar uma coerência saudável, e para irradiá-la sobre todo o corpo. Em um estado de coerência cardíaca, ficamos mais receptivos, abertos e relaxados. Sentimo-nos em paz. Um coração coerente acalma a nossa mente, sincronizando-a com as nossas ondas cerebrais, induzindo, assim, o arrastamento dessas ondas até que elas entrem em sincronia com a nossa mente. De maneira análoga, quando acalmamos a agitação de nossa mente, podemos intensificar esse estado quando a cabeça e o coração alcançarem um equilíbrio harmonioso.

Se medirmos em um gráfico a VFC de uma pessoa que se encontra em um estado de agitação, veremos um padrão de dente de serra, irregular e "incoerente", que reflete com precisão o estado de alguém que está "no limite". Compare isso com as ondas coerentes de uma pessoa que está relaxada e receptiva, seguindo em harmonia com o fluir e desfrutando da paz "na zona". (Veja a Figura 19.)

Figura 19 - Variabilidade da frequência cardíaca.
(De acordo com o Institute of HeartMath Research.)

É nesse modo em que o coração pulsa coerente que nossa fisiologia, nosso processo de cura, é a mais equilibrada. E, alcançando esse estado, somos capazes de influenciar as pessoas que nos cercam. É o estado que eu tento alcançar em mim mesmo durante, pelo menos, uma parte de cada consulta. E é o estado que procuro induzir na pessoa que procura a minha ajuda, com a intenção de dar a ela os recursos de que ela precisa para conseguir fazer isso sozinha. Primeiro, precisamos empenhar nesse esforço o coração, e em seguida, com igual empenho, a mente.

Os cientistas do HeartMath criaram maneiras práticas de manter o "coração focado" para atingir esse estado de coerência. Como terapeuta, reconheci que essas técnicas eram de fato particularmente úteis quando adotei o modo de escuta, mesmo em dias que apresentam muitas distrações. Eu me concentro na área do coração enquanto respiro suavemente usando a respiração com o abdômen, que permito que se expanda, também suavemente, durante a inspiração. Sorrio ao olhar nos olhos da pessoa que procura a minha ajuda.

Em um congresso sobre estresse realizado em 1999, os pesquisadores Rollin McGraty e Mike Anderson, do HeartMath, e William Tiller, professor emérito de Ciência e Engenharia dos Materiais da Universidade de Stanford, apresentaram provas de que o estado do coração coerente de uma pessoa pode induzir (por arrastamento) um padrão de ondas cerebrais associado ao relaxamento (ondas alfa) em outra pessoa sentada a uma certa distância dela. No entanto, era importante que essa pessoa também estivesse com seu coração em um estado coerente.[70] Os autores teorizaram que isso pode se dever, pelo menos em parte, ao efeito do campo eletromagnético gerado pelo coração de uma pessoa sobre o de outra. Os mesmos autores já haviam descoberto que uma transferência semelhante ocorria quando uma pessoa, em um estado genuinamente afetivo, tocava outra.[71]

Grande parte dessa pesquisa pioneira foi realizada na década de 1990 e não conseguiu ser publicada nos veículos que editam a literatura médica convencional. No entanto, em anos recentes, a ligação entre a saúde do coração e os estados emocionais tornou-se plenamente reconhecida, com muitos artigos confirmando isso em importantes periódicos nos quais esses artigos são cuidadosamente revisados por colegas especialistas. Por exemplo, há evidências em número cada vez maior de que estados emocionais negativos, como a depressão e a hostilidade interior, têm ligação direta com as doenças cardíacas. Uma combinação desses dois estados é hoje considerada, juntamente com o tabagismo, a pressão arterial alta e o colesterol alto, como um importante fator de risco para doenças cardíacas. Os níveis no sangue da proteína C-reativa, um marcador inflamatório associado à doença cardíaca isquêmica, se revelaram significativamente maiores em pessoas que apresentavam essas características.[72] Até mesmo níveis persistentes de ansiedade corrosiva, como dúvidas e inseguranças progressivas, mostraram-se associados a um aumento do risco de se ter um ataque do coração.[73]

As raízes das doenças do coração são complexas. É claro, porém, que corações e mentes condicionados desde tenra idade a estar no limite, protegendo-se contra ameaças constantes, correm o risco de contraírem doenças mais tarde na vida, a não ser que estejam equilibrados por uma compaixão que, de alguma maneira, precisa ser gerada dentro de nós. Consertar esse coração partido é algo que, muitas vezes, comprova-se difícil, mas pode-se considerar a percepção adquirida por alguém que conta a sua história para outra pessoa, cujo coração está aberto, como um primeiro passo, um passo de importância vital, no caminho para a recuperação.

A História de Ursula

Ursula nasceu em Munique, em 1958. A mais velha de quatro crianças da mesma família, que se mudou para o campo quando ela tinha 6 anos e seu pai obteve uma posição sênior do governo em administração de fazendas. Ele teve uma experiência difícil e traumática na Segunda Guerra Mundial. Era oficial no fronte oriental quando foi capturado pelos russos em 1945 e mantido como prisioneiro de guerra até a sua libertação, três anos depois da guerra. Ele nunca falou sobre suas experiências de combate, mas o número de mortes no fronte oriental foi de cerca de 30 milhões (a maioria civis), quase metade da perda total de vidas em toda a guerra.

Ursula descreveu sua mãe como uma pessoa emocionalmente distante. Dez anos mais jovem que o marido, ela havia crescido em Munique ao som de bombas aliadas explodindo ao seu redor. Como os ataques persistiam, ela se mudou para o campo para ser criada por uma tia idosa, enquanto a mãe dela, a avó de Ursula, ficou em Munique para trabalhar em uma fábrica de munições.

Os pais de Ursula se conheceram quatro anos antes do seu nascimento. Sua mãe era a segunda mulher do seu pai; a primeira mulher morrera tragicamente de tuberculose aos 20 anos de idade. Na época em que eles se mudaram para o campo, Ursula já tinha dois irmãos mais novos, e durante as tardes depois da escola só ela ficava em casa.

Em uma dessas tardes, ela estava brincando sozinha no pequeno celeiro na terra de seus pais, quando um garoto da fazenda, que tinha cerca de 15 anos, apareceu na porta aberta segurando uma corda. Ele amarrou as mãos e os pés dela juntos, e em seguida, olhando-a nos olhos, disse as seguintes palavras: "Nunca se esqueça, onde você estiver, faça o que fizer, eu vou estar lá vigiando você".

Ursula não se lembra de nenhum toque físico, nem de nenhum ataque do garoto da fazenda. No entanto, essas palavras permaneceram com ela, aterrorizando-a à noite, ao longo dos anos que se seguiram. Ela nunca contou nada aos pais.

Aos 50 anos de idade, as palavras ainda a assombravam. Ela veio até mim sofrendo de episódios de dor no peito e palpitações, que ocorriam de maneira aleatória. Ela se mudara para a Nova Zelândia cinco anos antes, depois de se separar do marido, na Alemanha. Houve uma batalha traumática pela custódia de seus dois filhos, e o mais novo, de 8 anos de idade, ainda estava com o pai. Embora fosse naturalmente uma empresária bem-sucedida, havia muitas razões para deixá-la agitada e isso a levou a ter dor e palpitações.

Apesar de falar sobre seus problemas atuais, praticando exercícios de relaxamento e fazendo acupuntura, as palpitações no coração continuaram. Depois de um exame médico inicial, que mostrou nada haver nela de anormal, eu a encaminhei ao hospital para uma avaliação cardiológica completa, na qual uma anormalidade muscular de longa data no coração, conhecida como cardiomiopatia, foi detectada. Como ocorre em muitos desses casos, nenhuma causa foi encontrada, e também não se descobriu nenhum sinal da doença em outros membros da família.

Ursula voltou a falar comigo depois dos exames no hospital. Os médicos queriam que ela começasse logo com os medicamentos e consideraram a possibilidade de lhe inserir um marca-passo caso seus sintomas retornassem. Eles estavam preocupados com o fato de que, se o quadro evoluísse, ela se tornaria uma candidata a transplante de coração.

Foi então que ela se abriu para mim a respeito do incidente no celeiro, que ocorrera 45 anos antes, e as palavras que passaram a assombrá-la desde essa ocasião. Eu a encaminhei a um profissional de saúde local com experiência em ajudar as pessoas a se recuperar de transtorno de estresse pós-traumático (TEPT). Sob a orientação do médico, Ursula focou nesse incidente traumático de sua infância, juntamente com o seu sentimento de não ser nutrida pelos pais. Desde essa época, noite e dia, ela tem feito exercícios destinados a liberá-la do seu apego a esse trauma:

"Mesmo que eu me sentisse ameaçada por essas palavras anos atrás, agora eu realmente me respeito e me amo."

"Mesmo que eu não tenha recebido nenhum apoio emocional da minha família todos esses anos atrás, agora eu me cuido, e amo e respeito a mim mesma."

Depois de três meses, os sintomas diminuíram, e agora ela se sente calma e confiante. Retomou suas aulas de yoga. O tempo dirá se graças a isso Ursula não terá mais necessidade de medicamentos ou de ser submetida a uma cirurgia para remediar sua condição cardíaca. Intuitivamente, Ursula sente que a principal causa foi isolada, e está sendo excluída do seu corpo. Em suas próprias palavras: "Sinto-me livre como nunca estive antes, uma sensação de estar emocionalmente limpa".

Apesar de estarmos nos tornando cientes de como e por que o trauma emocional pode levar a doenças cardíacas, há espaço de sobra para o otimismo. Estudos recentes publicados em artigos revisados por colegas especialistas dão apoio às teorias apresentadas anteriormente pelo HeartMath, mostrando que emoções agradáveis, como alegria, felicidade, excitação, entusiasmo e contentamento, podem reduzir significativamente a probabilidade de quem as experimenta desenvolver doenças do coração.[74] Há evidências de que até mesmo o fato de se assistir a filmes engraçados pode ajudar o coração; o fluxo sanguíneo cardíaco aumenta em 50% quando rimos "com todo o coração".[75]

Parece que um coração saudável é aquele que retém alegria; no entanto, ele pode adaptar-se rapidamente às pressões e tensões da vida diária. Ele permanece leve e aliviado, mas pode bombear intensa e rapidamente se o seu dono estiver sendo perseguido por um touro. Os chineses diriam que os opostos polares yin e yang estão perfeitamente equilibrados. Os cientistas ocidentais diriam que o sistema nervoso parassimpático está em equilíbrio com o simpático. O metafísico refletiria que o coração é a sede da alma, uma alma que cresce em resposta às demandas da existência terrena.

Para o especialista em cardiologia, o coração é, antes de tudo, uma bomba. Para o estudante da medicina mente-corpo, o coração tem uma voz imperativa em um corpo que reflete a mente subconsciente. O estudante de física quântica pode traçar paralelismos entre o entrelaçamento de minúsculos átomos e fótons em um estado coerente a temperaturas próximas do zero absoluto e o entrelaçamento sincronizado que, no corpo humano, acompanha um coração coerente. O estudante do modelo do holograma humano verá o coração no âmago do biocampo humano, um biocampo ligado holograficamente a outros campos de consciência, todos eles unificados em um único grande campo. No Capítulo 16, especularemos sobre como o nosso coração, conectado não localmente com o campo unificado, reflete variações sutis na informação ou na consciência, que se manifesta dentro de nós como *sentimentos*.

O Institute of HeartMath compartilha dessa visão mais ampla da consciência do coração humano. Por meio do seu site, ele coordena a Global Coherence Initiative (Iniciativa de Coerência Global), que junta corações coerentes em todo o mundo em uníssono em horários específicos. O objetivo é que a intenção sincronizada e centralizada no coração de milhares de pessoas venha a criar uma mudança benigna na consciência global, que a leve da presente situação "de instabilidade e discórdia para o equilíbrio, a cooperação e a paz duradoura". Até agora, tem-se focalizado tempos de desastres naturais e de conflitos.

O objetivo maior, no entanto, é preventivo: é a cocriação de um futuro harmonioso e sustentável para as gerações vindouras. Em suma, um grande número de seres humanos de coração aberto está orando pela sobrevivência do seu planeta.

As teorias do Institute of HeartMath estão sendo apoiadas por pesquisas realizadas por Roger Nelson e sua equipe da Universidade de Princeton. Em seu Global Consciousness Project (Projeto de Consciência Global), geradores de eventos aleatórios espalhados em vários locais ao redor do mundo registraram mudanças no momento, e também pouco antes, do ataque terrorista ao World Trade Center em 11 de setembro de 2001.[76]

Além disso, magnetômetros em dois satélites meteorológicos espaciais da National Oceanic and Atmospheric Administration (NOAA) registraram mudanças significativas no campo magnético da Terra nessa ocasião.

Variações sutis no campo magnético cardíaco são agora consideradas como sinais vitais precoces de doença do coração. Magnetômetros especialmente planejados, desenvolvidos por equipes de pesquisadores que incluem médicos, engenheiros e físicos quânticos, são agora considerados como tecnologia de ponta para operarem como dispositivos de triagem capazes de detectar muitas condições cardíacas. Espera-se que um dispositivo portátil capaz de coletar informações através da roupa e de ser lido por enfermeiros treinados venha a estar disponível já nos próximos três anos.[77] Assim, juntamente com a medição da natureza fractal da pulsação cardíaca humana, a medicina convencional está começando a levar em consideração as propriedades quânticas do corpo. Agora estamos compreendendo que esse é o estado fundamental do ser humano e, portanto, a detecção de problemas nesse domínio resultará necessariamente no melhoramento da saúde e no uso mais econômico dos recursos de assistência à saúde.

O modelo do holograma humano adota a realidade quântica do corpo humano, ligando-a holograficamente ao cosmos. Em teoria, o campo magnético do corpo, gerado, em sua maior parte, pelo coração, está ligado, localmente e não localmente, com a Terra, o Sol e o centro da Via Láctea. Em 2008, astrofísicos da Alemanha e dos Estados Unidos descreveram os buracos negros no centro das galáxias comparando seu comportamento com corações que bombeiam, rítmica e "gentilmente", energia para o espaço sob a forma de plasma quente.[78] Pensa-se, atualmente, que esse fato tem um importante efeito regulador sobre o crescimento das estrelas. Para citar Alexis Finoguenov, do Instituto Max Planck de Física Extraterrestre, na Alemanha: "Assim como o coração bombeia periodicamente os sistemas circulatórios dos corpos para mantê-loa vivos, os buracos negros fornecem às galáxias um componente vital quente. Eles constituem uma cuidadosa criação da natureza, permitindo que uma galáxia mantenha um equilíbrio frágil".

Então, talvez não seja surpreendente o fato de que um coração em perfeito equilíbrio tenha verdadeiras conexões cósmicas. Afinal, parece que viemos do pó de estrelas que emergiram do abismo de buracos negros. Um coração coerente está impregnado com a sabedoria das eras. Ursula compreendeu isso quando começou uma nova vida, lançando mão do recurso mais profundo de todos para banir um medo terrível implantado dentro dela quando ela era uma criança vulnerável. Em *Medida por Medida*, de William Shakespeare, a freira noviça Isabella tenta convencer o lascivo e hipócrita juiz Angelo a reverter a sentença de morte do irmão dela, Claudio. O crime de Claudio foi fazer com que sua namorada ficasse grávida fora do casamento. "Vá até seu peito", Isabella pede a Angelo com insistência. "Bata lá, e peça ao seu coração para lhe dizer o que ele sabe..."

Esse conselho simples continua a ser para mim o mais profundo e poderoso que eu já encontrei.

Capítulo 15:
O Cérebro do Holograma Humano

"É tudo a mesma coisa", disse o Espantalho, "eu pedirei um cérebro em vez de um coração; pois um tolo não saberia o que fazer com um coração se tivesse um."

"Eu ficarei com o coração", respondeu o Homem de Lata, "pois o cérebro não faz alguém feliz, e a felicidade é a melhor coisa do mundo."

– L. Frank Baum (1856-1919), autor norte-americano
de *O Maravilhoso Mágico de Oz*

Posso sentir empatia tanto pelo Espantalho como pelo Homem de Lata quando eles se juntaram a Dorothy em sua viagem de descoberta descendo pela estrada de tijolos amarelos. Sem um cérebro, os sentimentos vindos do corpo e as imagens, sons e cheiros provenientes do mundo que nos circunda não fariam nenhum sentido. Não teríamos uma pista a respeito de como responder melhor a essas mensagens ou de como agir apropriadamente. Não seríamos capazes de nos lembrar, de refletir, de discutir.

Quando a doença de Alzheimer do meu sogro avançou incessantemente durante dez anos, sua mente percorreu a trilha irreversível que remontava ao longo das eras do homem. A pior ocasião para George ocorreu nos momentos em que essa percepção estava começando – a compreensão de que estava acontecendo algo sobre o que ele não tinha controle. Nenhuma quantidade de esforços empenhados na atividade de resolução de problemas poderia consertar a inevitabilidade desse declínio. Em seguida, ele se tornou um exasperante adolescente, nem um adulto, nem uma criança, mas sem esperança de um futuro redentor.

E, a seguir, novamente um garotinho, que podia rir e chorar sem culpa, mas que precisava de pessoas qualificadas para cuidar de crianças a fim de garantir que ele seria alimentado, vestido e mantido em segurança. Assim como muitas liberdades se perderam, algumas poucas e preciosas liberdades foram redescobertas. Foi ótimo querer novamente seu sorvete, e ainda por cima, antes do prato principal; e ainda melhor que isso, dessa vez ninguém o repreenderia nem restringiria a manifestação de seus caprichos quando ele, febrilmente, virasse todo o conteúdo da sua tigela para dentro, e ao redor, da sua boca.

Foi como se ele agora tivesse permissão para descartar a culpa e as convenções que lhe eram impostas pela vida adulta, e agora, finalmente, finalmente mesmo, concedesse a si próprio um simples prazer que nunca deveria lhe ter sido negado. Porém, esse tipo de autorreflexão seria improvável.

Mas, enquanto isso, George não podia reconhecer sua imagem em um espelho. Ele ainda sorria para nós, mas suspeitamos que essa era puramente uma resposta reflexa ao nosso próprio sorriso. Mais tarde, ele retirou-se para uma estranha infância onde, diferentemente de uma criancinha, ele foi amado pelo que tinha sido, em vez de sê-lo pelo que era agora ou pelo que iria se tornar.

Depois que morreu, fomos capazes de, novamente, fazer amizade com ele. Em seu funeral, celebramos seus atos de bondade, seu humor, sua arte, seus filhos, seus netos, seu papel na invasão aliada da Normandia, em 1944, e sua medalha de MBE (Member of the British Empire), o prêmio que recebeu pessoalmente da rainha Elizabeth II por toda uma vida de serviço prestado em seu governo.

Dizem com frequência que nós só conseguimos apreciar plenamente o valor de alguma coisa depois que a perdemos.

A doença de George foi, sem dúvida, minha lição mais valiosa sobre o funcionamento do cérebro humano – nenhum manual especializado ou palestra brilhante sobre neuroanatomia ou neurofisiologia sequer chegou perto dessa lição. George, embora possuísse um cérebro adulto que funcionava plenamente, foi capaz de fazer uma diferença tangível em nosso mundo, desempenhando seu papel especial na evolução de espécie humana e no crescimento da consciência. Podemos sentir isso com todo o corpo, mas é no cérebro que processamos esses sentimentos, imaginando maneiras de colocá-los em ação para o bem maior.

O cérebro é, sem dúvida, o órgão mais complexo e menos compreendido do corpo humano. O cérebro está em luta constante para compreender o que ele é. E, com maior frequência, como o Homem de Lata concordaria, atormentar o cérebro para que ele encontre tais respostas raramente leva a um estado de felicidade. Leva, isto sim, a um estado de confusão e frustração.

O poder do cérebro é insuficiente, por si só, para nos curar de complexas doenças crônicas; se o contrário fosse verdadeiro, pessoas inteligentes nunca ficariam doentes. (Até mesmo o personagem de TV interpretado por Hugh Laurie, o intelectualmente brilhante, mas emocionalmente abalado e viciado em narcóticos, dr. Gregory House, teria de concordar com isso!)

De fato, estamos todos lutando para lidar, em condições de igualdade, com a massa de informações que se tornou disponível a nós ao longo da década passada. "Seja simples, estúpido", "Menos é mais" e "Excesso de informação" são os *slogans* do nosso tempo, quando tentamos evitar o estado de vertigem e confusão de ser apanhado pela revolução da TI. Para achar um equilíbrio, também precisamos encontrar maneiras eficientes de relaxar e de ajustá-las aos horários em que estamos encaixados e que exigem cada vez mais de nós.

No entanto, há ocasiões em que tudo isso parece demasiadamente difícil. É uma pena, mas é mais provável que os futuros médicos, mais ainda do que quaisquer outros estudantes, venham a se sentir esmagados e deprimidos. Estudos mostraram que até um quarto de todos os estudantes de medicina do primeiro e do segundo anos podem sofrer graus variados de depressão clínica. Em uma resenha publicada em 2005 no periódico *New England Journal of Medicine*, os autores citam um aluno do quarto ano de medicina de Harvard estimando que três quartos de seus amigos próximos na escola de medicina haviam tomado medicamentos psiquiátricos em algum momento de seus quatro anos de estudos.[79]

Grande parte de minha motivação para escrever este livro, e para fazer mudanças em minha carreira, tem sido a de abordar os desequilíbrios que ameaçam tornar doentes tanto médicos como pacientes. Como acontece com muitos médicos de hoje, escolho esse caminho por causa de um sincero sentimento de querer ajudar outras pessoas, embora – admito isso sem problemas – experimentando uma realizadora e confortavelmente recompensadora vida no processo.

A excessiva quantidade de informação médica que o cérebro de um jovem médico precisa processar é, naturalmente, apenas parte do problema. Os estudantes de medicina carregam atualmente um pesado fardo de dívida financeira – empréstimos estudantis que eles ou seus pais terão de quitar. Eles perdem o sono de que seus corpos jovens necessitam. Eles se defrontam com a morte e os moribundos, esperando lidar com o assunto recorrendo a meios que se estendem muito além dos seus anos. Eles começam a sentir-se espremidos em um estreito túnel restritivo que lhes deixa pouco espaço para explorar o significado mais profundo de suas vidas, e da vida de seus pacientes. Desse modo, igualmente para médicos e para pacientes, parece que o tempo está maduro para a emergência de um modelo holístico, mais completo, do corpo humano, e para uma compreensão de exatamente onde, nesse modelo, o cérebro se ajusta.

Infelizmente, o cérebro humano continua sendo o órgão que nós conhecemos menos. Até mesmo os donos dos cérebros mais brilhantes não podem nos explicar como seus estimados órgãos funcionam. "Nossa própria percepção", observou certa vez o físico Stephen Hakwing, "a percepção que constrói e analisa fractais e todas as outras coisas, continua a permanecer um mistério para si mesma."

E, sem dúvida, nosso cérebro é um órgão fractal, com seus centros superiores estreitamente compactados na forma de dobras e rugas extremamente retorcidas. Isso permite que nosso crânio aloje um número máximo de células em um volume muito confinado, com canais de comunicação altamente eficientes entre elas. Como acontece com o conjunto de Mandelbrot, e a intrincada linha litorânea de uma nação insular, quanto mais nos aventuramos para dentro das periferias de um cérebro, mais complexo ele se torna. Citando Ian Stewart, famoso professor de matemática da Universidade Warwick: "Há uma rota evolutiva natural a partir de padrões matemáticos universais presentes desde as leis da física até órgãos tão complexos quanto o cérebro".

Para os propósitos deste livro, o desfrute de seus leitores e a sanidade de seu autor, pretendo pilotar, da maneira mais clara possível, para fora das complexidades da neurociência. Na verdade, quanto mais de perto nós olhamos com nossos microscópios e escâneres ajudados por computadores, mais confuso tudo isso é para todos, exceto para aqueles que se especializam nesse assunto fascinante. Portanto, embora reconheçamos plenamente sua importância, vamos nos concentrar, em vez disso, em abordagens que estão amplamente de acordo, em teoria pelo menos, com nosso modelo do holograma humano.

A neurociência reducionista, com certeza, desempenhará o seu papel. No entanto, acredito que somente derivaremos uma compreensão realmente profunda da consciência humana se abordarmos seu estudo a partir de muitos ângulos diferentes. O pensamento linear precisa juntar forças com o pensamento lateral; experiências passadas com intuição; cabeça com coração. Precisamos nos encontrar com o cérebro em seus próprios termos.

Karl Pribram e o Cérebro Holonômico

Foi Karl Pribram, neurocirurgião e professor de psiquiatria nascido na Áustria que, no início da década de 1990, em colaboração com o físico David Bohm, elaborou um sério desafio à visão estabelecida do cérebro humano. Pribram ficou intrigado, pela primeira vez, por relatos de experimentos com animais realizados pelo biólogo Karl Lashley na década de 1920. Lashley mostrara que incisões de grande extensão feitas no cérebro de animais não erradicavam comportamentos aprendidos produzidos pelo treinamento. A curiosidade de Pribram foi posteriormente despertada quando ele soube do trabalho desbravador de Dennis Gabor sobre hologramas na década de 1960. Ele apresentou a teoria segundo a qual a informação podia ser espalhada holograficamente ao longo de grandes extensões dentro do cérebro. Ele deu a isso o nome de cérebro holonômico.

A teoria de Pribram é ainda, em grande parte, uma obra em andamento. Ela conta intensamente com o seu conhecimento especializado da arquitetura do cérebro e de previsões matemáticas. Apresentarei aqui uma versão simplificada.

Em essência, nosso cérebro adota um papel semelhante ao da chapa fotográfica de Gabor. No entanto, em vez dos feixes coerentes e altamente organizados de luz de *laser* que interagem e são registrados na chapa, o cérebro tem de lidar com mensagens misturadas e muito mais complexas. Os órgãos dos sentidos ajudam o cérebro, e, como Pribram os descreve, os sentidos são lentes que transformam as ondas de som, luz, odor e associadas às sensações corporais em padrões contendo *bits* de informação dentro do cérebro (mais uma vez, como na chapa fotográfica plana de Gabor). Essa transformação é conhecida como Transformada de Fourier. Ela pode ser demonstrada observando-se como uma lente espalha e separa a luz nos componentes mais luminosos e mais escuros. Quando criança, aprendi como usar uma lente de aumento para focalizar os raios do Sol em um ponto sobre uma folha de papel. Em pouco tempo, subirá fumaça desse ponto e então, espontaneamente, o papel pegará fogo. O que eu não sabia na época, nem provavelmente teria me importado, era que as outras ondas de luz, "mais escuras", eram empurradas para os lados a partir do ponto central e espalhadas uniformemente sobre o papel. Desconhecida para mim, eu estava testemunhando minha primeira transformada de Fourier.

Acredita-se atualmente que um processo semelhante aconteça na parte de trás dos olhos, razão pela qual é importante não fitar diretamente o Sol. A energia luminosa atravessa a lente na frente do olho, onde ela é refratada para a retina na parte de trás.* A informação reunida aqui e agora existe sob uma forma (de uma transformada de Fourier) que pode ser transmitida por meio do nervo óptico e do atalho que leva ao córtex visual. Ao longo do caminho, mais informações são acrescentadas à mistura em um nodo com a forma de joelho, chamado de corpo geniculado lateral (CGL).

Essa nova informação provém dos outros sentidos, e do corpo como um todo, de modo que a informação que chega ao córtex visual é uma mistura harmoniosa, que nos ajuda a colocar a visão dentro do contexto do ambiente espaçotemporal. De acordo com os físicos, a matemática sugere vigorosamente que toda essa informação precisa estar espalhada no córtex visual com o padrão de uma transformada de Fourier (veja a Figura 20).

---

* Aumenta o número de evidências de que há processos quânticos em ação na retina de muitos animais, desempenhando um papel de suma importância na navegação e na orientação.[33, 34]

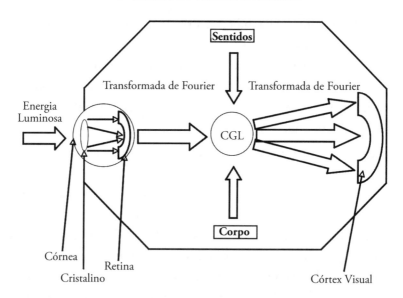

Figura 20 - A energia luminosa codificada no cérebro. O modelo de percepção visual que apresentamos aqui está simplificado. Por exemplo, as trilhas ópticas se cruzam, permitindo que tenhamos visão binocular; e modernos escaneamentos sugerem que nem todo o processamento óptico ocorre exatamente no córtex visual.

Agora, vem a magia. Alguma coisa, de algum modo, precisa converter todos esses *bits* de informação espalhados em uma figura do mundo ao nosso redor. E se, de fato, o universo holográfico é realmente uma confusão indistinta de campos que se interferem, o córtex visual é o lugar onde grande parte da realidade virtual que percebemos é criada. E qual é a varinha mágica que torna tudo isso possível? Suspeito que se eu fosse dizer que a varinha é a consciência humana, isso poderia provocar escárnio ou um verdadeiro fogo de artilharia de perguntas a respeito de exatamente como, por que e, possivelmente, até mesmo quem.

Antes de considerarmos alguns dos mecanismos possíveis que há por trás da criação da percepção, precisamos apresentar alguns esclarecimentos suplementares com relação ao modelo proposto por Pribram. Ele teoriza que cada sentido processa suas informações da maneira como acabei de descrever, em locais *específicos* em torno do cérebro, isto é, o córtex visual, o córtex auditivo – um processo, poderíamos argumentar, que não é verdadeiramente holográfico. Assim, com relação a isso, nosso cérebro funciona como um computador eletrônico-padrão, recebendo e codificando dados, e em seguida retransmitindo esses dados de volta, sob uma forma utilizável. No entanto, ele também teoriza que *cada célula cerebral* nesses locais específicos pode ter acesso *a todas as informações do todo*, assim como alguns cientistas sugerem que cada fóton de luz que atinge os nossos olhos tem acesso ao todo. Desse modo, estamos agora descrevendo o sofisticado funcionamento de algo que ainda não foi criado pelas empresas mais avançadas de TI do mundo: o computador quântico.

E considerar o nosso cérebro como um computador quântico é o próximo passo necessário para resolver o enigma de como exatamente a nossa consciência se manifesta. Um proeminente pesquisador da Universidade do Estado da Flórida, o professor Efstratios Manousakis, apresentou uma teoria segundo a qual processos quânticos estão em jogo quando nos defrontamos com imagens ambíguas, tais como o famoso vaso que pode ser igualmente percebido como os perfis de dois rostos. A imagem existe em um estado de probabilidade até que, por meio do ato da percepção, ela colapsa em um vaso ou em dois rostos.[80] (Veja a Figura 21.)

Figura 21 - Um vaso ou dois rostos?

E quais são, você poderia perguntar, os mecanismos específicos que estão por trás da consciência humana? E onde exatamente em nosso cérebro isso acontece? Em uma tentativa para responder a essas perguntas, uma parceria especial se formou entre os donos de duas das mentes mais aguçadas do mundo ocidental. Em perfeito ajuste, uma das metades desse duo é um anestesista praticante, um médico altamente treinado em tornar as pessoas inconscientes e, em seguida, novamente conscientes. A outra metade é um talentoso professor de física matemática. Seus nomes são, respectivamente, Stuart Hameroff e Sir Roger Penrose.

Microtúbulos e o Cérebro Holográfico

Os microtúbulos existem por toda parte no corpo humano. Como seu nome sugere, sua forma mais comum é a de um pequeno tubo, uma hélice tripla de moléculas de proteínas estreitamente enrolada ao redor de um túnel central. Os microtúbulos constituem uma parte vital do citoesqueleto – a matriz de tecido conjuntivo cujos ramos atingem, em forma fractal, cada canto do corpo humano, terminando em minúsculos filamentos e antenas em cada um dos 50 trilhões de células que formam o corpo. O citoesqueleto responde por não menos que 70% do volume de cada célula.

O citoesqueleto, com seus microtúbulos, existe até mesmo em minúsculos organismos que não têm cérebro nem sistema nervoso. O paramécio unicelular, que vive em lagoas e habita o planeta desde há cerca de 540 milhões de anos tem, efetivamente, um citoesqueleto muito sofisticado. Essa teia não apenas lhe fornece o "andaime" que o ajuda a manter sua estrutura em forma de charuto, mas também governa seu crescimento e até mesmo cada movimento que ele faz. A teia ramificante termina em milhares de cílios ou filamentos que batem furiosamente, impulsionando-o através da água. Mesmo sem um cérebro ou sistema nervoso, o minúsculo paramécio manobra seu corpo de um lado para o outro evitando objetos e, aparentemente, tomando "decisões" a respeito de para onde exatamente deve se dirigir.

Os microtúbulos estão presentes nas células de todos os animais e na imensa maioria das plantas. No entanto, estão ausentes das algas verde-azuladas, das bactérias e dos vírus. Em 1976, o astrônomo Carl Sagan especulou que há mais de meio bilhão de anos, uma época em que apenas esses primitivos organismos que carecem de microtúbulos existiam, eles foram "infectados" por organismos com citoesqueletos, possivelmente criaturazinhas altamente móveis e com caudas como espermatozoides. Em outras palavras, houve uma combinação de duas espécies, até então estranhas uma à outra.

Grande parte dessas observações, e pesquisas subjacentes, provém do livro de Sir Roger Penrose, *Shadows of the Mind*, publicado em 1994. Este foi o segundo de uma trilogia de volumes explicando com muita habilidade esses assuntos complexos para o público leigo. Sua tese subjacente é a de que a inteligência da vida não pode ser explicada por meio dos termos puramente lineares da física clássica. É muito mais provável que haja um elemento quântico altamente sofisticado impedindo nos dias de hoje os seres humanos de recriarem artificialmente uma tal inteligência. Isso, é claro, está provocando calorosas discussões entre os proponentes da inteligência artificial (IA). Entretanto, cientistas que se colocam de ambos os lados dessas discussões teriam de concordar com uma constatação que se destaca: o mais aperfeiçoado dos robôs operados por computador possui uma inteligência que empalidece em comparação com uma formiga comum.

Junto com Stuart Hameroff, um anestesista da Universidade do Arizona, Sir Roger Penrose desenvolveu a hipótese de que os microtúbulos em cada célula desempenham um papel na consciência humana, e também que o microtúbulo é um lugar onde o mundo quântico e o mundo clássico do espaço-tempo se encontram. Um lugar onde o mundo quântico colapsa no mundo físico – o lugar da nossa consciência e da nossa percepção.

Quando ainda era estudante, Hameroff ficava perplexo ao observar o intrincado processo da divisão celular – algo que até hoje eu mesmo vejo com curiosidade e maravilhamento. Os fusos que puxam os cromossomos para fora desse cabo de guerra ou, mais apropriadamente, "cabo de vida", são fibras que consistem em microtúbulos. Antes de realizar esse ato miraculoso, eles escapam de seu centro de controle central na célula, migrando em massa para linhagens de DNA no núcleo, às quais eles se prendem.

Quando a divisão celular, ou mitose, acontece, os cromossomos emparelhados, em um desempenho essencial para o crescimento e a reprodução do organismo, são meticulosamente separados. Foi depois de ler o desbravador livro de Penrose, *The Emperor's New Mind*, em 1991, que Stuart Hameroff sentiu-se compelido a entrar em contato com ele para compartilhar seus pensamentos. Como anestesista prático e pesquisador médico, ele já havia publicado muitos artigos a respeito do papel que os microtúbulos presentes no interior do cérebro poderiam desempenhar na consciência desperta. Desde essa ocasião, juntos, eles pesquisaram em grandes detalhes a estrutura microscópica, e a possível função, desses microtúbulos – um processo que eles batizaram de Orch-OR (Orchestrated Objective Reduction / redução objetiva orquestrada).

Como as células cerebrais só raramente se dividem e se multiplicam, os microtúbulos no cérebro precisam ter funções que vão muito além do papel vital que desempenham na divisão celular. Com certeza, eles são muito proeminentes, e numerosos, dentro das células cerebrais, com frequência se estendendo ao longo do comprimento de cada neurônio, com suas pontas começando (ou terminando) na porção do dendrito próxima dos pontos de junção elétrica entre as células (sinapses). A Figura 22 mostra como os microtúbulos são arranjados dentro de um neurônio no córtex visual.

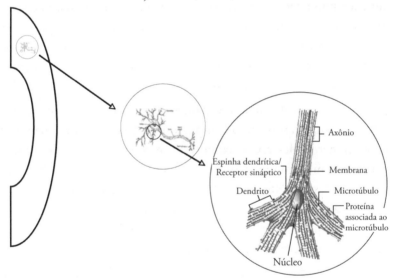

Figura 22 - Córtex visual (à esquerda), neurônio com dendritos de forma fractal (centro) e fileiras de microtúbulos (à direita).

O arranjo e a estrutura fractal das proteínas que compõem os microtúbulos são importantes, pois é a maneira como os microtúbulos se combinam para formar estruturas maiores. Por exemplo, a clássica série de números de Fibonacci está codificada dentro dos intrincados padrões espiralados de proteínas nos microtúbulos. É ela que os liga matemática e holograficamente a tantas outras estruturas tanto dentro como fora do corpo humano.

149

As proteínas que formam esses intrigantes padrões de moléculas são conhecidas como *tubulinas*, e existem em pares com cargas elétricas complementares, mas opostas. Isso, em teoria, permite que os microtúbulos funcionem como um computador clássico, que codifica as informações em uma forma binária, ou *bits* equivalentes a 1 ou 0. O eficiente acondicionamento fractal das moléculas de tubulina, e possivelmente sua geometria "sagrada", faz do microtúbulo um candidato digno de crédito para o *hardware* do computador celular. No entanto, Penrose e Hameroff conceberam um papel muito mais sofisticado, e eficiente, para essas fascinantes estruturas subcelulares – não menos que o de um *computador quântico*.

O computador quântico ainda precisa ser fabricado comercialmente. Quando ele fizer o seu aparecimento – e isso é inevitável –, ele revolucionará a indústria da TI. Ele possuirá uma capacidade de armazenamento imensamente aumentada – em vez de *bits*, sua informação existirá em outra dimensão (em um estado de superposição) meramente como probabilidades de 1 e 0, ou *qubits*, entrelaçados com um número incontável de outros *qubits* em um estado fora do tempo e do espaço. Assim, em essência, não haverá, em absoluto, nenhum problema de armazenamento de dados!

A ideia, uma revolucionária expansão de paradigma, é a de que os microtúbulos atuam tanto como computadores clássicos como quânticos. Penrose e Hameroff descrevem como esses estados se alternam rápida e continuamente, misturando informação quântica universal com informação clássica processada "inconscientemente" pelo cérebro a partir do corpo. Eles teorizam que há um elaborado mecanismo de *feedback* dentro dos microtúbulos orquestrando um equilíbrio harmonioso entre o domínio quântico e o mundo clássico, no qual o primeiro colapsa.

A principal crítica ao seu modelo gira em torno da própria razão pela qual o computador quântico permanece atualmente tão difícil de fabricar. Até recentemente, pensava-se que estados entrelaçados só podiam existir nas proximidades do zero absoluto, temperatura incrivelmente fria, como nos condensados de Bose-Einstein, ou no calor extremo que facilita os condensados de Fröhlich.[81] No entanto, esse argumento é menos convincente desde a recente demonstração de que processos quânticos ocorrem em temperatura ambiente na fotossíntese.[28]

A outra principal crítica tem base matemática. Até agora, constatou--se que a decoerência, ou colapso do estado quântico, impede que esse estado se estabilize, tornando-o, ao contrário, extremamente transitório, e, por isso, há dúvida de que ele possa ser sustentado durante um tempo suficientemente longo para poder desempenhar um papel na consciência. Penrose e Hameroff contrapõem a esse argumento outros argumentos matemáticos, os quais mostram que, na verdade, ele pode. (Mais detalhes sobre isso serão apresentados no Capítulo 23.)

No entanto, em um princípio amplo, a teoria segundo a qual os microtúbulos desempenham um papel na consciência e na percepção concorda bem com o modelo do holograma humano. Ela reconhece que existe uma realidade "lá fora", indistinta diante de nosso fixo olhar cotidiano, que é uma força primordial – uma matriz ou campo de informação da qual nós somos uma parte viva e sensível. Isso concorda estreitamente com os cálculos de Beckenstein segundo os quais toda a informação do universo poderia ser armazenada em uma tela plana massiva na mais minúscula das escalas, cujos pixels têm lados iguais ao comprimento de Planck.

Citando Stuart Hameroff: "Assim, a infinitesimalmente pequena escala de Planck, descrita pela gravidade quântica em laços, pela teoria das cordas, pela espuma quântica etc., é a autêntica matriz cujas configurações dão origem à experiência consciente (e a tudo o mais)".

Como os microtúbulos existem em um número tão grande em cada célula cerebral, teoriza-se que esse "*download* da matriz" é uma característica universal do cérebro como um todo. Se retornarmos à Figura 22, poderemos ver como microtúbulos proeminentes estão dentro do nosso córtex visual. Podemos especular que é neles que ocorre a conversão final das informações visuais recebidas da parte de trás dos olhos. Que é lá que a transformada de Fourier, ou a informação codificada, é magicamente convertida nas formas e cores que percebemos e reconhecemos como realidade. O mesmo processo se aplica a todos os outros sentidos, incluindo a sensações do tato provenientes de todas as partes do corpo.*

A teoria de Penrose-Hameroff é um importante passo rumo a uma compreensão mais profunda da consciência humana. Ela focaliza necessariamente um único órgão, o cérebro, a área especializada de estudos dos proponentes. Juntos, como um biólogo e um matemático, eles formam

---

* Alguns neurocientistas teorizam atualmente que também existe um estado de entrelaçamento quântico entre os nossos órgãos dos sentidos e as partes de processamento do nosso cérebro, permitindo a *teletransportação* instantânea de informações quânticas entre esses locais.[81b]

uma parceria única e comovente; sua teoria é, por isso, ainda mais digna de crédito, e ainda mais poderosa.

Como clínico geral, preciso conhecer um pouco sobre muitas coisas; ser, como se diz, um pau para toda obra e, talvez, um mestre de apenas uma coisa – o estudo dos relacionamentos. Diferentemente dos especialistas, os clínicos gerais não podem se dar ao luxo de isolar um órgão de outro; de fato, somos as pessoas que fazem a escolha, conferindo aos nossos colegas especialistas a liberdade para focalizar sem restrições os órgãos que eles vêm a conhecer e amar.

Com isso em mente, agora é a ocasião de colocar nosso órgão mais complexo e desconcertante no lugar correto, incentivando seu papel como um parente útil e sábio, em vez de um patriarca opressor para os outros órgãos. Em minha experiência, um estado de coerência dentro do corpo como um todo é mais satisfatoriamente obtido uma vez que a mente ativa e pensante esteja aquietada. Uma das maneiras mais simples e fáceis de obter esse estado consiste em deslocar para a respiração o enfoque do cérebro. Alternativamente, podemos concentrar a atenção em qualquer outra parte do corpo, combinando isso com uma respiração suave. Nesse estado tranquilo, tornamo-nos mais cientes dos sentimentos e, seguindo o modelo que desenvolvemos, mais conectados com "a matriz autêntica". Desse modo, para aquietar a mente, para nos sincronizarmos com o campo, para obtermos coerência, precisamos, paradoxalmente, fugir do cérebro e nos refugiar no corpo.

Vamos agora examinar o cérebro racional, e colocá-lo em algum tipo de perspectiva.

A Mente Racional

Ao longo das últimas páginas, estivemos imergindo nas complexidades do cérebro humano. Embora as teorias que delineei venham de cientistas considerados mais holísticos do que a maioria, tivemos de adotar uma abordagem clássica, reducionista com relação ao tema da consciência. Tivemos de pensar com a mente focalizada, ignorando em grande medida as outras mensagens que ingressavam em nós, tanto pelo cérebro como pelo corpo. Se medíssemos as ondas cerebrais representando-as em um eletroencefalograma (EEG) enquanto lêssemos estas linhas, provavelmente teríamos um padrão conhecido como estado beta, um estado de alta frequência de 12 a 30 hertz (Hz), associado com a concentração mental. Podemos até mesmo encontrar evidências de frequências superiores, de cerca de 40 Hz, o padrão de ondas gama que se acredita estar associado com o próprio ato da percepção, em particular com o processo da percepção visual descrito neste capítulo.

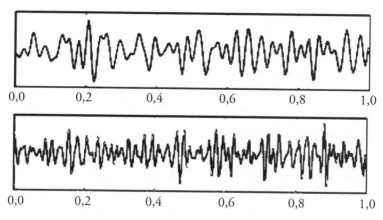

Figura 23 - Padrão de ondas beta (acima) e padrão de ondas gama (abaixo).

Precisamos estar nesse modo para nos concentrarmos em algo que talvez não seja fácil de entender. De fato, nesse modo, estamos usando o cérebro pensante em um estado de vigília. Estamos, ao mesmo tempo, tentando entender o sentido de novas informações e procurando resolver precisamente onde elas se encaixam no mundo que conhecemos, no mundo que percebemos como sendo a realidade de cada um de nós.

Quando os neurocientistas e médicos usam a palavra "consciência", estão frequentemente se referindo a esse estado de pensamento vigilante. No entanto, outras pessoas sentiriam que essa é uma descrição totalmente limitante da palavra. Para ser plenamente consciente como ser humano, eles argumentariam, é preciso estar ciente de que existem outros domínios e dimensões, e que a nossa mente pensante é apenas um elemento de uma consciência muito maior. O filósofo grego Platão adotava com firmeza essa visão; juntamente com seu mentor, Sócrates, ele tinha uma atitude extremamente crítica com relação àqueles que dirigiam toda a sua atenção ao estudo das complexidades do mundo material. "Ignorância total não é um mal assim tão terrível ou extremado", disse Platão, "e está longe de ser o maior de todos; excesso de inteligência e erudição em demasia, acompanhados por criação adversa, são muito mais fatais."

Nossa mente racional desempenha naturalmente um papel essencial na vida humana. Sem a avançada capacidade dos seres humanos para raciocinar, não haveria avanços tecnológicos, não haveria cirurgia guiada, nem internet, nem blogs e, em última análise, haveria menos oportunidade para as pessoas divulgarem e partilharem suas visões.

A racionalidade arduamente adquirida de um piloto de avião e de sua tripulação nos permite sentir seguros e relaxados enquanto somos impulsionados pelo espaço a 885 quilômetros por hora apenas com uma camada de metal nos separando da Mãe Terra por uma altura de mais de 10,6 quilômetros. Além disso, a própria racionalidade de cada ser humano o ajuda a cada dia com cada tarefa que ele realiza, seja ela instigante ou mundana. Ela permitiu-me recentemente montar uma cama, que me fora vendida acondicionada em pacote achatado, em pouco menos de seis horas, trabalho que o jovem vendedor de mobílias me garantira que "sua avó realizaria em apenas quinze minutos, no máximo".

Mas, até agora, a racionalidade sozinha não foi capaz de resolver muitos dos principais problemas do mundo. Não há cura para a maior parte dos cânceres; as guerras continuam; o fanatismo e a intolerância persistem.

A racionalidade requer treinamento e aprendizagem disciplinada. Em geral, as escolas e universidades adotaram o papel de nos ensinar a raciocinar, e a retransmitir a outras pessoas argumentos razoáveis. Desse modo, somos condicionados desde jovens a raciocinar e a nos tornar espertos e inteligentes, mas, como Platão ressaltou, se a nossa instrução foi, de algum modo, "doentia", isso, em si mesmo, se comprovará "fatal". Temos apenas de testemunhar o movimento da juventude hitlerista, a Guarda Vermelha chinesa, o massacre em Jonestown no século passado, e o terror do extremismo fundamentalista que infesta o presente século para entender que Platão não estava exagerando.

Albert Einstein, que, a crer no que se diz, possuía a mente mais brilhante do século XX, valorizava a intuição acima da racionalidade. Uma frase atribuída a ele é esta: "A mente intuitiva é uma dádiva sagrada e a mente racional é uma serva fiel. Criamos uma sociedade que honra a serva e se esqueceu da dádiva".

A Mente Intuitiva

Ao longo deste capítulo, o seu cérebro, leitor, pacientemente juntou-se ao meu em uma jornada de descoberta dos processos de funcionamento desse órgão. Quanto mais fundo nós mergulhamos, menores e mais intrincados se tornam os sujeitos que examinamos. E, mesmo assim, as respostas às perguntas mais importantes, de algum modo, permanecem esquivas. Podemos viajar diretamente para o centro de um microtúbulo, ou para dentro de uma molécula de DNA, em uma tentativa de descobrir o Santo Graal da consciência, apenas para encontrar um espaço, um portal ou uma porta, que se abre para uma multidão de dimensões totalmente não familiares. Os chineses diriam que no cerne, ou no ponto de partida de qualquer aventura yang, há um yin absoluto. Quanto mais estreitamente examinamos o maquinário do cérebro, quanto mais materialista é a abordagem que adotamos, mais aguçadamente nós passamos a perceber que, na raiz da plenitude que julgamos ter atingido, há um ponto de vazio.

O caminho da investigação racionalista, reducionista, que preocupa o pensamento científico ocidental, é o elemento yang necessário ao yin da prática intuitiva fundamentada no Oriente. Nas culturas orientais (e na maioria das culturas tradicionais antigas de todo o mundo), a consciência, a espiritualidade e o mundo não físico são fundamentais para a existência dessas culturas, e do mundo ao qual elas pertencem. Como um rito de passagem para as realidades do universo, um xamã na floresta tropical peruana guiará jovens membros tribais através de um estado de consciência alterado, facilitado por um composto psicodélico natural como a ayahuasca. A experiência não é entendida como um entretenimento, ou algum divertido elemento de festa; ela serve para confirmar para o jovem que existe muito mais do que as dimensões físicas de tempo e de espaço. Nas culturas tradicionais, os jovens são instruídos pelos seus anciãos enquanto passam por essas experiências, com o apoio coletivo de suas famílias tribais.

Nossa vida diária exige que tenhamos uma mente persistentemente ativa e racional. Essa tagarelice interior constante precisa, de algum modo, ser aquietada para que possamos ter acesso a um estado de ser no qual a intuição e a criatividade tenham condições de florescer. Em minha experiência, a maneira mais segura de obter isso é por meio da prática regular da meditação, e quanto mais simples for o método, melhor será. Minha definição de meditação é ampla: para os que estão começando, cinco minutos por dia desviando a atenção dos pensamentos ativos na mente para a simplicidade da respiração é tudo o que é necessário.

É por meio da meditação que adquirimos uma compreensão muito mais profunda da palavra consciência; tornamo-nos cada vez mais perceptivos de que ser plenamente conscientes como seres humanos significa mais do que, simplesmente, não estar dormindo. Além disso, essa consciência não está confinada ao cérebro; para obter o necessário estado de equilíbrio, ou coerência, o corpo precisa estar em paz. É ao prestar atenção aos sentimentos, ao "corpo mental", à intuição que nós desenvolvemos essa compreensão mais profunda da natureza humana. Como disse Einstein, ela é uma dádiva sagrada e dela a mente racional precisa se tornar uma serva fiel.

Os videntes védicos eram meditadores muito experientes. Eles imaginavam o crescimento da consciência humana sob a forma de duas serpentes gêmeas – as forças opostas e complementares das energias masculina e feminina – erguendo-se ao longo do corpo. Em cada ponto onde elas se cruzavam, um perfeito equilíbrio era obtido, permitindo que um nível superior fosse processado e subsequentemente equilibrado. As forças eram, em geral, competitivas, até que atingiam o coração – e no coração, o perfeito equilíbrio facilitava o amor incondicional por outras pessoas, e por si mesmo, levando a uma ascensão a domínios superiores de consciência.

A partir do coração, viajamos para cima atravessando a área da garganta, onde a verdadeira vocação da pessoa é realizada; e em seguida para a testa e a coroa – um cérebro que, em equilíbrio, pode lidar com o conceito de que cada um de nós é completamente único, e, no entanto, também conectado com uma consciência universal.

Cada passo é conhecido como um chakra, ou roda, representando um vórtice ou espiral, ou buraco de minhoca conectando holograficamente o corpo humano a domínios não locais universais. Desse modo, embora o verdadeiro equilíbrio nos chakras da testa e coronário represente um estado de iluminação, conectando-nos com percepção desperta ao campo unificado da consciência, ele só pode acontecer plenamente depois que o equilíbrio é obtido a cada passo.

Há evidências científicas de que exercícios focalizados no coração, com seus sentimentos associados de paz e de aceitação, podem levar a estados mais intensos de clareza mental. Isso já foi analisado no capítulo anterior. Em termos puramente elétricos, o coração é muito mais poderoso do que o cérebro. O potencial elétrico do coração, como é registrado em um eletrocardiograma (ECG)-padrão, é mil vezes maior que o do cérebro, como é registrado em um eletroencefalograma (EEG)-padrão.

Quando nos encontramos em um estado relaxado, intuitivo e criativo, um EEG registrará ondas cerebrais em um estado alfa, com uma frequência situada aproximadamente entre 8 Hz e 13 Hz.

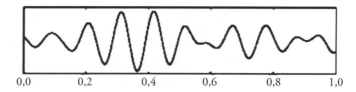

Figura 24 - Ondas cerebrais alfa.

É interessante observar que esse padrão de ondas cerebrais só ocorre se os olhos estiverem fechados. Em um processo conhecido como bloqueio alfa, o padrão é eliminado assim que abrimos os olhos. O bloqueio alfa ocorre até mesmo quando, mantendo os olhos ainda fechados, voltamos a atenção para o ambiente. No entanto, abrir os olhos em um quarto totalmente escuro não produzirá o bloqueio alfa.

Essa descoberta adiciona conteúdo às teorias de Karl Pribram, Roger Penrose e Stuart Hameroff, como delineamos anteriormente neste capítulo. Recapitulando brevemente, a energia luminosa é processada pelo olho em informação que pode ser transmitida para o córtex visual, e seus microtúbulos, para processamento posterior nas dimensões familiares do tempo e do espaço. A atividade elétrica que, como se acredita, está associada com esse processo no córtex – o colapso da matriz no mundo quadridimensional clássico – ocorre em uma frequência muito maior, de 40 Hz (ondas gama).

É importante, a essa altura, compreender tanto as forças como as limitações do EEG-padrão, recurso que se comprovou imensamente valioso na medicina clínica durante mais de setenta anos. Entre suas vantagens, ele fornece um registro instantâneo da atividade elétrica do cérebro, e sua realização é relativamente barata. Diferentemente de métodos de escaneamento mais recentes, tais como a formação de imagens por ressonância magnética funcional (fMRI), ele mede a atividade elétrica diretamente, em vez do fluxo sanguíneo através de partes do cérebro.

No entanto, entre suas desvantagens, ele registra apenas informações vindas da superfície do cérebro, seu neocórtex. Os 10 milhões de neurônios são arranjados aqui em colunas, com uma profundidade de apenas seis células, em ângulo reto com relação ao crânio. Essa arquitetura altamente organizada permite que os impulsos elétricos sejam efetivamente transmitidos para os diversos eletrodos colocados sobre o escalpo. No entanto, muitas informações são perdidas e mutuamente canceladas no caminho.

Espalhando esse grande número de eletrodos detectores sobre o escalpo, o EEG só capta uma grosseira aproximação global da atividade real que ocorre no córtex; na verdade, há um padrão elétrico muito mais caótico, com variações consideráveis de zona para zona. E ele é inteiramente excluído do registro das atividades da imensa maioria do cérebro que permanece fora de alcance, situado em um nível demasiadamente profundo para ser atingido pelos seus sensores.

No entanto, apesar dessas limitações, o padrão de EEG simples pode se comprovar muito útil na prática clínica. Por exemplo, os sofrimentos produzidos por alcoolismo crônico exibem menos atividade alfa do que outros. Quando se submetem a programas supervisionados de relaxamento, conhecidos como treinamentos alfa-teta, suas vítimas testemunham uma mudança no padrão dos seus EEGs com relação ao padrão alfa normal, padrão esse que, por sua vez, serve como um poderoso motivador para uma cura posterior.[82]

Os padrões excessivamente simplificados do EEG-padrão foram sujeitos, em anos recentes, a uma análise matemática (Fourier) baseada em computador, em uma tentativa para identificar e quantificar padrões subjacentes mais úteis. Embora esses EEGs quantitativos (EEGQs) sejam, sem dúvida, um avanço importante, eles também são barulhentos e caros. Muitos terapeutas acham os resultados muito complicados, talvez muito próximos do verdadeiro estado de caos refletido dentro do nosso cérebro. No entanto, os EEGQs realmente nos fornecem medições mais precisas da atividade cerebral, dando a terapeutas habilidosos mais opções, pois eles treinam seus clientes para suprimirem padrões "anormais" e induzirem padrões "normais".

Os EEGQs também nos mostram que o bloqueio alfa não é o efeito absoluto, preto e branco, sugerido pelo EEG-padrão. Na verdade, o fenômeno foi atualmente rebatizado como dessincronização alfa, pois diferentes partes do córtex podem comutar para ligado ou desligado em qualquer dado momento. E pode-se mostrar que os ritmos alfa são parcialmente bloqueados, por exemplo, quando a presença de informações sensoriais é antecipada em primeiro lugar.[83]

Porém, vamos retornar agora a questões mais simples, induzindo, com isso, mais atividade alfa em nosso próprio cérebro. Nesse estado, dissociamo-nos de conexões conscientes que mantemos com o mundo material, e retornamos a um estado semelhante ao da criança, de maravilhamento e imaginação. Há menos ruído para nos distrair dos sentimentos, às vezes conhecidos como subconsciente.

Podemos até mesmo entrar em um transe hipnótico leve, um estado mental alterado a partir do modo desperto, pensante, racional. Também somos vulneráveis, abertos aos poderes da sugestão. Ao estalar dos dedos do hipnotizador no palco, podemos nos tornar uma galinha cacarejando ou – o que é ainda mais constrangedor – um bule de chá. Assim como crianças pequenas passam grande parte de seu tempo nesse estado de consciência brincalhão, elas são vulneráveis às sugestões dominadoras de outras pessoas. A percepção que elas têm da realidade pode receber influências que duram toda a vida, e temores podem ser infundidos em seu ser, manifestando-se como problemas de saúde anos mais tarde. Mais positivamente do que isso, felicidade, amor e segurança também podem ser processados pela criança em um estado alfa, reduzindo o risco de uma vida adulta triste, solitária e dependente de algum vício.

Quando deslizamos mais profundamente em nosso transe hipnótico ou meditativo, nosso EEG-padrão passa a exibir um ritmo teta. O padrão apresenta um compasso mais lento, sendo que a frequência das ondas passou a ser de 4 Hz a 7 Hz.

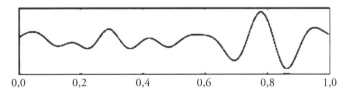

Figura 25 - Ondas cerebrais teta.

Nesse estado, nós realmente experimentamos o que é "estar na zona",* em equilíbrio com as ressonâncias de Schumann da natureza. Estamos agora profundamente em contato com nosso subconsciente, e podemos nos lembrar, com prontidão, de acontecimentos de nossa infância bloqueados de nossa percepção cotidiana pelo estado atarefado de nossa mente pensante. Nesse estágio mais profundo de hipnose, podemos até mesmo suportar a broca do dentista sem hesitar.

Muitos agentes de cura induzem esse estado teta dentro de si mesmos e de seus clientes, promovendo um sentido de claridade e de paz no relacionamento. No encontro ideal, o agente de cura e o sujeito da cura, em igual parceria, ganham percepções esclarecedoras que lhes permitem ver além da confusão e do caos com que se defrontam. No entanto, é de suma importância saber exatamente como essas mensagens são interpretadas. Isso exige que o agente de cura permaneça, ao mesmo tempo, racional e humilde.

Recentemente, Alice, uma mulher de sessenta e poucos anos, veio a mim para que eu a aconselhasse. No ano anterior, ela tivera um tumor canceroso que fora removido cirurgicamente de uma parte do intestino próxima do ânus. Depois da cirurgia, ela foi obrigada a usar uma bolsa de colostomia. O cirurgião não conseguira remover todo o tumor, e sentiu que ela corria o risco de sofrer um sério bloqueio, ou obstrução, se a abertura do seu intestino não fosse redirecionada para fora do ânus. Naturalmente, a mulher estava transtornada diante da perspectiva de precisar manter uma bolsa de colostomia pelo resto da vida, e visitou uma agente de cura internacionalmente famosa para obter conselho. Ela, em um "estado teta", informou-lhe o tumor já havia desaparecido, e quando lhe foi mostrado uma tomografia recente mostrando o tumor, ela informou Alice de que era apenas tecido de tumor morto. Ela a encorajou a pedir a seus médicos para

---

* Expressão popularizada pelos *deadheads*, os "adeptos" da lendária banda de *rock* psicodélico Grateful Dead, para indicar um espaço virtual onde o "público e a banda 'viajam' conjuntamente quando a música é mais intensa, exploratória e coletiva". A Zona é uma espécie de estado de coerência coletiva das ondas cerebrais nas faixas alfa e teta, "um espaço sagrado situado atrás e além do mundo em que habitamos. É onde mora o Outro, um lugar sem tempo, mas repleto de consciência". Depois de assistir a um *show* da banda, o grande mitólogo Joseph Campbell declarou que a Zona, esse espaço virtual "que a banda e os *deadheads* ajudam a criar conjuntamente, rima com algo muito antigo, comparando os *deadheads* com os cultuadores extáticos de Deméter em Elêusis, o templo dos Mistérios na Grécia antiga. 'Quando você vê 8 mil jovens, todos eles subindo juntos ao ar, isso é mais do que música. Isso liga algo *aqui* [aponta para o coração]. O que isso liga é a energia da vida. É o deus Dioniso que fala por meio desses jovens'". (Citações extraídas do verbete que define "Zona" em *Skeleton Key: A Dictionary for Deadheads*, de David Shenk e Steve Silberman, Nova York: Doubleday, 1994.) (N.T.)

que considerassem uma reversão de sua colostomia, pois ela agora estava curada. A agente de cura informou-lhe que ela tivera uma taxa de sucesso de cem por cento. Uma tomografia posterior mostrou a persistência do tumor, e Alice foi perspicaz em discutir a situação confusa em que se encontrava. Por um lado, a agente de cura foi determinada ao afirmar que ela estava curada; por outro, seu cirurgião sentia que ela estava em sério risco de sofrer uma obstrução e um colapso do intestino.

Meu primeiro comentário foi o de que, embora a indução de um estado teta dentro de nós frequentemente abra nossa mente para percepções valiosas, até mesmo os mais talentosos agentes de cura, médiuns ou clarividentes não obtêm sucesso absoluto. Talentosos videntes remotos manifestam precisão nas suas previsões em cerca de um terço a metade do tempo, o que é realmente notável, e estatisticamente muito significativo. No entanto, devemos confiar em um médico se todos os outros diagnósticos que ele fez estavam errados?

Por isso, encaminhei Alice para um cirurgião experiente, que, a meu ver, era um homem sábio e humilde, para obter uma segunda opinião médica oficial. É importante dizer que uma paciente na condição de Alice não é ridicularizada nem criticada por procurar o conselho de um agente de cura, e que nós, como médicos, compreendemos os limites do nosso próprio conhecimento. O próprio envolvimento de Alice com a sua cura, sua propriedade pessoal, continua a ser o que há de máxima importância, e um profissional da saúde com uma atitude dominadora ou paternalista poderia exercer um impacto negativo sobre a sua cura.

O cirurgião original, que realizou a operação, continuou dando total apoio à jornada de Alice, inclusive ao seu pedido por uma segunda opinião.

Finalmente, Alice decidiu contra uma reversão de sua colostomia, mas o tumor não progrediu significativamente ao longo de um ano. Essa história enfatiza para mim a importância de se equilibrar intuição com racionalidade, e experiência médica com compaixão e humildade sincera.

A Figura 26 nos lembra como a mente intuitiva, em harmonia com o coração, permite-nos atingir um estado pacífico e receptivo para a cura. A Figura 27 ilustra como empregamos a mente racional para interpretar os sentimentos, que se apresentam como sutis variações energéticas sentidas pelo coração e pelo cérebro. Dessa maneira, nós nos relacionamos com os sentimentos, em vez de apenas reagir a eles. Isso nos permite agir positiva e sabiamente no âmbito da dimensão espaçotemporal, que nos realimenta no campo (ou fonte) da consciência, o qual, em consequência disso, é intensificado. Esse modelo dá significado às ações das pessoas, e oferece uma solução ao enigma: "Por que, aqui na Terra, estamos presentes em uma forma física?" Estamos aqui, pelo que parece, para nos conectar mutuamente e agir; é esse o arcabouço filosófico em cujo âmbito basearei os capítulos que se seguem.

Figura 26 - A mente intuitiva, na qual o EEG funciona em ritmo alfa ou teta. Completa harmonia "na zona".

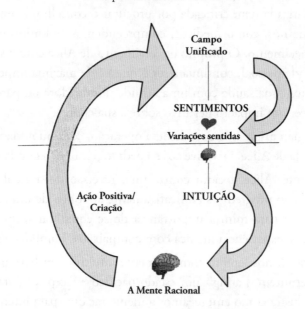

Figura 27 - A mente racional, estado em que o EEG funciona em ritmo beta, responde ao coração e à mente integrados e intuitivos, que sentem variações no campo. Pensamentos racionais levam a atos positivos, criando mudanças no espaço-tempo que nos cerca e intensificando o campo da consciência.

Continuamos a lutar para compreender nosso órgão mais complexo. Devemos ser humildes ao reconhecer quão pouco sabemos a respeito desse surpreendente elemento de *hardware* que processa tanta informação de maneira tão sincronizada e eficiente. Ele coordena as necessidades instintivas humanas mais básicas, e os processos involuntários e voluntários dentro do corpo humano, enquanto nos permite pensar, planejar e até mesmo criar. Ele nos permite nos mover, sentir, responder e nos comunicar.

Graças a ele, as informações vagas que se apresentam aos cinco sentidos fazem sentido, pois ele focaliza todas elas em uma forma que é útil para nós. O modelo do cérebro holográfico sugere que essa percepção, ou consciência, se deve a algo mais do que apenas uma programação-padrão de computadores. Em vez disso, o cérebro humano é um computador quântico aberto a uma biblioteca universal de infinitas probabilidades, expondo-nos a graus ilimitados de criatividade e de livre-arbítrio.

O modelo holográfico reconhece a realidade fractal do cérebro. Nós, seres humanos, somos as criaturas mais complexas e caóticas da Terra. Somos semelhantes às contorções e giros nas margens externas de um conjunto de Mandelbrot. Quanto mais de perto nós olhamos para o corpo humano, e para o seu órgão mais desconcertante, mais contorções e giros encontramos. O cérebro humano contém 100 bilhões de células. Sob um microscópio, cada célula se parece com um belo fractal, sendo cada uma delas instantaneamente reconhecível, mas também completamente única. Quando olhamos para os delgados e afilados dedos de um dendrito, fica claro como uma coisa tão pequena e compacta como um cérebro humano pode ganhar acesso a tão vastos domínios de informação. E como cada um de nós, como seres fractais, podemos fazer a diferença.

E, no entanto, é ao liberar, pelo menos temporariamente, a necessidade que temos de conhecer e de compreender, que nós parecemos mais capazes de ter acesso a essa sabedoria. Precisamos, às vezes, aquietar a tagarelice mental, e permitir que algo mais simples se desdobre. Dessa maneira, aprendemos a nos preocupar menos. Tornamo-nos menos críticos de nós mesmos e de outras pessoas, e menos cínicos a respeito dos caminhos do mundo.

Aqueles que experimentaram uma fuga de seu corpo (e cérebro) durante uma experiência de quase morte (EQM) ou uma experiência fora do corpo (EFC), sentem-se com frequência liberados do fardo da preocupação e da autocrítica. Talvez aquilo que, no modelo do holograma humano, seja mais difícil de se apreender não é a afirmação de que o mundo ao nosso redor é virtual, mas sim a de que a nossa própria carne, sangue e ossos também constituem, de algum modo, ilusões. Ou, pelo menos, apenas uma versão de uma realidade muito maior. Uma pessoa que se separou de seu corpo em uma EQM ou uma EFC é, naturalmente, capaz de apreender esse conceito melhor do que outras; nenhuma quantidade de estudo pode competir com a sabedoria adquirida com tais experiências que abrangem tudo. Com frequência, a experiência é tão real quanto qualquer acontecimento consciente de vigília, e serve para colocar os problemas do dia firmemente em seu lugar. Ela também serve para reduzir o medo indevido com relação à morte, sugerindo que alguma coisa de nós persiste mesmo depois, como disse Hamlet, de "termos nos livrado desse fardo mortal".

A teoria de um cérebro holográfico dentro de um ser humano holográfico permanecerá controvertida ainda por algum tempo. O conceito de que o mundo que percebemos é um mero reflexo de outras verdades desafia o pensamento tradicional. Por exemplo, se nossas percepções deste mundo são de fato limitadas e autosselecionadas, então segue-se disso que outras realidades precisam existir fora da nossa presente compreensão.

Isso nos leva a nos abrirmos à possibilidade de que outras dessas realidades possam ser vivenciadas enquanto nos encontramos em um estado alterado de consciência, por exemplo, um transe xamânico. E também de que essas experiências possam transmitir verdades em vez de ilusões. Ou ainda, que outras inteligências mais avançadas do que a inteligência humana, ou vindas do futuro, possam ser capazes de se manifestar para algumas pessoas, rompendo as barreiras do espaço-tempo. A possibilidade da existência de dimensões ocultas ao nosso redor provoca intenso interesse em algumas pessoas, e intenso medo em outras.

O conceito segundo o qual o cérebro humano é um complexo computador quântico frustrará aqueles que estão ávidos para simular a inteligência e a consciência humanas artificialmente na forma de máquinas dentro e fora do corpo. Mas os que mais continuarão a lutar serão aqueles que sentem que apenas o seu cérebro é possivelmente capaz de resolver o mistério de seu cérebro. Para eles, a ponte entre o coração aberto e a mente aberta ainda não passa de uma possibilidade longínqua. O cérebro de

Albert Einstein foi removido e preservado durante sete horas depois da sua morte em 1955. Sua arquitetura tem sido o assunto de muitos estudos ao longo dos anos, mas à parte do registro de algumas características anatômicas incomuns, nenhuma grande percepção sobre seu gênio emergiu como resultado disso. Talvez o legado do gênio de Einstein não resida dentro de um sombrio vaso de formaldeído em alguma empoeirada prateleira de laboratório universitário, mas na espantosa obra da sua vida, e nas palavras de sabedoria que ele deixou atrás de si: "O puro pensamento lógico não pode nos levar a qualquer conhecimento do mundo empírico. Todo conhecimento da realidade começa a partir da experiência e nela termina".

Capítulo 16:
Sentimentos

Os primeiros sentimentos são sempre os mais naturais.
– Rei Luís XIV da França (1638-1715)

Use os seus sentimentos, Obi-Wan, e encontrá-lo você irá.
– Yoda, Mestre Jedi, em *Guerra nas Estrelas*,
Episódio III: A Vingança dos Sith

Primeiro nós sentimos. Somos concebidos com base em um sentimento. No útero, sentimo-nos tranquilizados pela batida do coração de nossa mãe, mas agitados pelo som de vozes que se erguem iradas. Ao nascer, sentimos o choque repentino do desconhecido e choramos. Enquanto somos ainda bebês, choramos quando estamos com fome, cansados e, como todos os pais concordam, choramos por razões desconhecidas. Então, nós sorrimos, e rindo, aprendemos a compartilhar o sentimento de alegria que experimentamos. Quando crianças pequenas, sentimo-nos frustrados e entediados, e aprendemos o que fazer para que todos saibam disso. Nós rimos e também soltamos gritos estridentes.

Quando somos crianças bem-criadas, aprendemos que é seguro sentir e expressar o que estamos sentindo. Com 10 anos de idade, aprendemos a nos relacionar, em vez de reagir, com os sentimentos que estamos experimentando e com os sentimentos das outras pessoas. Primeiro com os de nossa família, e depois com os de nossos amigos. Isso requer algo novo: o pensamento reflexivo. Assim, podemos nos tornar tímidos, menos capazes de expressar os próprios sentimentos, enquanto nos tornamos mais "racionais" ou, como diriam alguns, mais sensatos. Na adolescência, aprendemos a sentir o amor e a rejeição, a debater e a discordar. À medida que amadurecemos, crescemos intelectualmente. A personalidade e o ego de cada um de nós também crescem, e asseguram dentro de nós um sentido do eu.

Com a mente e o coração equilibrados, estamos então preparados para sentir que sabemos qual é o lugar especial que ocupamos no mundo, fortes na determinação que nos move e, no entanto, empáticos com relação às necessidades das outras pessoas. Podemos agora encontrar uma alma gêmea, talvez uma companheira para toda a vida, acolhendo, junto com ela, as oportunidades e abraçando a aventura que nos traz cada novo dia. Como verdadeiros homens e mulheres da Renascença, somos agora capazes de seguir o verdadeiro caminho que nos cabe seguir na vida, atendendo ao chamado de Giotto di Bondone que, há mais de seiscentos anos, nos conclamou assim: "Sinta prazer em seus sonhos; saboreie os seus princípios e cubra com as vestes dos seus sentimentos mais puros o coração de um amante precioso".

Bem, no mundo perfeito, é assim que tudo se desdobraria. No entanto, para a maioria de nós, o início da vida é mais caótico. E podemos passar muito tempo na vida perdidos dentro desse caos, lutando para entrar em acordo com sentimentos feridos em anos passados, antes que tenhamos aprendido a expressá-los para outras pessoas, ou a racionalizá-los para nós mesmos. Talvez tenhamos sido cercados por pessoas que foram, elas mesmas, esmagadas por seus sentimentos caóticos, incapazes de ouvir os gritos dos outros. Só na semana passada, uma mulher de 60 anos com trinta anos de fadiga extrema e dor crônica generalizada explicou-me como seu pai, um piloto britânico da Segunda Guerra Mundial, tinha sido morto em um bombardeio sobre a Alemanha, deixando então sua mãe biológica grávida sem nenhuma outra opção a não ser cedê-la para adoção quando ela tinha apenas alguns dias de vida. Apesar de seus pais adotivos serem bondosos e maravilhosos, ela nunca conseguia se lembrar de um só dia em que não se sentisse perdida e abandonada, sentimentos que só se agravaram quando seus carinhosamente amados pais adotivos morreram.

O abuso sexual despedaça a sagrada inocência confiante de uma criança, infundindo nela a intenção perniciosa do agressor, o que, se não for tratado, pode levar à desarmonia e a doenças que se estendem por toda a vida. A invasão do espaço de uma criança indefesa ocorre frequentemente na época mais sensível de sua vida, antes que seus sentimentos possam ser facilmente expressos ou racionalizados. As cicatrizes, como sabemos, duram gerações, em especial porque crianças abusadas que não foram identificadas e ajudadas muitas vezes se transformam em adolescentes e adultos abusadores. A cada mês vejo adultos, muitas vezes com problemas de saúde crônicos, protegendo corajosamente seus filhos de um destino semelhante, e pondo fim, efetivamente, a um ciclo de comportamento destrutivo que durou séculos.

Assim, poderíamos argumentar que os sentimentos são mais fundamentais para o ser humano que os pensamentos. A partir dos instintos básicos de sobrevivência de medo, dor, fome e sede, que nós compartilhamos com grande parte do reino animal, até os sentimentos de compaixão e de empatia por todas as formas de vida, precisamos agora transformar isso em uma característica humana essencial se a vida na Terra deve continuar a prosperar. E é apenas depois de ficarmos confortavelmente seguros com os sentimentos que podemos dar os passos positivos necessários para garantir que isso aconteça. Podemos precisar expressar esses sentimentos emocional e racionalmente para outras pessoas, compartilhando nossa visão e inspirando outros a trabalhar em equipes colaborativas. No entanto, em última análise, as ações falam mais alto que as palavras. Foi Florence Nightingale, a enfermeira pioneira cujo trabalho abnegado salvou inúmeras vidas de injustiças e de doenças na Guerra da Crimeia, que disse: "Acho que os sentimentos de uma pessoa são desperdiçados em palavras; todos eles precisam ser destilados em ações que tragam resultados". Ela ganhou um famoso título, "a Dama da Lâmpada", porque continuava a fazer suas rondas, sozinha e bem no meio da noite, muito depois de a equipe médica ter-se retirado para dormir.

No entanto, apesar da importância vital óbvia dos sentimentos para a condição humana, pouco se pode encontrar sobre o assunto nos modernos manuais de medicina e de psicologia. Isso apesar do fato de que, durante 35 anos, a primeira coisa que cada pessoa que se apresentava a mim em minha prática médica fazia era me contar a respeito de como ela se sentia. E eu suspeito que tenha saudado a grande maioria das pessoas com as palavras: "Como você está se sentindo hoje?" E as respostas eram: "Eu me sinto cansado/com dor/triste/preocupado/desesperado" e, ocasionalmente (e felizmente), "um pouco melhor".

Pelo menos agora estamos começando a reconhecer que há um problema. O filósofo australiano David Chalmers, em seu livro de 1996, *The Conscious Mind*, identificou que há tanto problemas "fáceis" quanto "difíceis" a serem resolvidos, se quisermos compreender a verdadeira natureza da consciência humana. Os problemas "fáceis" são aqueles acessíveis à investigação científica objetiva, por exemplo, o de como a informação é processada pelo cérebro. Os problemas "difíceis" são todos sobre a experiência humana subjetiva. Por exemplo: "Por que um dó maior de Luciano Pavarotti provoca arrepios na nossa espinha? Por que o alaranjado profundo de um pôr do sol nos arrebata tanto?"

Parece que esses problemas "difíceis" estão todos relacionados com os nossos sentimentos, e que, ironicamente, uma criança, um xamã na floresta tropical peruana ou, possivelmente, até mesmo um chimpanzé não aceitariam chamar tal experiência subjetiva de "difícil" e nem mesmo de "um problema". Para eles, os problemas identificados pelos filósofos como "fáceis" provavelmente seriam muito mais difíceis de entender. No mundo moderno, estamos condicionados, por meio da educação que recebemos, a aplicar a mente lógica, racional, na resolução de tais problemas. Se os sentimentos e as experiências são mais fundamentais do que o pensamento lógico, então talvez (e logicamente!) nós, muito provavelmente, encontraremos as respostas examinando primeiro os nossos próprios sentimentos e experiências subjetivas. Por meio disso, a cognição – o pensamento – pode retomar o seu lugar correto – decifrando as mensagens que estamos recebendo de uma maneira pura, mas, mesmo assim, imensurável.

O modelo de holograma humano reconhece que a informação desempenha um papel fundamental, primordial, em nosso universo, e que outra descrição para essa informação universal é um campo unificador de consciência. Recebemos essa informação em sua forma mais pura por meio dos sentimentos, dos instintos e, quando o coração está aberto, por meio da intuição. Quando estamos plenamente relaxados, "na zona", longe de nossa mente ativa preocupante, podemos nadar na paz atemporal dessa situação. Podemos nos lembrar de sua presença, e recarregar o nosso ser. No entanto, em última análise, é improvável que estejamos aqui neste planeta para existir eternamente nesse estado de bem-aventurança. Estamos aqui para agir e contribuir.

Sentimentos

Teorizo que os sentimentos representam flutuações sutis no campo da consciência. Nós agora podemos especular sobre o mecanismo pelo qual o coração recebe e transmite tais flutuações, retransmitindo-as através do nosso corpo na forma de mensagens que identificamos como sentimentos. Para compreender isso, precisamos acolher a noção de que esse órgão, o órgão mais eletromagnético do corpo humano, pode conseguir o mesmo equilíbrio perfeito que se sabe ocorrer entre dois átomos entrelaçados. Por exemplo, no caso mais simples, entre dois átomos de hidrogênio entrelaçados, o spin do elétron em um átomo está perfeitamente em equilíbrio com o spin oposto do outro elétron no outro átomo. (Veja a Figura 28.)

Nota: O elétron da esquerda gira no sentido horário; o elétron da direita gira no sentido anti-horário.

Figura 28 - Entrelaçamento entre dois elétrons de dois átomos de hidrogênio.

É apenas um pequeno passo, figurativamente, que leva desse diagrama simples indicando o entrelaçamento ao conhecido signo para o infinito. A semelhança entre as duas formas parece não ser coincidência. As energias – positiva e negativa, yang e yin, podem ser percebidas equilibrando-se perfeitamente no ponto de cruzamento central. (Veja a Figura 29a.)

Como todas as forças elétricas são equilibradas nesse ponto, temos aí, potencialmente, um portal no vácuo ou portal para informações não locais – em outras palavras, coexistência holográfica instantânea. Esse fenômeno proposto tem recebido várias denominações, inclusive as de "ponto zero do coração" e "coração de Moebius".[84] Podemos criar uma versão de uma tira de Moebius formando um oito com um pedaço de fita, certificando-nos de que torcemos a fita em 180 graus antes de ligarmos as extremidades. O outro nome para o símbolo do infinito é lemniscata, palavra que deriva do latim *lemniscus*, que significa "fita". No entanto, devemos ressaltar que na cultura popular o signo para o infinito precedeu a tira de Moebius em vários séculos. (Ver Figura a 29b.)

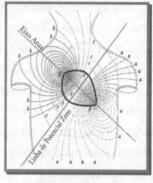

Signo do infinito   Tira de Moebius
                     em forma de oito

Campo magnético
do coração

Figura 29 - a, símbolo do infinito; b, tira de Moebius em forma de oito; e c, campo magnético do coração (Augustus Waller, 1887).

Há muitas teorias que tentam explicar por que a geometria e a anatomia do coração fazem dele a estrutura ideal para receber e processar campos não locais. Com uma evidência ainda mais impactante, o intenso campo magnético do coração, como o da Terra, tem polos opostos, com um plano em que vigora um perfeito equilíbrio passando pelo "ponto zero" central. (Veja Figura 29c.) Mas há outras teorias que também podem acrescentar percepções esclarecedoras adicionais. No pensamento védico, o chakra do coração encontra-se na posição central – ele é o quarto chakra entre sete, com três abaixo dele e três acima. Sentado na posição de lótus, o corpo adota a forma de uma pirâmide, com o coração ocupando a posição central. A palavra "pirâmide" significa "fogo no meio". A disposição espiralada do músculo cardíaco, as correntes interagentes do fluxo sanguíneo no interior das cavidades do coração e dos grandes vasos, a geometria dos vasos sanguíneos, e o equilíbrio entre o sangue (e o ferro) oxigenado e o desoxigenado são fatores sobre cuja importância alguns estudiosos especulam. Por todas essas razões, representei, nos diagramas ao longo de todo este livro, o coração como o foco receptor de informações vindas do campo unificado.

Uma vez recebida, a informação não local é "então" retransmitida pelo coração, ao mesmo tempo localmente e holograficamente, para o restante do corpo. A transferência local ocorre por meio de substâncias químicas e de ondas de energia pulsante, que se espalham pelo corpo e interagem com os campos de energia ao longo de todo o corpo. Há, desse modo, um compartilhamento de informações, com formação de padrões de interferência, como descrevemos anteriormente. Temos agora, dentro do corpo como um todo (no qual a influência de forças que poderiam provocar interferências destrutivas é cancelada), um ambiente coerente, propício à ocorrência de "entrelaçamentos" posteriores com outros campos de informação, e com sua fonte suprema; em outras palavras, propício à ocorrência de deconexão holográfica não local do corpo com o campo unificado. Desse modo, em teoria, é o coração que recebe primeiro, e depois repassa para o corpo e o cérebro, as mudanças sutis nesse campo, que cada um de nós registra como "sentimentos".

Há evidências experimentais que apoiam até mesmo a precognição, em que o coração e o cérebro podem sentir um acontecimento antes que ele seja percebido como tal. Além disso, essas pesquisas sugerem que o coração recebe essa informação intuitiva antes do cérebro.[85] Esse modelo holográfico também reconhece que os campos de informação emanam do coração e do corpo para o ambiente, mais uma vez tanto no nível local como no não local. Isso, pelo menos em teoria, confere certa credibilidade ao conceito de prece e à consciência global.

Por isso, faz algum sentido supor que é o coração, o órgão mais poderoso e sensível eletricamente, que processa essas informações, transformando-as em sentimentos dentro de nós. Em suas formas mais simples, mais instintivas – as do medo, da fome e da sede, nossos sentimentos são mensagens que se comprovou terem importância vital para a sobrevivência do seu humano. Podemos reagir de maneira adequada a essas mensagens, alguns diriam subconscientemente, sem que houvesse necessidade de recorrermos aos avançados poderes de cognição humanos. No entanto, outros sentimentos, de amor, de vocação e de intuição superior nos beneficiam mais se, em vez de simplesmente reagirmos, reservarmos um tempo para nos relacionarmos com eles. Em outras palavras, aprendemos a usar a cabeça para ouvir o coração.

O modelo de hologroma humano honra os sentimentos e os pensamentos em nível de igualdade. Isso porque é refletindo sobre as coisas que se pode realizar as ações apropriadas a fim de se obter o equilíbrio necessário dentro do campo da consciência. Estamos, assim, respondendo de maneira apropriada às mensagens que recebemos por intermédio da energia de nossas ações.

Desse modo, pelo que parece, à medida que lutamos, dia após dia, em nossa única e singular vida caótica quadridimensional, somos na verdade máquinas altamente sofisticadas de *feedback* bioconsciente, ajudando a refinar e a renovar a própria fonte da qual emanamos. Precisamos do caos, dos desafios, da discussão e da dissidência para nos ajudar a focalizar na presente época, que se pode considerar a época mais crucial da nossa evolução.

Há aqueles que conhecem essas verdades, e eles são nossos professores. Mark Twain certa vez escreveu que "pessoas realmente grandes fazem você se sentir que também pode se tornar grande". Não consigo pensar em palavras mais inspiradoras para terminar este capítulo sobre sentimentos do que as seguintes, de Mahatma Gandhi, cuja vida foi dedicada, e finalmente sacrificada, à realização da paz por meio do protesto não violento:

"Ofereço-lhes a paz. Ofereço-lhes o amor. Ofereço-lhes a amizade. Vejo a sua beleza. Ouço a sua necessidade. Sinto os seus sentimentos. Minha sabedoria flui da Fonte Mais Elevada. Saúdo essa fonte em vocês. Vamos trabalhar juntos para a unidade e o amor."

Capítulo 17:
O Holograma Humano e a Cura

Observe, registre, tabule, comunique. Use os seus cinco sentidos... Aprenda a ver, aprenda a ouvir, aprenda a sentir, aprenda a cheirar e saiba que apenas pela prática você poderá tornar-se um especialista.
– Sir William Osler (1849-1919), médico canadense

Nós os chamamos de sintomas. Eles são os *bits* de informação aleatórios, confusos, vindos de seu corpo, que o paciente tenta descrever para o médico, que é treinado para extrair deles algum sentido. Sintomas são sentimentos – são subjetivos, e raras vezes são mensuráveis objetivamente. A única evidência real de que os sintomas, ou acontecimentos, tais como a dor, existem efetivamente está no fato de que todos nós a experimentamos.

Com certeza, nós agora sabemos, por meio de sofisticadas técnicas de formação de imagens por computador, que certa parte do cérebro acende quando sentimos dor em determinada parte do corpo. Mas precisamos nos lembrar de que essa imagem não é a dor que sentimos, mas, simplesmente, uma indicação de que o cérebro está, de algum modo, envolvido no processo. No entanto, uma dessas técnicas de formação de imagens, conhecida como MRI funcional (fMRI), ou ressonância magnética funcional com formação de imagens, está confirmando que os mais sensíveis entre nós podem sentir a dor de outras pessoas. Em um artigo publicado em 2009, no conceituado periódico *Pain*, pesquisadores em Birmingham, Inglaterra, apresentaram uma amostra de imagens, feitas por estudantes de faculdade, de pessoas recebendo injeções e sofrendo de ferimentos específicos nos esportes.[86] Cerca de um terço dos estudantes podiam efetivamente sentir a dor em si mesmos, precisamente no mesmo lugar retratado na fotografia que estavam vendo. Em seguida, os pesquisadores realizaram escaneamentos por fMRI nos dez estudantes que sentiram dor, e compararam com dez dos que relataram apenas uma reação emocional às imagens. Os resultados foram interessantes. Enquanto todos os estudantes apresentaram aumento do fluxo sanguíneo nas áreas cerebrais que processam emoções, somente os estudantes que podiam efetivamente sentir dor tinham atividade ocorrendo nas áreas do cérebro especificamente relacionadas à dor.

Agora os pesquisadores estão interessados em descobrir se aqueles que sofrem de dor crônica, ou fibromialgia, são os que têm maior probabilidade de sentir a dor dos outros. Minhas próprias observações, realizadas ao longo dos anos como médico, e como uma pessoa que também sofre de fibromialgia, sugerem ser altamente provável que, de fato, é esse o caso.

Essa pesquisa fornece evidências concretas de que a dor não está confinada à região sob a pele de uma pessoa. E, embora seja duvidoso que tenhamos de, literalmente, sentir a dor de outras pessoas para manifestarmos efetivamente empatia com relação a elas, as constatações dessas pesquisas de fato mostram que os sentimentos são universalmente compartilhados. Outros pesquisadores sugeriram que sentir a dor de outras pessoas "por procuração" é um mecanismo de sobrevivência essencial. Em um experimento recente que alarmaria os ativistas dos direitos animais, pesquisadores estudaram a atividade cerebral de um camundongo observando outro que recebia choques elétricos.[87] O cérebro do camundongo observador mostrava atividade na região específica (a amígdala) que se sabe estar associada com o medo e com a aprendizagem de como tomar a ação apropriada em situações de séria apreensão. A outra região que apresentava atividade era o córtex cingulado anterior (CCA), área que se sabe estar associada com os aspectos emocionais da dor. Especula-se que o camundongo observador computa e se lembra do sofrimento do seu amigo infortunado como se fosse sua própria dor, permitindo-lhe tomar uma ação evasiva quando conflitos potenciais estão se formando. (Eu suspeitaria que, no momento, ele estaria tramando sua fuga do laboratório!)

Desse modo, para os camundongos, pelo menos, a empatia pelos apuros de camundongos companheiros pode desempenhar um papel valioso em sua sobrevivência. Nas páginas seguintes, apresentarei a sugestão de que podemos usar atualmente a compreensão mais profunda que temos dos sentimentos para ajudar outras pessoas a se curar. E discutirei como uma abordagem empática, compassiva, da medicina, da cura e da vida está, sem dúvida, no caminho que temos à frente.

Ao longo das duas últimas décadas, o ritmo da vida humana se acelerou. Temos mais para aprender, mais fatos no nível das pontas dos dedos, mais escolhas e mais confusão. Temos mais coisas com que nos preocupar. As pessoas que agora me procuram sentem-se não apenas doentes, cansadas e sentindo dor, mas também preocupadas, confusas e frustradas. Por que alguém não pode me dizer o que está errado? Por que preciso tomar todas essas pílulas? E se eu perder o meu emprego? Suas preocupações, confusões e frustrações estão impactando o já delicado sistema imunológico delas, deixando-as ainda mais doentes e cansadas, e piorando a sua dor. Aprisionadas em um ciclo composto de sofrimento, elas não conseguem dormir, e se sentem deprimidas. Em resumo, elas estão totalmente doentes e cansadas, e cansadas de estar doentes e cansadas.

Mas antes que você me envie cartas de simpatia pelo meu papel em todo esse desespero e sofrimento, deixe-me tranquilizá-lo dizendo que bem no fundo de cada um desses visitantes infortunados há uma faísca de esperança. E, no entanto, também há outros que, apesar das suas consideráveis indisposições, inspiram-me além da medida pela edificante atitude que adotam na vida. Um desses exemplos, em particular, Dianne, que, apesar de testemunhar a incansável difusão de melanomas por todas as partes do seu corpo, era capaz de me fazer rir (e chorar) cada vez que eu a visitava. Sua imensa tristeza em deixar sua família para trás era equilibrada por uma intensa curiosidade (até mesmo uma sensação de alegria) a respeito do que experimentaria no processo de morrer. Um processo que ela considerava como uma mera transição de forma. E, como ela me dizia, no improvável evento de que esse se comprovasse não ser o caso, e sua essência cessasse completamente de existir, bem, nesse caso não haveria nada com que se preocupar, haveria?

Assim, vamos começar com um simples modelo de cura, algo que nós podemos aplicar àqueles cujas condições ainda não combinaram preocupação com confusão. Vamos começar examinando o que acontece quando acariciamos um cachorrinho, adaptando o modelo de *feedback* que adotamos na página 28. (Veja a Figura 30.)

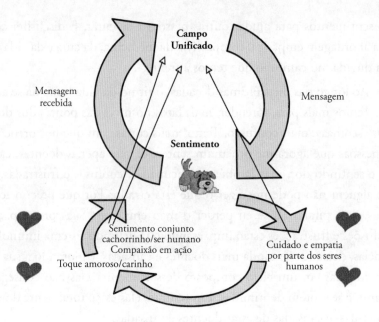

Figura 30 - Acariciando o cachorrinho.

Esse é um ato espontâneo e sincero que requer pouco pensamento. No entanto, traz consigo grande satisfação tanto para nós como para nosso cachorrinho. Somente o bem pode vir daí (definitivamente, uma contribuição positiva para o campo unificado), desse momento impulsivo em que decidimos acariciar por acariciar – um ato gentil de conexão compassiva.

Há efeitos secundários produzidos por esse simples ato. Se outros cachorrinhos da ninhada estiverem observando, eles também vão querer ser acariciados. Juntos, eles aprendem a confiar nos seres humanos, e a não temê-los. E quanto a nós? Bem, nós adoramos acariciar cachorrinhos. E, atualmente, há boas evidências de que donos de cães levam vidas mais saudáveis, com leituras de pressão sanguínea mais baixas, níveis de colesterol mais baixos e menos sintomas de estresse.[88]

Naturalmente, ainda mais profundos que os relacionamentos especiais que nutrimos com os jovens animais que convivem conosco são os vínculos especiais que formamos com os jovens seres humanos. Uma mãe responde instintiva e intuitivamente aos sentimentos de seu bebê. Um bebê faminto que chora é aliviado no seio de sua mãe, que, por sua vez, sente-se profunda e amorosamente conectada com ele. Quando éramos bebês, fomos introduzidos nessa pura conexão amorosa, e, usando o modelo holográfico, a fonte do nosso ser, logo depois nós chegamos nesta Terra. Para todos nós no início da infância, o que importava eram os sentimentos sinceros que tínhamos, e que comunicávamos diretamente aos nossos pais, que respondiam instantaneamente, talvez com um afago, talvez com um gole de leite ou suco, talvez com uma fralda seca e refrescante. Eram ocasiões em que a conexão que mantínhamos com um campo de consciência benigno, plantado pela primeira vez como uma semente na concepção, e em seguida nutrido no útero de nossa mãe, foi mantido vivo quando nos preparávamos para dar os primeiros passos no planeta. Como pais, professores, agentes de cura e adultos responsáveis, o papel principal que desempenhamos consiste em garantir que essas conexões amorosas permaneçam intactas, e fortes o suficiente para durar por toda a vida.

Quando éramos crianças pequenas, também éramos abertos e vulneráveis. Nossa mente racionalmente focalizada, como é representada em um EEG por um padrão de ondas beta, ainda estava à espera de ser desenvolvida. Éramos despreocupados, criativos, abertos a voos de imaginação e a fantasias. Poderíamos sentir profundamente, e mostrar os sentimentos que estávamos experimentando, mas ainda não lhes acrescentávamos lógica para dar um sentido ao nosso mundo. Se acontecesse alguma coisa, por exemplo, um desastre automobilístico ou um incêndio em uma casa, provavelmente sentiríamos que éramos nós os culpados, a não ser que tivéssemos o apoio de um adulto paciente e cuidadoso. As ondas cerebrais predominantes em nós apresentavam forma alfa ou teta, e por isso éramos altamente sugestionáveis e hipnotizáveis. Essas crianças expostas a frequentes episódios de medo – por exemplo, sendo testemunhas constantes do comportamento agressivo de pais embriagados – podem absorver esse medo, e ser condicionadas a reagir dessa maneira ao longo de toda a vida. Consequentemente, os padrões de vício e de abuso continuam a ser semeados e ressemeados geração após geração.

Ao ouvir pacientes relatarem tais histórias, e entender que tais ciclos de toxicidade estiveram presentes em suas famílias durante séculos, eu frequentemente me lembro da sentença final do célebre romance clássico de F. Scott Fitzgerald, *O Grande Gatsby*: "E assim, golpeando a água em esforços repetidos, barcos contra a corrente, seguimos incessantemente rumo ao passado". No entanto, uma vez que esses ciclos são reconhecidos, eles podem ser encerrados com sucesso. Testemunhei muitas ocasiões nas quais uma mãe, que sofrera abuso quando criança, cria um ambiente que torna possível a ocorrência de uma tal cura profunda. Às vezes, a mãe precisa fugir de um relacionamento destrutivo com um companheiro, ele mesmo um produto de gerações de abuso. E, no entanto, por meio da coragem, da compaixão, do trabalho árduo e da inteligência da mãe, o ciclo chega a um fim quando ela protege e nutre novamente seu filho. No entanto, é com frequência a sua própria saúde que ela negligencia e, por isso, a cura só é completa quando ela aprende a mostrar compaixão por si mesma. Às vezes, essa lição é aprendida quando ela confronta uma doença, e compreende que ela também precisa receber amor e compaixão. Esses são ensinamentos que ela perdeu quando era criança, quando sua voz se esforçava para ser ouvida.

Ruth, uma mulher com quase 90 anos, consultou-me recentemente. Como é minha prática usual, discutimos em detalhes seus anos de infância. Ela contou-me que seu pai era um conquistador, um bêbado verbalmente agressivo, e que dos 3 até os 8 anos de idade, época em que seus pais se separaram, ela era completamente muda – em retrospecto, um mecanismo de defesa natural. É claro que ela encontrou grande dificuldade, em toda a sua vida adulta, para perdoar o pai por suas indiscrições. Isso até que ela encontrou-se pela primeira vez com a irmã de seu pai enquanto visitava seus parentes em Liverpool, Inglaterra, muitos anos depois. Sua tia contou-lhe que quando seu pai tinha 14 anos, o pai dele, como punição, o colocara em um navio mercante com destino a Sydney, Austrália, com duas libras esterlinas no bolso, sem combinar uma acomodação onde ele pudesse ficar no fim de sua jornada. Isso aconteceu em 1910, e para vários de seus companheiros de viagem ele não sobreviveria à longa jornada. Ao desembarcar em Sydney, sem lugar para onde ir, ele encontrou um banco de parque e adormeceu. Foi despertado por um mendigo bondoso que, ao ficar sabendo do seu destino, avisou um assistente social da City Mission.

Como resultado, ele foi vestido e alimentado, e depois enviado à zona rural da Austrália para ganhar seu sustento em uma fazenda de gado. Cercado por vaqueiros de vida árdua – ele era dez anos mais jovem do que eles – aprendeu a trabalhar duro, a lutar e, inevitavelmente, a beber.

Ao ouvir essa história de sua tia, Ruth foi capaz de entender a péssima situação de seu pai e de obter um certo nível de perdão pelas ações dele. Ao longo de toda a sua vida, ela foi incomodada por problemas na garganta, com dificuldade para engolir, que exigiram muito estudos e medicamentos. Esses sintomas melhoraram um pouco depois que ela aprendeu a perdoar seu pai, mas, mesmo assim, eles ainda permaneceram com ela. Agora nós esperamos que, permitindo que Ruth se expresse, até mesmo oitenta anos depois do seu trauma, haverá uma cura mais completa.

É óbvio que toda criança precisa de seus pais para que eles lhe ofereçam uma presença afirmativa e lhe deem apoio. Quando nosso filho cresce, aprendemos a escutá-lo. Onde está doendo? Onde você caiu? Ele precisa ser ouvido, entender que a expressão de seus sentimentos é importante, pois ele aprende que há grandes benefícios em compartilhar informações com outras pessoas. A preocupação exagerada, os abraços, o Band-Aid – tudo isso faz parte do ritual que facilita o ingresso de um filho na competição selvagem da vida na Terra. (Veja a Figura 31.)

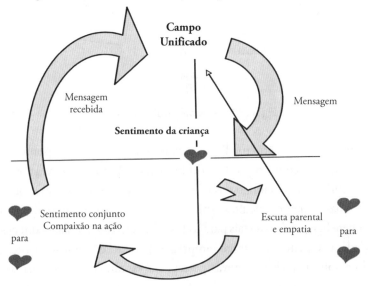

Figura 31 - Vínculo de cura pai-criança curando criança.

Se isso não tranquilizar a criança, então, como pais, temos de usar o cérebro – talvez precisemos verificar o problema, talvez precisemos consultar um médico. O sentimento da criança então se torna um "sintoma" (ou acontecimento) para o médico, que pode providenciar uma radiografia ou aplicar um curativo especial a uma ferida profunda. Com frequência, por volta da ocasião em que os pais se dirigiram até a clínica, preencheram os formulários na recepção, e esperaram dez minutos, tudo se ajustou. O médico então está lá para acrescentar a tranquilização final. No entanto, se a dor persiste e a criança continua mal, então o treinamento do médico torna-se importante – a radiografia, o curativo e a xícara de chá para os pais. O ciclo está completo, com o pensamento racional e o treinamento médico sendo usados de maneira apropriada, levando assim à paz e à cura. (Veja a Figura 32.)

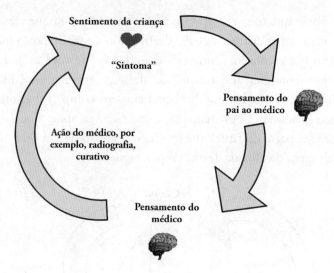

Figura 32 - A mente médica racional.

Introduzi esse cenário médico cotidiano simples como um ponto de partida para explicar como o modelo do holograma humano se relaciona com minha própria vida. Ao longo das páginas seguintes, espero mostrar que uma percepção das dimensões ocultas explicadas até agora neste livro poderia muito bem ter benefícios práticos reais para todos nós. Posso apenas falar com alguma autoridade a respeito de minhas próprias experiências; calorosamente, eu o convido a aplicar quaisquer novas percepções esclarecedoras adquiridas para aperfeiçoar sua própria vida, e a vida das pessoas que você ama. Os padrões e ciclos apresentados ao longo deste livro são universais, fractais e holograficamente relacionados. Eles representam uma simetria e um equilíbrio subjacentes muitas vezes ocultos do caos da nossa vida cotidiana.

À medida que a ciência médica progride e que o conhecimento de cada um de nós se expande, testemunhamos o fato de que hoje muitos médicos estão dedicando suas vidas a sub-ramos de especialidades sempre novas. Por exemplo, enquanto, há trinta anos, havia especialistas no coração que eram, todos eles, habilidosos em diagnosticar doenças cardíacas, prescrever medicamentos para o coração e ler cardiografias, hoje há especialistas no coração que precisam dedicar toda a sua vida a interpretar imagens vistas em complexas e sofisticadas máquinas de escaneamento computadorizado. Precisamos dessas pessoas altamente habilitadas, inteligentes e dedicadas para extrairmos sentido do caos que estamos descobrindo. Em todas as indústrias, estamos vendo manifestar-se esse nível de especialização – especialização na diversidade, cada tarefa é tão importante quanto a seguinte em expandir o conhecimento humano, e em contribuir para uma existência mais jovial e pacífica aqui na Terra. Cada superespecialista que segue sua verdadeira vocação e seu coração está expandindo a consciência humana por meio de suas ações.

No entanto, o processo de cura, seja ele aplicado a cada um de nós como indivíduo ou como parte de uma família global, mostra um padrão cíclico consistente. Esse padrão se revela à medida que crescemos e amadurecemos, tornando-nos adultos responsáveis e integrados. No meu trabalho, cada vez que encontro uma pessoa novamente, pergunto a mim mesmo que papel devo representar na cura dessa pessoa. Estou simplesmente sendo convidado a usar qualquer habilidade que aprendi ao longo dos anos para decidir o curso de ação correto? Por exemplo, é necessário receitar um antibiótico para uma dor de garganta? Este corte precisa de suturas ou não? Se isso for tudo o que se exige de mim, então está tudo bem, e minha contribuição trará consigo muita satisfação em todos os sentidos.

No entanto, em outro nível, se o problema for mais complexo, eu preciso conhecer as respostas a outras perguntas. Por exemplo, estou sendo chamado para encarregar-me completamente de uma situação, como o pai de uma criança pequena que não para de chorar, ou estou sendo chamado para formar uma parceria adulta em vista de uma discussão e de uma ação conjunta? Estou sendo chamado para um resgate ou para uma tranquilização? Que papel, se existe algum, minha presença desempenhará na cura da pessoa? E é isso o que se quer?

Se, de fato, um resgate for necessário, essa é uma indicação de que a pessoa à minha frente, pelo menos de início, está se aproximando de mim como uma criança pequena: confiante, passiva e, no entanto, vulnerável. A escuta compassiva está em ordem, mas com a percepção de que, idealmente, essa "criança" pode precisar de ajuda durante o seu crescimento, para assumir plena responsabilidade pela sua vida. Isso pode, inicialmente, mostrar-se um caminho íngreme para se trilhar, pois a "criança" viaja através de uma adolescência inadequada.

O Agente de Cura como Pai

Talvez seja óbvio que qualquer processo de cura profundo envolve revisitar o passado de quem está se submetendo à cura, voltando a seguir as pistas desde o princípio da infância até a idade adulta. Por isso, frequentemente precisamos curar injustiças que sofremos quando crianças – sentimentos de abandono, mágoas não resolvidas, negação e neutralização da força, cujo uso nos foi reprimido, e do potencial, cuja manifestação nos foi proibida, e cicatrizes emocionais associadas com abuso físico e sexual. Há muitos outros traumas, talvez menos óbvios, que precisam ser revisitados e curados. O filho primogênito que precisa sacrificar uma infância despreocupada de atividades lúdicas para adotar um papel conveniente a alguém muito mais velho. A criança talentosa forçada por pais ambiciosos a obter sucesso acadêmico à custa da espontaneidade e do maravilhamento da infância. A criança a quem não se permite experimentar o fracasso, e a criança que ouve constantemente que não deve nunca falhar e "nunca elevar-se muito".

Todos nós, como companheiros adultos, temos a responsabilidade de ajudar cada um a curar todos os outros dessas indiscrições no início de nossa vida. Todos nós, ao longo da vida, revisitamos esses assuntos; alguns de nós são suficientemente afortunados para que eles não dominem nossas vida e saúde. Aqueles que desempenham profissões de cura e de ensino têm responsabilidades particulares como adultos envolvidos em supervisionar o crescimento físico e emocional de alguém. Em muitos casos, vim a considerar o meu papel como médico como o de um pai responsável, com todos os privilégios e problemas que acompanham esse papel muito especial.

Um crescimento pessoal significativo sempre acompanha a cura profunda e, portanto, talvez seja inevitável que a pessoa que oferece ajuda permanecendo ao lado adote o papel de um dos pais, um papel que pode ter de mudar e de se adaptar muito velozmente à medida que a "criança" se desenvolve com rapidez.

O papel do agente de cura para aqueles que, antes de tudo, necessitam de resgate, aqueles que gritam ou choram pedindo ajuda, espelha o papel de um pai para um filho pequeno (veja a Figura 31). A confiança precisa ser engendrada e a verdadeira simpatia, mostrada. Pode haver um desconforto inicial associado ao fato de se receber tal atenção, pois a pessoa pode ter uma autoestima tão baixa que não se sinta digna dessa atenção. No entanto, é importante a pessoa saber que o passo seguinte – o próprio envolvimento e as próprias palavras em sua cura – é facilitado tão logo essa pessoa esteja pronta, de modo a evitar um estado de dependência com relação ao agente de cura. Uma parte significativa do crescimento em vista de uma vida adulta equilibrada requer que a pessoa aprenda a assumir plena responsabilidade pela sua vida.

Na prática, isso significa a necessidade de a pessoa trabalhar os próprios sentimentos, exprimindo-os apropriadamente por meio de suas emoções,* e em seguida aplicar a elas a sua racionalidade e seus pensamentos, de modo que ela possa responder de maneira efetiva, em vez de simplesmente reagir a qualquer coisa à qual a vida sirva. A Figura 33 ilustra esse passo seguinte.

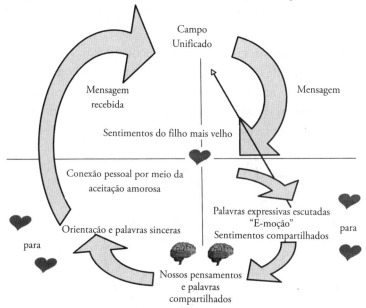

Figura 33 - Vínculo de cura entre pai e filho mais velho.

É dessa maneira que, idealmente, um pai interage com um filho mais velho ou adolescente. Procura-se uma solução conjunta, nutrindo dentro da criança uma confiança interior, mas também mantendo uma abertura para que ela, quando precise, possa pedir ajuda. Naturalmente, como acontece com a educação de adolescentes, o agente de cura pode esperar discordância, manipulação e inconsistência ao longo do caminho! Houve ocasiões, no decorrer dos anos, em que um paciente saiu do meu consultório com uma atitude muito longe da educada, reagindo à minha sugestão de uma verdadeira cura compartilhada. Porém, como um adolescente sem rumo que sai em disparada de sua casa, batendo a porta atrás de si, ele retorna no tempo certo. (Com o adolescente do sexo masculino, isso inevitavelmente coincide com as primeiríssimas ânsias de fome!)

---

* A palavra "emoção" deriva do verbo francês *esmovoir*, que se traduz como "colocar em movimento" ou "mover os sentimentos".

Em minha prática médica, considero a acupuntura muito útil nessa fase intermediária de cura. A pessoa está se tornando mais envolvida em sua cura à medida que ela tem se apresentado para um tratamento que conta principalmente com seu próprio potencial interior para se curar. Ela aprende a se sentir em paz e relaxada, embora com a minha ajuda. Essa também é uma ocasião em que ela pode expressar seus sentimentos, se ela precisar disso, em um ambiente seguro e confiável.

Com todos esses fatores no lugar, é altamente provável que flutuações subjacentes no campo da consciência e que se manifestem como sentimentos ou sintomas sejam reconhecidos e respondidos ao longo do caminho. Esse processo de *feedback* (mostrado na Figura 34) resulta de uma harmonia conjunta de corações e cabeças.

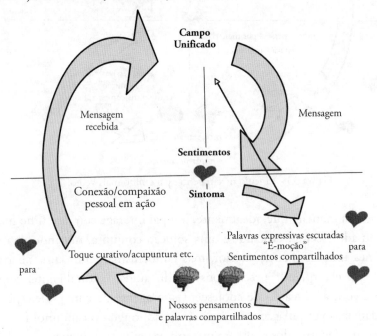

Figura 34 - O agente de cura como pai para o adulto – estágio 1.

Desse modo, um perfeito ambiente é criado para que o passo seguinte seja dado, quando for o tempo certo. Esse é o passo que leva de uma adolescência curativa a uma idade adulta curativa – de plena responsabilidade – que, naturalmente, também inclui pedir por ajuda sempre que isso for necessário

A maneira como nos comportamos na presença de um adulto que sofreu de abuso ou de depreciação na infância é de suma importância. Quanto mais compaixão e tolerância é experimentada em primeira mão pela pessoa, mais confiante e menos vulnerável ela se torna. Técnicas simples de respiração e de meditação podem ser ensinadas no início desse processo. Essa iniciativa tem o efeito de reduzir o número de visitas necessárias, pois a autocura substitui, em grande medida, a cura que vem de outra fonte. Na verdade, a pessoa aprende, simplesmente pelo fato de estar na presença de um agente de cura profissional, como se tornar compassiva e a olhar para si mesma sem fazer julgamentos. Exercícios de psicologia energética, incluindo as populares TLEs – Técnicas de Libertação Emocional (ou EFTs – Emotional Freedom Techniques), constituem uma excelente maneira de ajudar alguém a obter esse controle. Em minha própria prática, as TLEs representam um passo seguinte ideal, pois estão diretamente relacionadas com os pontos tradicionais da acupuntura e com o sistema de meridianos chineses. As pessoas que recebem acupuntura já experimentaram os benefícios de tratar esses pontos e estão naturalmente entusiasmadas a respeito da perspectiva de poder influenciar sua própria "grade de energia" sem ter nenhuma agulha em vista. No Apêndice 1, descrevo em detalhes alguns desses exercícios. A Figura 35 mostra o próximo passo que se deve tomar, quando o adulto submetido a tratamento é guiado ao longo de um processo de cura profunda pelo "pai" agente de cura.

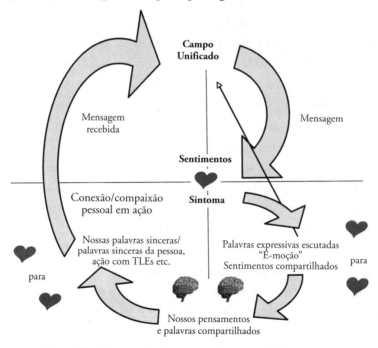

Figura 35 - O agente de cura como pai para o adulto – estágio 2.

A sequência seguinte é de suma importância para a cura adulta: sentimentos reconhecidos > emoções expressadas > soluções racionais procuradas > ação correta tomada. Essa ordem permite que nos relacionemos com os sentimentos que nos agitam, em vez de reagirmos impulsivamente a eles – uma pausa para o pensamento a respeito do efeito que as ações que realizamos terão sobre outras pessoas. Se alguém abusa de nós, então, em vez de reagirmos instantaneamente abusando dessa pessoa em resposta, encontramos maneiras de expressar nosso desprazer e, em seguida, racionalizamos a respeito de como lidaremos com a situação no futuro. Se somos culpados por bater em um colega motorista por ele ter tomado a última vaga no estacionamento fora do supermercado, outro motorista que, por reflexão, percebemos que esteve esperando mais tempo do que nós, então deveríamos provavelmente responder dignamente ao seu desprazer expresso com violência recuando e liberando a vaga para ele. Se, no entanto, estamos convencidos de que ele está enganado, e de que somos nós, com a nossa paciência, que temos o direito de ocupar o espaço, então talvez devêssemos apenas responder com uma expressão, um aceno amistoso ou, talvez, encolhendo os ombros, o que transmite a preocupação que sentimos com a situação dele, mas coloca todo o problema em perspectiva. Em tal ocasião, eu não recomendaria a tática de lhe enviar um beijinho – uma resposta que eu teria achado recompensadora na rara ocasião em que eu fosse o destinatário de um dedo médio levantado por um raivoso colega motorista –, pois é altamente provável que voltaremos a nos encontrar e a ficar face a face minutos depois em um corredor do supermercado!

No entanto, em um nível mais sério, a ruptura dessa sequência pode exercer um grande impacto sobre a nossa saúde. É importante, à medida que crescemos rumo à vida adulta, que exemplos sejam apresentados a nós pelos nossos pais ou guardiães, tendo eles mesmos aprendido a expressar seus sentimentos, a escutar outras pessoas e a assumir plena responsabilidade pelas suas ações.

Nesta semana eu encontrei, pela primeira vez, Malcolm, um encanador de quase 50 anos que trabalha como autônomo. Ele tinha um tipo muito raro de câncer nos ossos das costas e da pélvis, e durante vários meses submeteu-se a vários ciclos de quimioterapia. Apesar do fato de amostras dos tecidos do tumor terem sido enviadas a especialistas em outros países, ainda não havia diagnósticos definitivos. Como os tumores respondiam lentamente à quimioterapia, ele precisava decidir se embarcaria em mais ciclos, dessa vez com drogas ainda mais tóxicas. Nenhum de seus médicos era capaz de dizer quanto tempo ele ainda tinha de vida; tudo o que eles podiam afirmar é que parecia um tipo particularmente agressivo de câncer, que respondia de maneira deficiente à quimioterapia.

Ele veio me ver com a sua mulher, Ella. Eles pareciam extremamente felizes juntos, e se apoiavam mutuamente. No entanto, Malcolm abriu a conversa explicando que eles haviam se separado um ano antes do diagnóstico, e durante meses ele se sentiu solitário e deprimido. De forma sensata, durante essa época, eles concordaram em passar por um extenso aconselhamento de casal e, como resultado, voltaram a morar juntos e muitas das questões mais importantes foram resolvidas. Foi logo depois disso que seu raro tipo de câncer ósseo foi diagnosticado.

Ele também me disse que, aos 24 anos de idade, depois de um doloroso pontapé na virilha pelo seu instrutor de karatê, ele consultou seu médico, que diagnosticou um câncer testicular. Esse fora tratado e ele fora efetivamente curado; o novo tumor que ele agora adquirira não estava ligado a essa doença.

A essa altura da consulta, expliquei que havia boas evidências de que estresses que ocorrriam na meia-idade, especialmente sentimentos de abandono, com frequência estavam relacionados a traumas de infância enterrados, e ainda não resolvidos. Também expliquei que esses traumas podiam levar a genes que se expressavam como doença física e aos quais, à medida que nós envelhecemos, nosso sistema imunológico, por muitas razões, podia não ser capaz de responder à altura como antes.

Perguntei a Malcolm a respeito de sua infância, em particular sobre as ocasiões em que ele pode ter se sentido abandonado ou perdido. Ele me contou que seus pais haviam se separado quando ele tinha 10 anos. Seu pai era representante de vendas, e a família nunca havia permanecido em uma única casa por mais de dois anos. Ele se lembra de ter recebido muito calmamente a notícia de que seu pai havia deixado o lar (por outra mulher), racionalizando que faria pouca diferença uma vez que, de qualquer maneira, ele o havia visto tão poucas vezes. Ele era o mais velho de três filhos e se lembra de ter sido considerado sensível e maduro para a sua idade. Não havia casos de abuso na família, nem de brigas entre seus pais. No entanto, a situação mudou significativamente com a chegada do novo companheiro da sua mãe, um fazendeiro. No início, tudo estava bem, e Malcolm se lembra de amar a vida no campo e a estabilidade de viver em um só lugar e de frequentar a mesma escola por vários anos.

Durante o primeiro ano, ele notou que sua mãe estava apresentando várias contusões, as quais ela dizia que tinham sido ocasionadas por quedas e outros acidentes infelizes entre os limites da fazenda. Os abusos físicos que ela sofria nas mãos de seu novo companheiro aumentaram, e depois de dois anos ela deixou a casa junto com suas duas filhas. Malcolm permaneceu na fazenda. Apesar de se tornar consciente do trauma sofrido por sua mãe, ele havia formado um relacionamento estreito com seu padrasto, muito mais próximo do que ele tinha com seu pai biológico. Ele amava a vida na fazenda e tinha muitos amigos na escola local.

Depois de apenas alguns meses, seu pai biológico reapareceu e o retirou à força da fazenda e o levou de volta para a cidade. De acordo com sua mãe biológica e seu pai, seu padrasto – e havia alguma verdade nisso – era mentalmente doente, e ambos pensaram que essa iniciativa fosse o melhor para Malcolm. Ele reaprendeu a lidar com a vida urbana e, aos 18 anos de idade, matriculou-se em um curso para aprender o ofício de encanador. Ele conheceu Ella, sua futura esposa, logo depois disso.

Enquanto Malcolm relatava a história de sua vida, eu lhe perguntava ocasionalmente se ele sentia que qualquer uma dessas coisas era importante para a situação em que se encontrava. Para cada ocasião, ele acenou afirmativamente com a cabeça. Parecia que significados mais profundos estavam emergindo, ligações diante das quais sua má situação fazia sentido. Pelo visto, estávamos abordando um sentimento recorrente de estar perdido e sozinho – um sentimento que mais tarde se combinou com sua grave e misteriosa doença atual.

Ainda estamos no início no que diz respeito à melhor forma de aconselhar Malcolm na situação em que ele se encontra. Eu sugeriria que o primeiro dos passos mais importantes que ele precisa dar é sua percepção de como a crise atual que se abateu sobre ele está relacionada com sua singular história de vida. Em minha experiência, estabelecer essas ligações fortalece e energiza a pessoa, proporcionando-lhe um arcabouço, com frequência pela primeira vez, em cujo âmbito se pode planejar um programa de cura profunda. Ela assume pleno domínio de sua condição adulta, e pleno controle de sua vida.

Haverá críticos para os quais não há prova objetiva de que os traumas da vida do jovem Malcolm, bem como a crise que ele sofreu um ano antes do seu diagnóstico, tenham qualquer importância para a sua doença. Que, além disso, dirão que estamos estabelecendo associações fantasiosas e irrelevantes, as quais, na melhor das hipóteses, constituem um sério desvio com relação à iniciativa que, segundo eles, seria a mais importante a se adotar no momento: o agressivo tratamento por drogas. Mais que isso, ainda haverá quem pergunte: "E daí que Malcolm tenha tido duras experiências no passado? Por que desperdiçar o tempo (e o dinheiro) dele com algo que não pode ser consertado? E, de qualquer maneira, quem, seja onde for, pode fazer qualquer coisa para ajudar?" Em resposta, é importante assinalar que hoje há evidências científicas em número cada vez maior indicando que o estresse pode desempenhar um dos papéis principais no desenvolvimento e na progressão do câncer.

Nos últimos poucos anos, estudos mostraram que:

1. Cânceres de todos os tipos são mais predominantes em sobreviventes do holocausto.[89]
2. Um processo de sinalização nas células, chamado JNK, conhecido por ser induzido por estresse físico e emocional, causa a mutação de genes, que os transforma em genes formadores de câncer.[90]
3. O aumento dos níveis de epinefrina, ou adrenalina, induzidos pelo estresse, causa o espalhamento, ou a metástase, de células cancerígenas do ovário para posições afastadas do seu local de origem. Esses níveis elevados também ativam uma enzima, a FAK, que interrompe a destruição, pelo corpo, de células cancerígenas do ovário.[91] Outra enzima, a BAD, que causa a morte de células de tumor dos seios e da próstata, é desativada por níveis elevados de adrenalina.[92]
4. Uma pesquisa mostrou que pacientes com câncer que são casados e que se separam por ocasião do seu diagnóstico não vivem tanto quanto aqueles que são viúvos, divorciados ou que nunca se casaram.[93]

É importante reconhecer que, juntamente com o estresse emocional, outros fatores associados podem contribuir para enfraquecer o sistema imunológico. Por exemplo, àqueles que sofreram o extremo sofrimento emocional dos campos de concentração nazistas também foram negados nutrição adequada, cuidados médicos e saneamento. Até mesmo no cenário menos extremado de uma separação conjugal, a dieta e o cuidado pessoal podem sofrer, deixando o corpo aberto à doença. No entanto, é evidente que em todos esses casos é uma ruptura dos sentimentos da pessoa que reside na raiz formadora do processo.* As mudanças químicas, como uma elevação no nível de adrenalina do corpo, são simplesmente a resposta do corpo a esses sentimentos.

Portanto, a partir dos dados acumulados, está se tornando claro que tanto os estresses passados como os que ainda estão em andamento devem ser abordados o mais depressa posível quando alguém se apresenta com câncer. Para ajudar uma pessoa que se encontra na situação de Malcolm, há hoje toda uma gama de serviços psicológicos disponíveis que não estão lá meramente para ajudá-lo a lidar com isso; eles também podem desempenhar um papel significativo no fortalecimento do seu sistema imunológico.

No caso de Malcolm, a solidão e o estresse de sua separação provavelmente desempenharam seu papel no advento e na difusão do seu tumor. Como a maneira pela qual respondemos a tais estresses é condicionada em nós desde uma tenra idade, então faz sentido explorar e curar as raízes da melhor maneira que pudermos. Técnicas de psicologia energética, como as TLEs, sobre as quais já comentamos, e a TCP – Terapia do Campo do Pensamento (ou TFT – Thought Field Therapy) apresentam claras vantagens, pois, uma vez aprendidas, são simples de serem usadas e completamente gratuitas – algo muito apreciado pelas pessoas que sofrem de doenças crônicas, tão frequentemente solapadas em sua energia e nas suas finanças. Embora estudos envolvendo essas técnicas ainda não tenham sido realizados em pacientes com câncer, resultados promissores estão sendo obtidos com veteranos norte-americanos das guerras do Iraque e do Vietná que sofrem de ansiedade, depressão e transtorno de estresse pós-traumático. Um pequeno estudo piloto publicado em 2009 mostrou um melhoramento significativo dos sintomas após seis sessões de TFL.[94]

---

* Em todos os casos, toxinas ambientais subjacentes também deveriam ser levadas em consideração.

E assim estou encorajando Malcolm a realizar, duas vezes por dia, exercícios simples que abordem um estado emocional que poderia ter desempenhado um papel importante no desenvolvimento do seu estado de saúde. Esses exercícios incluem cruzar as mãos sobre o coração enquanto se executa uma suave respiração abdominal e se pronuncia certas frases sinceras. As frases são ditas em duas partes: a primeira se dirige ao seu corpo, nos termos mais simples possíveis, e fala sobre a difícil situação em que ele se encontra:

"Mesmo que eu tenha essa forma rara de tumor..."

A segunda parte é uma expressão simples de compaixão para consigo mesmo:

"... eu me aceito profunda e completamente."

Além disso, Malcolm deve dizer: "Mesmo que isso tenha ocorrido depois de um tempo em que eu me sentia sozinho e abandonado, eu aceito a mim mesmo profunda e completamente".

Esses exercícios simples, usados juntamente com sessões de aconselhamento de apoio, ajudam a desmistificar a situação em que Malcolm se encontra e a resolver quaisquer profundos sentimentos de frustração, confusão e culpa.

Depois de uma semana, podemos introduzir algumas outras frases que se relacionam com os traumas vivenciados na infância. Em minha experiência, e na de outros terapeutas experientes, essa abordagem, quando conduzida com sensibilidade, raramente evoca uma ab-reação negativa quando as lembranças potencialmente dolorosas são desveladas. Eu, no entanto, incentivo fraseados gentis – quase poéticos –, e podemos inicialmente evitar a palavra "câncer" se a pessoa a associa com imagens e sentimentos negativos de enfraquecimento e de perda de energia. (Para mais detalhes sobre esses exercícios, consulte o Apêndice 1.)

Talvez o passo mais importante ao longo dos poucos anos seguintes seja, para qualquer pessoa que apresente uma doença complexa, o de receber a oportunidade de explicar a história de sua vida a um profissional convenientemente qualificado e em um ambiente pacífico e sem precipitações. Então, pode-se preparar um plano para abordar e curar quaisquer assuntos não resolvidos, juntamente com qualquer cuidado médico ou cirúrgico que se possa considerar apropriado.

Porém, é de total responsabilidade de cada um garantir que assuntos não resolvidos e crenças negativas prejudiciais sejam curados dentro de cada um de nós, e das pessoas que nos cercam, como filhos, amigos e todos os que procuram ajuda junto a nós. Somente então os ciclos tóxicos e viciosos de comportamento que têm infestado a humanidade durante milênios poderão ser rompidos.

Capítulo 18:
O Holograma Humano e o Modelo Médico

Foi o Pai da Medicina, Hipócrates de Cós, que ofereceu o seguinte bom conselho há cerca de 24 séculos: "A oração realmente faz bem, mas enquanto invoca os deuses, o homem deve dar a si mesmo uma mãozinha".

Se hoje eu começasse, de súbito, a sofrer de uma dor de dente insuportável, não iria correndo para a clareira pacífica mais próxima, ao lado de um riacho murmurante, procurando entrar em harmonia com o universo. Em vez disso, marcaria uma consulta urgente com um dentista de emergência. Eu me importaria menos se esse dentista compartilhasse das minhas filosofias holísticas, e muito mais se ele fosse devidamente qualificado e se, naturalmente, estivesse disponível. Seria, é claro, ideal se ele não tivesse um problema de controle de raiva, pois, em minha própria experiência, dentistas com raiva, juntamente com acupunturistas com raiva, devem ser evitados. Mas até mesmo essa preferência ficaria em segundo lugar para eu me assegurar de que, para citar Macbeth, "se é preciso que seja feito, então é bom que seja feito rapidamente".

Com o meu dente perfurado e obturado, é provável que eu pudesse voltar naquele dia para o meu trabalho, ou possivelmente até mesmo para o campo de golfe. O trabalho realizado pelo dentista deveria, então, ser considerado um ato benevolente, e se o dentista estivesse ciente disso ou não, o fato é que intensificaria o campo unificado (assim como eu pagaria seus honorários com rapidez e graça).

Do mesmo modo, médicos treinados principalmente para reagir com habilidade nas emergências contribuem de maneira extremamente generosa para o campo em que atuam, como Florence Nightingale certamente concordaria. Pensamentos focados que levam a ações focadas estão em jogo nessas atividades profissionais, e muitos anos de estudo, dedicação e sacrifício estão por trás do funcionamento eficiente de cada departamento de pronto-socorro.

À medida que aprendemos cada vez mais sobre a complexa mecânica do corpo humano, as especialidades médicas vão-se dividindo em subespecialidades. As técnicas e os equipamentos usados para garantir que as investigações sejam precisas e confortáveis estão agora tão sofisticadas que elas só manifestam realmente sua eficácia e sua segurança nas mãos daqueles que as usam com regularidade. Esses superespecialistas estão lidando com seu próprio ramo minúsculo, mas vital de um todo complexo e em constante expansão. Imagino que o trabalho deles existe, metaforicamente, nas bordas de um conjunto de Mandelbrot, a complexidade em constante mudança que descobrimos quando nos aprofundamos cada vez mais nas periferias caóticas do mundo.

Mais uma vez, se fui suficientemente infeliz para desenvolver uma dor no peito, e se um angiograma mostrou que uma das minhas artérias coronárias está obstruída, eu seria o receptor eternamente grato de uma minúscula endoprótese que hoje pode ser colocada no lugar por meio de um tubo flexível implantado nos meus vasos sanguíneos. Pacientes que sofrem com a dor constante de artrite em um quadril podem receber alívio imediato tão logo sua articulação é substituída. A acupuntura, embora ofereça alívio temporário significativo para os que sofrem dessa dor, não pode competir com a cirurgia realizada na hora certa. Como indica a Figura 36, em todos esses casos, os padrões de pensamento racionais focalizados, presentes no cérebro dos médicos e cirurgiões, como estão representados no EEG como atividade de ondas beta, são essenciais. A mão firme e confiante é também de suma importância.

Em cada um desses casos, a pessoa que se submete ao procedimento de socorro apresenta-se a alguém que tenha o treinamento, as habilidades e a inteligência necessários para corrigir o problema. O ideal é que a pessoa faça isso conscientemente, e seja informada, sob todos os aspectos, dos riscos e dos benefícios potenciais do procedimento. Uma vez aliviada dos sintomas, a pessoa pode se sentir bem, empenhar-se mais plenamente na vida, e, portanto, como é ilustrado na Figura 36, pode estar, mais uma vez, em harmonia com o campo unificado. No entanto, muitos desses problemas mecânicos têm se apresentado apenas como a última consequência de desequilíbrios que ocorrem nos estilos de vida e nos relacionamentos, muitas vezes tendo suas raízes, como já exploramos em capítulos anteriores, nos sentimentos e nos ardentes anseios das pessoas.

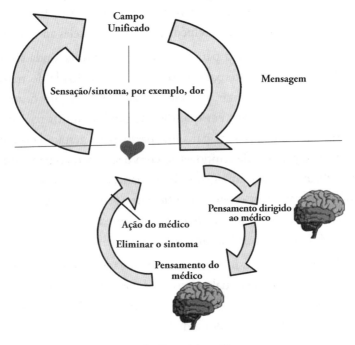

Figura 36 - O modelo médico.

O modelo médico ocidental, durante os últimos sessenta anos pelo menos, enfoca a melhor maneira de reorganizar a química e a mecânica do corpo humano. Os médicos são selecionados para o treinamento, em grande medida, com base em sua capacidade para lidar com os rigores intelectuais de uma tarefa tão complexa – tarefa que está se comprovando cada vez mais complexa a cada ano que passa.

No início da década de 1970, quando eu estava me preparando para me tornar um médico, havia a crença sincera em que a ciência acabaria por encontrar drogas eficazes para cada doença conhecida. As empresas farmacêuticas estavam ampliando o seu domínio, o código genético começava a ser compreendido e o escaneamento computadorizado estava no horizonte próximo.

Os pacientes eram mal informados. Aqueles que sofriam de câncer tiveram, na maioria das vezes, o diagnóstico escondido deles. Aqueles que tinham pressão arterial elevada não eram informados de suas leituras. Enquanto os próprios médicos estivessem preocupados, realmente não havia necessidade de também preocupar os pacientes com tais coisas. Afinal, é por isso que estávamos lá! Embora os tempos tenham mudado para melhor com a era do consenso informado, e da Wikipédia, o legado daqueles anos permanece.

Os tempos de consulta para os médicos de família ainda são breves, não são longos o suficiente para participar com facilidade do modelo de cura que acabo de apresentar. Embora os pacientes estejam ficando mais instruídos e mais assertivos em questões de saúde, muitos pacientes permanecem condicionados a ser parceiros passivos na gestão da sua própria saúde. O curto período de tempo gasto com o seu médico não é suficiente para que ele atue como um agente de mudança, desafiando essas crenças limitantes. Muitas vezes, o tempo é suficiente apenas para classificar a condição, escrever algumas notas, prescrever um medicamento, e assinar um atestado médico para justificar uma falta ao trabalho.

Todas essas tarefas exigem uma mente focada à frente de um coração aberto, que é a razão pela qual tantos médicos, eu por exemplo, sofreram o esgotamento no trabalho. Jovens médicos que percebem isso como o seu futuro se sentem desencorajados e desistem.

Ao longo do último meio século, os produtos farmacêuticos tornaram-se os recursos reconhecidos da profissão médica. Em vez de procurar mais profundamente as causas básicas do problema de saúde, tem sido mais simples e mais rápido prescrever uma substância química que controla o sintoma. Como os médicos e as autoridades de saúde tiveram de controlar seus orçamentos, as empresas farmacêuticas agora promovem seus produtos diretamente para o público, e muitas pessoas ainda estão condicionadas a tomar um medicamento como uma reação inicial à sensação de mal-estar. Então, nós, como sociedade, passamos a considerar o corpo humano, em primeiro lugar, como uma entidade física, química e hormonal, e em segundo lugar, como um ser de natureza energética e espiritual.

Toda semana, ouvimos atletas falando sobre sua mais recente descarga de adrenalina. Classificamos a doença depressiva como um desequilíbrio químico, e estamos convencidos de que a razão de sentirmos tontura é que o nível de açúcar no sangue está baixo. O modelo médico identifica vias químicas lineares no corpo, e procura intensificá-las ou inibi-las, muitas vezes usando substâncias químicas sintéticas sob a forma de medicamentos. No entanto, a complexidade do corpo é tão grande que intensificar ou inibir uma via exerce, invariavelmente, um impacto sobre outras vias e sistemas, e por isso outras drogas também são necessárias. E assim por diante.

Em 2009, os gastos com assistência à saúde nos Estados Unidos chegaram a um valor estimado de 2,5 trilhões de dólares por ano, ou 8.047 dólares por pessoa. Por volta de 2019, prevê-se que esses gastos atingirão 4,5 trilhões de dólares. Por sua vez, os gastos com medicamentos em 2009 cresceram em uma porcentagem estimada de 5,2%, para 246 bilhões de dólares, embora esse aumento fosse, em parte, ocasionado pela demanda por fármacos antivirais usados para tratar a gripe H1N1 (ou "gripe suína").[95] Apesar dos muitos avanços ocorridos na medicina moderna, tivemos pouco impacto sobre a nossa gestão das doenças crônicas. Temos agora melhores drogas imunossupressoras, mas elas vêm acompanhadas de sérios efeitos colaterais. Para muitas condições, tais como artrite reumatoide, lúpus, esclerose múltipla e síndromes de dor crônica, o modelo médico providenciou alguns preciosos e desbravadores avanços.

Quando alguém se apresenta a um médico nos primeiros estágios de uma doença crônica, seu anseio, em primeiro lugar, é por um diagnóstico. Essa pessoa está ansiosa por encontrar alguém que tenha treinamento médico e seja capaz de lhe explicar todos os estranhos sentimentos e sensações que se manifestam nela. Em geral, o médico de família diagnostica inicialmente, e em seguida administra a condição do paciente com o melhor de sua capacidade.

Às vezes, no entanto, por não conseguir ter acesso aos testes corretos ou, simplesmente, porque os sintomas da pessoa não melhoraram, o médico pede ajuda. O modelo médico incentiva, muito justamente, o encaminhamento precoce para especialistas. O médico está buscando alguém inteligente, com mais experiência e tempo para gastar pensando sobre o problema complexo e aparentemente insolúvel da pessoa. O paciente, então, chega ao consultório do especialista, onde o ciclo se repete. Pode ser que o especialista receite uma droga ou uma abordagem que o primeiro médico não havia considerado, e disso resulte uma melhora significativa. (Veja a Figura 37.)

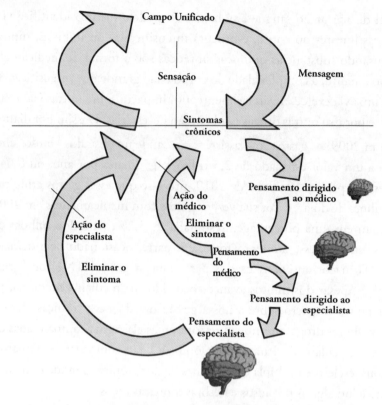

Figura 37 - O modelo médico-paciente para médico para especialista.
O autor enfatiza que as diferenças entre o tamanho dos cérebros mostrados aqui são puramente metafóricas!

Infelizmente, no momento em que alguém chega ao meu consultório, esse resultado bem-sucedido ainda precisa ser alcançado. Ou, na melhor das hipóteses, o resultado é apenas um alívio temporário. Mais frequentemente, a pessoa já havia consultado muitos especialistas, fisioterapeutas, acupunturistas e nutricionistas, e me cumprimenta com o inevitável: "Ajude-me – parece que estou andando em círculos". (Veja a Figura 38.)

A essa altura, explico que meu cérebro provavelmente não é maior nem mais eficiente do que o de qualquer um dos outros médicos que ele consultou. Atrevo-me a sugerir que precisamos começar do princípio e ouvir sua história – da maneira como ele quer contá-la. Precisamos explorar suas paixões ao lado de seus problemas, e também os seus triunfos ao lado dos seus traumas. Sua infância, sua adolescência, seu primeiro amor, e seu último amor. Em vez de tentar demonstrar o poder cerebral que possuímos, temos tempo para ouvir. Tempo para envolvê-lo e tempo para simplificar sua vida. Desse modo, embarcamos nos ciclos de cura, como são ilustrados nas figuras 34 e 35.

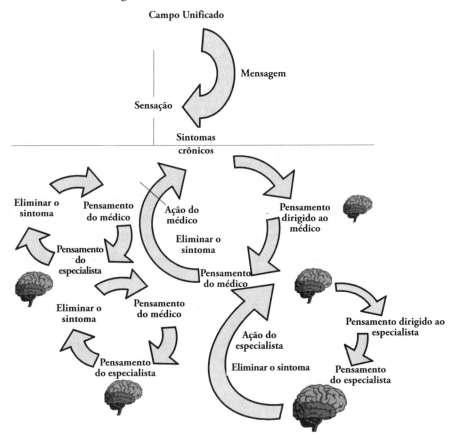

Figura 38 - O modelo médico – andando em círculos.

Atualmente, nosso modelo médico formal não abrange o conceito de que existem outras dimensões além daquelas que percebemos com os cinco sentidos. A consciência é simplesmente uma palavra para descrever o estado em que nos encontramos quando despertos, ou em segurança fora das mãos de colegas anestesistas. O mundo quântico é algo que se encontra na ficção científica e nos filmes de James Bond, e tem pouca importância para as realidades que envolvem o melhoramento da condição física das pessoas. Seus efeitos (o Big Bang é, presumivelmente, uma exceção) são provavelmente mínimos. De acordo com esse modelo, a maioria das doenças não tem nenhum significado intrínseco além da óbvia necessidade de parar de fumar e de comer *junk food*. Devemos continuar empenhados firmemente nos afazeres cotidianos e não nos aventurarmos no mundo vago e frágil da metafísica – deixando todo esse absurdo para os adivinhos e vendedores de óleo de cobra.

Bem, talvez eu não esteja sendo sincero. Em minhas muitas discussões com meus colegas médicos sobre este trabalho, a reação mais comum é um interesse contido. O sistema médico os deixou cansados, e é por demais difícil e desgastante a perspectiva de aceitar um novo paradigma. A estrutura da prática médica não lhes permite o luxo de tal estilo de prática, e muitas mudanças precisam ser implementadas antes que essa abordagem venha a se tornar lugar-comum. Neste livro, espero defender a tese de que não é ausência de prova científica que está barrando esse avanço. Na verdade, acredito que estamos no limiar de uma revolução na ciência, a qual irá validar pelo menos algumas das teorias que sustentam a noção de que somos seres holográficos. Em vez disso, estamos sendo retidos por uma estrutura que não é adequada às necessidades que temos.

O que é necessário é a energia e a visão para apoiar o paradigma emergente. É provável que pessoas instruídas e bem informadas conduzirão essa mudança, e que um modelo médico de propriedade de todos nós irá responder, adaptar e se expandir em conformidade com essa mudança. É claro que, como médicos, precisamos da sua ajuda.

Capítulo 19:
Cocriação e Livre-Arbítrio

Todos os sonhos se prolongam a partir da mesma teia.
— Provérbio hopi

Há muitas interpretações do famoso petroglifo gravado no despenhadeiro de arenito conhecido atualmente como Prophecy Rock (A Rocha da Profecia) na reserva hopi do Arizona. Muitas pessoas sentem que ele descreve dois cursos possíveis abertos à humanidade. Em primeiro lugar, um curso destrutivo governado pelos seres humanos, cada um dos quais possui dois corações divididos – uma metáfora para aqueles que pensam apenas com a cabeça, separada do "coração sensível", de maneira dedutiva e altamente racional. E, em segundo lugar, um futuro sustentável, conduzido por aqueles que têm um único coração – uma metáfora para aqueles que possuem um coração e um cérebro que funcionam conjuntamente em um estado de compaixão pelo mundo e por todos os seus habitantes. Os seres humanos de dois corações recebem a oportunidade de unir esses corações e de obter a salvação para si mesmos e para o seu planeta.

Ao longo dos anos, tenho observado os muitos benefícios simples de saúde acumulados por aqueles que permitem que seus coração e mente se integrem dessa maneira. Talvez seja por essa razão, acima de qualquer outra, que fui atraído para as filosofias das culturas tradicionais, honradas pelo tempo. Por exemplo, a compreensão védica do crescimento da consciência humana, ilustrado pela sua ascensão ao longo dos chakras, demonstra claramente que o coração precisa estar empenhado em compaixão por outras pessoas, e por nós mesmos, se quisermos obter equilíbrio e alegria na vida. Com o coração empenhado, podemos então progredir para forjar o próprio caminho que nos cabe seguir, a vocação que nos conclama para segui-lo aqui na Terra, equilibrando intelecto com intuição. Obtendo esse equilíbrio, tornamo-nos portais, ou antenas, para inesgotáveis ideias criativas, e ficamos revigorados e rejuvenescidos cada vez que convertemos essas ideias em ações e acontecimentos que fazem diferença. Se a minha interpretação da profecia hopi estiver correta, então entendo que é essencialmente importante evoluirmos como tais seres criativos integrados se quisermos sobreviver. A Figura 39 representa o corpo humano, em sua totalidade, como um receptor de inspiração verdadeira – ideias criativas que se conectam conosco instantaneamente quando vivemos no momento, em unidade com um campo unificador.

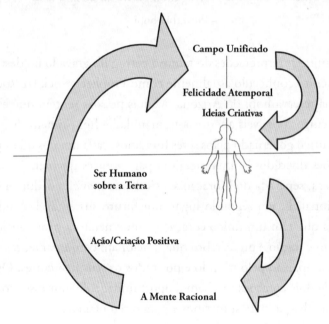

Figura 39 - Cocriação.

À medida que progredimos na vida através das camadas da consciência, somos protegidos contra aqueles que querem nos infectar com seus pensamentos condicionados, restritos. Se formos suficientemente afortunados por termos sido compassivamente nutridos ao longo dos anos da nossa infância, teremos então obtido o autorrespeito necessário para desafiar aqueles que tentam nos controlar. No entanto, também aprendemos que não é sábio tentar controlar a mentalidade das outras pessoas, e que é melhor influenciá-las por meio do nosso próprio exemplo. Também teremos aprendido a estudar com a mente aberta, e a vivenciar a educação como um processo de "conduzir" e não de "forçar". E se esses anos de infância foram menos que perfeitos, então compreendemos que foram as experiências de vida que nos ajudaram a evoluir emocional e espiritualmente. Compreendemos que estamos continuamente cercados de professores que nos ensinam sob a forma de amigos, adversários, filhos e animais. E assim, do berço ao túmulo, estamos perpetuamente aprendendo. Estamos aprendendo que temos um infinito conjunto de escolhas a cada momento em que estamos aqui. Estamos aprendendo que a força mais poderosa a que podemos ter acesso é o nosso livre-arbítrio – uma dádiva preciosa que, se for usada com sabedoria, traz consigo o poder de criar um futuro magnífico.

Por essa razão, acima de todas as outras, é importante considerar as profecias não tanto como sinistros augúrios que ditam o futuro de cada um de nós, e mais como guias que nos ajudam a proceder com sabedoria. Suas palavras e imagens podem ser colocadas na pedra, mas não suas previsões. Elas não estão lá para nos assustar, nem para fazer com que nos sintamos convencidos. Em vez disso, elas podem servir como uma advertência astuta, ou como uma confirmação tranquilizadora de que estamos na pista certa.

A profecia maia, que indica mudanças tumultuosas no tempo histórico particular de cada um de nós, é um caso em questão. Houve os que estudaram o calendário maia e o interpretaram como encerrando-se no dia 21 de dezembro de 2012, e temiam que nesse dia preciso o tempo aqui na Terra chegaria a um fim abrupto ou, pelo menos, que nós enfrentaríamos uma catástrofe esmagadora. E houve aqueles que a interpretaram mais liberalmente como uma metáfora – que esta é uma época de grandes mudanças e crescimento da consciência humana, e que nós, de fato, temos de fazer importantes escolhas e segui-las se quisermos ter sucesso e sobreviver.

Agora, mais do que nunca, é hora de permitir que ideias criativas floresçam. Não há dúvida de que a ameaça iminente imposta pela mudança climática exige soluções altamente criativas e, no entanto, práticas. O pensamento lateral é hoje essencial. Por exemplo, para escolher um exemplo recente entre muitos, temos uma ideia inspirada, segundo a qual nossos carros podem funcionar sem usar petróleo não renovável, utilizando, em vez dele, resíduo humano sustentável. Engenheiros empreendedores da

Wessex Water, em Bristol, Inglaterra, produziram um modelo experimental bem-sucedido de um Bio-bug, um Volkswagen convertido que passou a ser afetuosamente conhecido pelo pessoal envolvido como *Dung Beetle* (Besouro de Estrume). Bactérias quebram moléculas de resíduos humanos para formar gás metano, que aciona o automóvel. Embora, como resultado, libere dióxido de carbono no ar, ele é neutro em emissões nocivas de carbono, pois estas, de qualquer maneira, teriam sido liberadas na atmosfera sob a forma de metano.

Há muitos desses projetos criativos florescendo em comunidades ao redor do mundo; cada ciclovia, cada pista para pedestre e cada esquema de reciclagem começou sua vida como a ideia inspirada de uma pessoa, compartilhada com colegas e, em seguida, executada e levada a termo com paixão, persistência e *know-how*.

Capítulo 20:
Cultos e Controle

Pensamentos são como flechas: depois de atirados, eles atingem o alvo. Guarde-os bem ou algum dia você poderá ser sua própria vítima.

– Provérbio hopi

Quando criança, Adolf Hitler gostava de brincar de caubói e de índio. Seu caubói favorito era Old Shatterhand, herói de numerosos romances do famoso autor alemão Karl May (que na verdade nunca esteve na América do Norte). As histórias eram narradas por Old Shatterhand, que se une em estreita amizade ao chefe apache Winnetou, e juntos experimentam a alta aventura do combate enquanto desenvolvem uma profunda compaixão pela natureza e um pelo outro. No decorrer de sua vida, até quando foi *Führer*, Hitler lia e relia avidamente cerca de setenta dos romances de May. Ele chegou a incentivar seus oficiais que lutaram no fronte russo a estudar seu conteúdo, e prestar atenção particular "à *finesse* e à circunspeção táticas" de Winnetou. No entanto, por volta dessa época, muitos dos romances de Karl May foram reeditados em estilo antissemita, completamente à revelia da intenção humanitária original do seu autor.

Em 1900, quando Hitler tinha 10 anos de idade, seu irmão caçula morreu de sarampo. Como resultado, ele deixou de ser uma criança feliz e brincalhona para se tornar taciturno e desinteressado. Entrava constantemente em conflito com o pai autoritário, que com frequência batia nele. A amargura e o ressentimento do jovem Hitler se aprofundaram quando seu pai lhe proibiu de ir a uma escola que lhe permitiria desenvolver sua primeira paixão, a arte. O pai morreu quando Hitler tinha 13 anos, deixando esses conflitos não resolvidos.

Nenhuma dessas constatações sobre os primeiros anos da vida de Hitler explica por que ele, ao crescer, se transformou, sem dúvida, no homem mais perigoso e no maior assassino da história, em um homem capaz de hipnotizar uma nação a ponto de tornar seus habitantes cegos às suas melhores naturezas e a abandonar qualquer responsabilidade por suas ações. Afinal, no fim do século XIX, pais severos, morte de irmãos ou irmãs, e sonhos de infância destruídos estavam na ordem do dia. Não há espaço para desculpas, nem hoje nem no futuro.

No entanto, somos levados a refletir até que ponto o futuro poderia ser diferente se durante seus anos de infância Hitler não se confrontasse com as dificuldades pelas quais passou. A Segunda Guerra Mundial, o legado de Hitler, matou 60 milhões de pessoas. Um número estimado em 11 milhões de pessoas, das quais mais da metade eram judeus, morreram no Holocausto nas mãos de seres humanos convencidos de que o extermínio de pessoas de uma raça diferente e de pessoas que sustentam filosofias diferentes era, em última análise, uma dádiva para a humanidade. Para as ações premeditadas desses criminosos de guerra, cuja mente era controlada dessa maneira, jamais pode haver qualquer desculpa.

No entanto, é claro que nós, que pertencemos a gerações que a sucederam, temos o dever de aprender com o devastador passado recente em que estivemos envolvidos. Como adultos, é nossa responsabilidade proteger a nós mesmos daqueles que querem plantar ideias na mente de cada um de nós. É preciso que, quando necessário, nos seja permitido pensar por nós mesmos e desafiar dogmas. E precisamos proteger nossas crianças.

Há hoje evidências convincentes de que crianças expostas à violência na televisão, nos filmes e nos jogos de computador estão em risco de se comportar agressivamente tanto no curto como no longo prazo. Em 2007, pesquisadores da Universidade de Michigan identificaram que o risco de danos emocionais provocados em jovens por programas violentos ocupa apenas o segundo lugar em termos estatísticos, sendo o primeiro o risco de contrair câncer de pulmão em decorrência do vício de fumar.[96] A mente de uma criança é aberta e seus sentimentos são expostos. Um EEG mostraria comumente um padrão de ondas cerebrais alfa ou teta, ideal para jogos criativos, mas deixando a criança vulnerável ao poder da sugestão. Ideias podem se alojar profundamente no subconsciente da criança, uma vez que ela ainda precisa desenvolver as habilidades necessárias para discriminar, ou racionalizar, seus sentimentos.

Os adultos também são suscetíveis ao processo do controle mental, comumente rotulado de *lavagem cerebral*. Um dos pioneiros nesse campo é o psiquiatra norte-americano Robert Jay Lifton, que prefere outra expressão, *reforma do pensamento*. Lifton estudou membros das forças armadas que foram mantidos como prisioneiros na Guerra da Coreia. Em seu livro publicado em 1961, *Thought Reform and the Psychology of Totalism: A Study of "Brainwashing" in China* [Reforma do Pensamento e a Psicologia do Totalitarismo: Um Estudo sobre a "Lavagem Cerebral" na China], ele analisou os vários métodos de reforma do pensamento empregados na época pelos Estados comunistas orientais. Ele identificou oito pontos que se salientavam destinados a ajudar as pessoas a decidir se é ou não um processo de controle mental que está sendo encenado. Acrescentei uma breve explicação para cada ponto:

1. **Controle do ambiente.** Esse controle limita a comunicação da pessoa com o mundo externo.
2. **Manipulação mística.** Alegações de um propósito superior ou demonstração de um "milagre" logo no início do processo são sinais de tal manipulação.
3. **Exigência de pureza.** O grupo sozinho é responsável por mudanças significativas na pessoa e na sociedade como um todo.
4. **Culto da confissão.** A insistência na necessidade de uma revelação pública de "pecados" passados, bem como de pensamentos negativos sobre o grupo.
5. **Ciência sagrada.** A perspectiva do grupo representa a verdade absoluta; não há espaço para um debate vigoroso.
6. **Linguagem tendenciosa.** Adesão estrita a uma linguagem limitada ou alterada; tal linguagem restringe o debate e limita as discussões a dogmas do tipo "preto e branco".
7. **Doutrina sobre a pessoa.** Experiências pessoais que conflituam com a doutrina são negadas.
8. **Anulação da existência.** Aqueles que deixam o grupo ou que existem fora dele são condenados.

Em um livro posterior, *The Nazi Doctors* [Os Médicos Nazistas], Lifton examina como e por que membros da profissão médica foram capazes de supervisionar o assassinato em massa nos campos de concentração nazistas. É uma deprimente e arrepiante investigação da mentalidade psicológica subjacente que impulsionou médicos inteligentes e vocacionalmente treinados a justificar e racionalizar seu papel como "agentes de cura assassinos". As razões são complexas e ainda hoje para nós é difícil entendê-las. No entanto, Lifton identifica que os médicos agiam dessa maneira, pelo menos em parte, em uma tentativa de superar um profundo sentimento de impotência.

Técnicas hipnóticas, com ou sem medicamentos específicos, também podem ser usadas para induzir um estado de controle mental. Em um artigo publicado em 1995 no *Wall Street Journal*, relatava-se que quinhentas pessoas por mês na Colômbia eram vítimas involuntárias de envenenamento pela droga Burundanga (a substância farmacêutica escopolamina, que combate o enjoo, é refinada a partir desse composto). Classicamente, a pessoa ingere uma bebida à qual um criminoso de rua acrescenta esse veneno, e ela imediatamente perde o seu livre-arbítrio. Ela entregará a ele dinheiro e joias, e fará até mesmo retiradas bancárias na presença do ladrão. Quando os efeitos da droga desaparecem, a vítima não se lembra do que aconteceu.[97]

Em todo o mundo desenvolvido, Rohypnol, um remédio sedativo e hipnótico do grupo das benzodiazepinas, ganhou reputação como droga que facilita o abuso sexual e o estupro. Ele tem sido comumente usado em combinação com outra droga, o GHB (gama-hidroxibutirato), para "batizar" a bebida alcoólica de uma vítima em potencial. Ao ingerir a bebida a vítima fica incapacitada de resistir à agressão sexual. Ela subsequentemente não se lembrará de nada do que aconteceu. No entanto, estudos recentes sugerem que a droga mais comum que facilita o abuso sexual e o estupro é o próprio álcool.[98]

Adultos também podem sucumbir a técnicas mais sutis, e talvez tão insidiosas quanto as técnicas hipnóticas que não contam com a ingestão de drogas ou de álcool. Ao longo dos anos, assisti a muitos seminários sobre técnicas de cura, e a imensa maioria deles é ética e habilidosamente bem apresentada. Como já discutimos, as práticas de cura invariavelmente fazem uso de técnicas destinadas a induzir um estado de profundo relaxamento em seus clientes, e por isso os agentes de cura são, em geral, muito habilidosos nessa arte.

Testemunhei, algumas vezes, um facilitador de um seminário de cura induzir tal estado em seus participantes e, em seguida, realizar um "milagre" dramático em alguém do grupo. Esse estado de relaxamento focalizado é o ambiente ideal para se demonstrar um ato de cura, por exemplo, a desinflamação instantânea de um ombro paralisado. O estado relaxado do paciente, e do público como um todo, contribuiu para o "campo de cura". É claro que tudo isso poderia ser considerado benéfico, especialmente para o paciente. Em um ambiente ético, o processo seria explicado, e os papéis de todos os contribuidores, incluindo os membros do público, seriam devidamente honrados. Seria indicado que nada disso se deveria a quaisquer poderes especiais inerentes a qualquer uma das pessoas presentes, e que outras pessoas, usando técnicas semelhantes, poderiam produzir um resultado semelhantemente agradável.

No entanto, há ocasiões em que tal cenário não é colocado em jogo. Aprendi a ser cuidadoso em reconhecer se, uma vez que os participantes sejam induzidos a um estado relaxado, o líder do seminário deprecie outras técnicas de cura reconhecidas. Também procuro reconhecer com cuidado se o líder do seminário proclama que uma pessoa que não responde a uma cura "realmente não quer melhorar". E eu me torno particularmente cuidadoso com a sugestão de que progressos ulteriores em minha jornada de cura só acontecerão se eu me inscrever, nesse lugar e nessa ocasião, para um curso mais avançado.

Em última análise, somos todos, sem dúvida, responsáveis precisamente por como e o que nós escolhemos aprender. Há boas evidências de que muitos dos efeitos sinistros, de longo prazo, das estratégias de controle da mente acabam perdendo sua força. Tenho visto muitas pessoas de meia-idade que passam anos de sua juventude em cultos fechados e que agora pensam e agem livremente. Em alguns casos, seus filhos têm sido sua salvação, ensinando-lhes verdades do lar de uma maneira que só os seus filhos podem fazer. Acredito que a maior proteção contra o controle da mente que podemos oferecer a nós mesmos é uma percepção sempre presente do direito que temos de exercer o livre-arbítrio. E, como os hopi nos advertiam, devemos não apenas ser cautelosos para não nos deixarmos abater pelos pensamentos maliciosos de outras pessoas, quando, como flechas farpadas, eles são disparados em nossa direção, pois também deveríamos nos guardar contra aqueles que nós apontamos, negligentemente, contra nós mesmos.

À medida que progredimos na vida, nós amadurecemos. Aprendemos a ter a mente aberta, mas raramente crédula; saudavelmente cética, mas raramente cínica. Aprendemos a ser cuidadosos contra qualquer extremista que exponha seus dogmas, e aprendemos a ser protetores de nossos filhos, e também das pessoas que são vulneráveis, até que chegue o tempo em que percebemos que eles estão prontos para ser realmente independentes.

Resumo da Experiência do Holograma Humano

O modelo do holograma humano reconhece que sob a estrutura física do universo, e além dela, e igualmente além da compreensão que temos das estruturas que veiculam a energia, está o domínio da informação pura. O corpo de cada um de nós detecta essa informação e, na verdade, é formado nessa matriz, isto é, dentro desse molde.

Não há ordem hierárquica no holograma humano; seus órgãos, sangue e tecido conectivo, seus ossos, músculos e tecidos combinam-se e se complementam uns aos outros de uma maneira verdadeiramente integrada. No entanto, na Seção Três, enfoquei o papel de dois órgãos vitais: o coração e o cérebro.

O coração é abordado em primeiro lugar, pois há evidências de que, juntamente com seu papel físico como uma bomba distribuidora de oxigênio e de nutrientes por todo o corpo humano, ele é também o mais sensível detector de informações que conhecemos. O coração desempenha um papel na detecção de mudanças sutis nesse campo de informação, e na retransmissão dessas mudanças para o restante do corpo, incluindo o cérebro. Examinamos as evidências de que essas informações são capazes de ser transmitidas para além dos confins do corpo físico, para outros corpos situados longe e perto.

Os sentimentos que nos motivam e que nos agitam estão codificados nessas informações; os sentimentos desempenham um papel proeminente e fundamental no modelo do holograma humano, confirmando para nós que nós existimos e nos indicando, quando isso for apropriado, a necessidade de mudança.

O cérebro é devidamente honrado como o órgão de percepção que, por excelência, nos define. O cérebro processa as informações recebidas dos sentidos, e as transforma nas dimensões familiares do tempo e do espaço. Estamos aqui, suponho, para agir, e precisamos de um arcabouço viável em cujo âmbito podemos concretizar o nosso desempenho.

Voltamo-nos para as teorias pioneiras de Karl Pribram, Sir Roger Penrose e Stuart Hameroff para examinar exatamente como essa transformação poderia ocorrer. A obra de Pribram teoriza que os sentidos atuam como lentes, pondo em foco campos de informação subjacentes, e os transformando (por meio do modelo de Fourier) em um formato utilizável, pronto para ser plenamente interpretado pelas nossas células cerebrais. Edificada e se desenvolvendo sobre uma abordagem semelhante, a obra de Penrose e Hameroff teoriza que é dentro dos microtúbulos do cérebro humano que ocorre esse ato de interpretação. É neles que a nossa percepção, ou consciência, é processada, é neles que o mundo quântico cria sentido para nós. Ou, como diriam os físicos, é neles que o mundo quântico colapsa.

O modelo do holograma humano honra o cérebro racional juntamente com a intuição. No entanto, a intuição requer uma parceria especial com o coração sensível, e é experimentada melhor quando a mente racional é aquietada. Para que os seres humanos vivam até seu pleno potencial, é preciso que seja obtido um equilíbrio entre sentimento e pensamento. No início da infância, somos sensíveis e vulneráveis. São os sentimentos, e não a racionalidade, que predominam. É extremamente importante que os pais ou guardiões de cada um de nós honrem esse fato, e nos protejam e nos guiem com sensibilidade e compaixão.

À medida que crescemos, precisamos de modelos de papéis, nos quais eles próprios tenham aprendido a encontrar essa parceria ideal cabeça-e--coração. Com a sua ajuda, aprendemos a nos relacionar com nossos sentimentos, e não apenas a reagir a eles, e a resolver os assuntos à medida que eles se apresentam a nós. Aprendemos a valorizar o nosso livre-arbítrio, e a usá-lo com sabedoria. Essas habilidades contribuem diretamente para a nossa futura saúde física e emocional.

O quinto princípio diretor do holograma humano explica como cada um de nós, por meio da própria capacidade de observação, participa do mundo e do universo. Há uma parceria sutil sempre presente entre luz, matéria e nós mesmos. O sujeito e o objeto são inseparáveis. E assim, sob a égide do quinto princípio, minhas próprias experiências e percepções estão aí entretecidas na Seção Três. Em minha vida profissional, continuo a desfrutar do privilégio de encontrar-me com muitas pessoas em épocas de crise pessoal. São as épocas em que a honestidade tende a prevalecer.

Essas experiências me têm levado a observar que o processo de cura profunda envolve o empenho em um novo ciclo de percepção, com frequência aprendendo pela primeira vez como podemos ser compassivos para com nós mesmos. Exatamente como nós conseguimos isso é algo que exige que sejamos pacientes e inteligentes em igual proporção. Se eu sou solicitado a ajudar outra pessoa, é como se me pedissem, durante um tempo breve, para ser um pai tolerante e inteligente. Às vezes, isso funciona bem; outras vezes, está longe de ser perfeito. É, afinal de contas, simplesmente um empreendimento humano.

Quando cada ciclo de cura é completado, outras pessoas também se beneficiam. O efeito que resulta disso não é nada menos que o crescimento sustentável da consciência humana para as gerações que virão. Isso, para mim, torna o modelo do holograma humano extremamente atraente.

Seção Quatro
O Holograma Humano –
A Especulação

Introdução à Especulação

É muito bom especular. Todas as teorias são especulativas e é importante como exercício imaginar exatamente aonde as teorias poderiam nos levar. Além de ser imensamente excitante, é também a coisa responsável a se fazer. Como médicos, só realizamos tentativas para obter um diagnóstico, de modo a podermos então seguir em frente, rumo ao mais importante dos elementos de informação, o prognóstico. Primeiro, analisamos os dados, e em seguida decidimos, por meio da especulação, se o futuro de alguém é brilhante ou desanimador.

E assim, é pertinente perguntar a nós mesmos: "Se, de fato, somos seres holográficos, então o que isso significa para nós?" É realmente algo que precisamos saber? Ou é, depois de tudo o que foi, e está sendo, dito e feito, um exercício de futilidade, falho no conceito, e que nos leva, em última análise, a descer por uma estrada em direção a lugar nenhum?

Com isso em mente, eu agora o convido a juntar-se a mim nesse exercício de um prognóstico proposto. De minha parte, eu me concentrarei nesses assuntos a cujo respeito tenho, em primeiro lugar por meio de minha longevidade, adquirido alguma experiência. Eu o encorajo a aplicar sua sabedoria duramente obtida para editar e expandir a minha visão. Há muitas coisas mais para aprender.

Capítulo 21:
O Holograma Humano — Morte e Vida

A morte é, para muitos de nós, a porta do inferno; mas estamos no lado de dentro, à saída, e não no lado de fora, à entrada.
– George Bernard Shaw (1856-1950), dramaturgo e autor irlandês,
A Treatise on Parents and Children

O modelo do holograma humano, que a essa altura já deve ser muito familiar para o leitor, e especialmente o conceito de longo alcance (e enormes consequências) de bio-holograma, levanta muitas questões a respeito da verdadeira natureza da existência humana. Há dimensões que estão ocultas a nós? Será que tudo o que vemos, ouvimos, cheiramos e tocamos é mera percepção, uma realidade virtual? E será que o corpo físico é parte dessa realidade virtual?

Ao levantar essas questões a respeito da natureza fundamental da vida humana aqui na Terra, nós inevitavelmente nos apresentamos com outro dilema igualmente profundo. O que acontece com o holograma humano quando o corpo físico morre?

Certamente, pode-se dizer que há momentos mágicos que ocorrem na vida de todas as pessoas e que poderiam, com justiça, ser descritos como celestiais. Os momentos de felicidade em que estamos imersos em repouso e paz, os momentos de alegria espontânea em que rimos uns com os outros. De acordo com o modelo do holograma humano, esses são os momentos que estamos em unidade com o campo unificado. Ou como se poderia interpretar o pai-nosso, quando aceitamos que a vontade de Deus seja feita "assim na Terra como no Céu".

E, igualmente, todos nós podemos recordar momentos que estiveram longe de ser celestiais. Momentos em que nos sentimos impotentes diante de agressão ou de abuso. Tempos de caos, pressão e extrema frustração. Nas histórias da vida real relatadas neste livro, há muitos desses acontecimentos cruciais que poderiam apropriadamente ser chamados de infernais.

Um paciente me visitou e descreveu como ele havia testemunhado o assassinato da esposa, na África, na frente de seus filhos. Para muitos, o trágico legado de conflitos e guerras passadas persiste incansavelmente dia após dia. Para aqueles que sofrem dessa maneira, a visão de George Bernard Shaw da morte como uma bem-vinda rota de fuga do inferno não parece tão forçada. A Figura 40 mostra como atos destrutivos ameaçam o potencial dos seres humanos para criar o Céu na Terra.

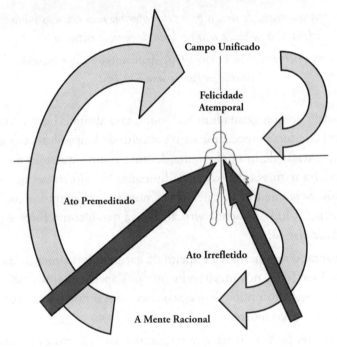

Figura 40 - Atos destrutivos.

Esses atos destrutivos podem ocorrer por causa da ignorância ou podem ser premeditados. Deficiências de escuta predominam em pessoas que não receberam uma instrução ou criação empática ou uma educação sadia. Se alguém reage aos seus próprios sentimentos colérica ou agressivamente, também é provável que essa pessoa tenha ficado submetida a modelos de conduta deficientes no início da vida. Em tempos de privação, é provável que ela ataque com sua língua, seus punhos, ou, pior ainda, com uma arma. Nossas prisões estão cheias de criminosos que receberam uma educação deficiente e cometeram violentos crimes passionais, muitas vezes alimentados por perigosas substâncias químicas cujo uso provoca dependência. A destruição premeditada e planejada, quando ocorre sob a liderança de seres humanos narcisistas e inteligentes, pode se comprovar ainda mais perigosa. Formam-se cultos, que atraem os perdidos, os oprimidos e os ignorantes, e, se não formos cuidadosos, a opressão pode se espalhar como um câncer por toda a sociedade e durar gerações. No entanto, como as histórias deste livro relatam, com o tempo e com o acompanhamento de um apoio compassivo, a cura acontece, a vida se reforma e a escuridão desaparece lentamente. A chave é a educação.

E a educação de cada um de nós deveria incluir um embasamento saudável a respeito do assunto da morte. É compreensível que uma discussão livre a respeito da morte continue a ser tabu no Ocidente. Nenhum de nós gosta de embarcar em uma discussão sobre algo a cujo respeito sabemos tão pouco. Como o tema da morte parece lidar com a perda definitiva, a de nossa própria existência, é provável que produza desconforto em alguns, e exponha sentimentos não resolvidos de tristeza e culpa em outros. O foco que a sociedade ocidental mantém na riqueza material, na saúde material e nas ciências materiais não tem nos ajudado a dar início ou a alimentar um debate significativo sobre esse tema. Estamos tão condicionados pelas restrições impostas por esse paradigma que, mesmo em círculos altamente articulados e instruídos, o tema da morte é algo que raramente discutimos. Talvez para aqueles que estejam no topo do seu jogo, ou no auge do seu intelecto, a própria morte seja muito dolorosa para se contemplar. A morte é algo que não pode deixar nenhum de nós indiferente.

Para o indivíduo puramente racional entre nós, pareceria lógico supor que a morte significa simplesmente que deixamos de existir. E, com essa mentalidade, seria tentador considerar aqueles que, por causa de sua fé religiosa, acreditam que uma vida após a morte nos acena como sendo ingênuos ao extremo, pensadores meramente esperançosos na melhor das hipóteses.

Os avanços da nossa compreensão da física ao longo do século passado nos levam, no entanto, a questionar essa postura dogmática. Em março de 1955, Michele Besso, engenheiro e amigo próximo de Albert Einstein desde seus dias no Instituto Politécnico Federal de Zurique meio século antes, morreu aos 81 anos de idade. No funeral de seu amigo, Einstein disse: "Ora, ele partiu deste estranho mundo um pouco antes de mim. Isso não significa nada. Pessoas como nós, que acreditam na física, sabemos que a distinção entre passado, presente e futuro é apenas uma ilusão obstinadamente persistente". Albert Einstein morreu um mês depois.

A ciência moderna atualmente se aventurou fora dos parâmetros estreitos do tempo e do espaço, dando-nos assim uma perspectiva mais ampla sobre a vida e a morte de cada um de nós. Sabemos que a energia e a matéria são intercambiáveis, e que o tempo é relativo. De acordo com a primeira lei da termodinâmica, a energia – isso inclui a minha energia e a sua energia – não pode ser destruída, mas apenas reciclada. E, de acordo com a segunda lei, estruturas físicas complexas – o corpo humano, por exemplo –, inevitavelmente entram em decadência. A física quântica reconhece a existência de outros domínios da realidade, e que a presença física do corpo humano aqui e agora depende desses domínios. A interpretação de Copenhague do princípio da incerteza nos permite considerar que desempenhamos um papel essencial como observadores. E o modelo holográfico de Bekenstein, Susskind e 't Hooft propõe a ideia de que a matriz de informação é fundamental no universo, e que a realidade que percebemos é um construto da mente humana.

Desse modo, será que a ciência está nos levando a acreditar que a única realidade que perdemos quando morremos é virtual? Se for esse o caso, será que vamos continuar a sentir? Ou será que retornaremos à fonte – espalhados em um imenso mar de consciência – sãos e salvos, mas mudos e esquecidos? Infelizmente, a ciência ainda não pode nos fornecer quaisquer fatos concretos para nos ajudar a responder a essas perguntas. Cientistas que, como o restante de nós, prefeririam a opção da bem-aventurança eterna, precisam contar apenas com a fé. "E, para o fiel, a morte é o portão da vida", escreveu John Milton em seu poema épico *Paraíso Perdido*.

Nossas próprias experiências mais legítimas de morte são intensamente pessoais e são sentidas de maneira profunda. Ao observar o cadáver de alguém próximo a nós e que tenha morrido recentemente, é claro que sabemos que essa pessoa, que conhecíamos tão bem, já se foi. Podemos, de algum modo, sentir a presença dela, mas sabemos que ela já não reside mais no corpo que está diante de nós. Ela deixou para trás o corpo que tocou, viu, ouviu e sentiu o cheiro de outros. O coração que retransmitiu energia para o seu corpo e para além dele deixou de bater. O complexo computador que chamávamos de o seu cérebro, que coordenava os complexos funcionamentos do seu corpo, e que percebia e permitia que tudo na sua vizinhança fizesse sentido, deixou de funcionar. A perda que sentimos está no fato de que não podemos mais desfrutar da companhia física de um amigo, e a perda que ele poderia sentir, e talvez sinta, está no fato de que ele não pode mais se envolver com o mundo. Para ele, o que morre é o seu universo de tempo e de espaço.

Naturalmente, nenhum de nós sabe ao certo o que acontece depois da morte. Entre 10 e 20 por cento das pessoas que têm parada cardíaca e morte clínica e que são, em seguida, ressuscitadas com sucesso relatam experiências de quase morte (EQMs). Além de experimentar uma percepção desprendida de suas vizinhanças físicas e das frenéticas atividades na sala de emergência, elas geralmente descrevem um estado de felicidade semelhante, mas muito mais profundo, do que aqueles encontrados nos momentos mais celestiais que experimentamos aqui na Terra – uma sensação de se soltar, de leveza e de amor. Um estado desprovido de medo, culpa, preocupação ou raiva. Um túnel, uma luz, uma presença benigna, uma sensação de volta ao lar. Para alguns, também, uma revisão instantânea da vida.

Em seu livro *Glimpses of Eternity*, o dr. Raymond Moody, um dos pioneiros no campo do estudo da EQM, descreve como essas experiências podem ser compartilhadas na cabeceira da cama pelos entes queridos de alguém que está morrendo.[99] Tenho ouvido muitas histórias semelhantes quando desempenho meu papel de médico, algo que parece muito natural em uma ocasião em que os corações estão abertos e o véu entre as dimensões é erguido.

No momento em que escrevo estas linhas, o maior estudo científico já feito no mundo sobre as experiências de quase morte está em andamento, sob a orientação do dr. Sam Parnia, na Universidade de Southampton, na Inglaterra. Conhecido como estudo AWARE (de AWAreness during REsuscitation, ou consciência durante a ressuscitação),* em que um grande número de pacientes no Reino Unido, na Europa e na América do Norte está sendo estudado ao longo de três anos, utilizando-se sofisticadas

---

* Em 6 de outubro de 2014, o periódico *Resuscitation* publicou resultados dessa pesquisa, os quais podem ser ser conferidos *on-line* no site do periódico. (N.T.)

técnicas de monitoramento do corpo e do cérebro. Os pesquisadores também vão testar a validade da afirmação segundo a qual as pessoas podem ver e ouvir durante o processo de reanimação, e também procurarão saber o que exatamente as pessoas podem ver e ouvir durante esse período. O objetivo desses experimentos é determinar se um estado de percepção, ou consciência, persiste mesmo quando os marcadores comuns de morte cardíaca – parada clínica, ausência de função cerebral e outros dados fisiológicos – estão presentes.[100]

Essa pesquisa é importante para uma compreensão mais profunda da natureza da consciência humana. Ela ajudará a determinar se a nossa consciência reside, de uma forma ou de outra, além das restrições físicas do corpo humano. Se as evidências apoiarem essa suspeita, então a possibilidade de a consciência sobreviver à morte física poderá começar a ser levada em consideração pela comunidade científica.

No entanto, por mais importante que seja uma compreensão e uma validação da EQM, ela é apenas um primeiro passo em uma exploração mais desafiadora da natureza científica da própria morte. Talvez ela possa ser considerada como uma amostra, um aperitivo tentador de um caminho principal cujos ingredientes ninguém, nem mesmo o sobrevivente de uma experiência de quase morte, pode começar a adivinhar.

Mas se há uma verdade que já brilha através das pesquisas sobre a EQM, ela está no fato de que aqueles que sobreviveram a tais experiências relatam constantemente que já não temem mais o processo real de morrer. Parece que temer a morte não é bom para nós. Na década de 1980, o dr. David Spiegel realizou um estudo pioneiro na Universidade de Stanford a respeito do impacto benéfico de grupos de apoio sobre pacientes com câncer de mama avançado.[101] As sessões incluíam discussões livres sobre maneiras pelas quais as mulheres poderiam enfrentar e dominar o medo de morrer. O objetivo inicial dos grupos de apoio era de ajudar pacientes a controlar os sintomas e os efeitos colaterais dos seus tratamentos. No entanto, quando os registros foram estudados dez anos depois, descobriu-se que os pacientes que participaram dos grupos sobreviveram por muito mais tempo.

Pareceria prudente e mais pró-ativo se abordássemos os medos que sentimos envolvendo a morte e o morrer quando ainda tivéssemos pouca idade. Minha avó Olive, uma pensadora progressista, que não gostava de absurdos e que abrira a primeira escola Montessori da Grã-Bretanha, pouco depois do fim da Primeira Guerra Mundial, estava muito interessada que cada criança tivesse um animal de estimação. O animal de estimação traria grande alegria para a criança, mas precisava de cuidados, e por isso ensinava à criança disciplina, paciência e competências parentais futuras. Mas, além disso, quando a hora do animal chegasse, a criança seria introduzida no conceito de morte – a tristeza, os aspectos práticos e a ordem natural. Com certeza, isso daria a ela uma memória profunda e preciosa para ser guardada e valorizada com o crescimento da criança até a idade adulta, o que é muito mais saudável do que as imagens perturbadoras de morte impressas no subconsciente de uma criança como resultado de assistir a filmes violentos ou jogar violentos jogos de computador.

O conservacionista John Muir, escocês de nascimento, que, graças à sua militância, ajudou a criar o Parque Nacional de Yosemite, na Califórnia, entendeu que o mundo natural forneceria às crianças sua melhor formação, ajudando a dissipar nelas quaisquer medos insalubres da morte, que poderiam ofuscar seu prazer de viver. Muir declarou: "Deixe as crianças andarem com a Natureza, deixe-as ver as belas misturas e comunhões da morte e da vida, sua alegre e inseparável unidade, como lhes é ensinado em bosques e prados, planícies e montanhas, e riachos de nossa estrela abençoada, e elas aprenderão que, na verdade, a morte não tem ferrão, e é tão bela como a vida".

A tecnologia moderna está nos permitindo explorar o mundo natural com muito mais detalhes do que jamais se havia conseguido antes. Agora somos capazes de examinar a natureza de perto, observando células, moléculas, átomos e além. Conseguimos até mesmo, armados com um *laser* capaz de emitir pulsos com duração de femtossegundos, de testemunhar a presença da "alegre unidade inseparável" da natureza na forma da biologia quântica. A mente humana, uma maravilha natural do mundo, é capaz de compreender a matemática subjacente ao nosso universo. Em parceria com a maior de todas as invenções modernas, o computador, ela pode até mesmo começar a desvendar a ordem e o caos da natureza, anteriormente ocultos, por meio de uma compreensão da geometria fractal.

A beleza da vida não parece, de modo algum, estar perdida na medida em que exploramos além do limite até onde o olho nu pode ver. Também de alguma maneira, à medida que a ciência revela a existência de outras dimensões, a própria morte não parece tão sinistra, nem tão negra. Para Helen Keller, cega e surda desde os 19 meses de idade, em consequência de uma doença que então contraíra, a morte traz muito pouco medo. "A morte não é mais do que passar de uma sala para outra", disse ela certa vez. "Mas há uma diferença para mim, você sabe. Porque no outro quarto eu serei capaz de ver."

Nenhum de nós sabe o que acabará por se revelar quando sairmos dessa tão confusa sala de "estar".* Longe de todas as distrações e do caos de nossa vida, será que outras dimensões irão se manifestar?

O tempo – se nessa nova situação continuar a existir tempo para nós – certamente nos dirá.

---

* Trocadilho intraduzível, pois, em inglês, "sala de estar" é, literalmente, "sala de viver" (*living room*). (N.T.)

Capítulo 22:
O Holograma Humano — O Futuro da Ciência, da Medicina e da Tecnologia

Ainda haverá coisas que as máquinas não poderão fazer. Elas não produzirão grandes obras de arte ou grande literatura ou grande filosofia; elas não serão capazes de descobrir as fontes secretas da felicidade no coração humano; elas não saberão nada sobre o amor e a amizade.

– Bertrand Russell (1872-1970), filósofo inglês

Há os que preveem que, nas próximas quatro décadas, a tecnologia avançará a tal ponto que a inteligência humana será superada em seu desempenho e ultrapassada pela inteligência artificial (IA). As previsões foram feitas plotando-se o crescimento exponencial do poder de computação e da tecnologia de informação ao longo das últimas três décadas, e extrapolando-se esse processo para o futuro. Na medicina, diz-se que as técnicas de formação de imagem computadorizada, cada vez mais sofisticadas, e o uso generalizado de nanorrobôs para distribuir drogas e radiações seletivamente às nossas células doentes resultará em que todos nós iremos desfrutar de vida mais longa e mais saudável. Nanorrobôs serão presos às nossas células cerebrais e nos tornarão incrivelmente inteligentes. Tudo isso levará a um inevitável momento no tempo, rotulado como "o ponto de singularidade", quando a IA e a humanidade se combinarão para formar um futuro além de nossas (atuais) imaginações mais ousadas.

Está claro para todos que a informática e a tecnologia da computação estão avançando a uma velocidade vertiginosa. É também evidente que ocorrerá uma nova mudança de paradigma quando os computadores quânticos se tornarem viáveis. O futurista Ray Kurzweil é um dos principais proponentes dessa visão tecnológica do futuro. Em seu famoso ensaio de 2001, "The Law of Accelerating Returns", ele estendeu a lei de Moore, que descreve especificamente o crescimento exponencial da eficiência dos semicondutores e da capacidade de armazenamento de informações em computadores, até cobrir o rápido crescimento da composição, combinação e complexificação das informações e da nanotecnologia como um todo. No seu livro *The Singularity Is Near*, que hoje já pode ser considerado um clássico contemporêneo e pedra angular do seu trabalho, Kurzweil prevê que, por volta de 2018, os computadores igualarão a capacidade de armazenamento do cérebro humano; por volta do ano de 2030, nanomáquinas implantadas no cérebro serão capazes de produzir para nós uma realidade virtual completa; e, por volta de 2045 – o ponto de singularidade –, seremos capazes de comprar por mil dólares um computador um bilhão de vezes mais poderoso do que o cérebro humano. Ao longo do caminho, a nanotecnologia será utilizada para "intensificar" a mente dos seres humanos, e para tornar mais eficiente a fisiologia do nosso corpo. Isso significa que, por volta de 2045 – o que não chega a nos confortar – não é provável que as máquinas tenham tomado o controle completo, pois os próprios seres humanos, os mais inteligentes pelo menos, terão se tornado seres híbridos humanos-máquinas. Depois dessa data, no entanto, é provável que venham a ocorrer, mais e mais, pontos críticos, que provavelmente levarão a mudanças irreversíveis – momentos "aha" para as máquinas, a hora do seu "eureka", à medida que esse crescimento exponencial da inteligência levar a uma explosão de ideias e a uma descoberta de novos paradigmas, permitindo que novas versões dos seres humanos expandam seu papel aqui na Terra e em todo o cosmos.[102] E para aqueles que são cautelosos com relação a esses avanços, para aqueles que se atrevem a resistir, qual é o seu destino? Bem, alguns já os rotularam, com antecedência, de "os novos luditas".

Diz a lenda que em 1779, um obstinado jovem inglês chamado Ned Ludd, ao ser acusado de ócio, ficou tão enfurecido que quebrou com um martelo duas máquinas de tricotar meias. Ao longo do século seguinte, os ativistas que se desesperaram dizendo que as máquinas estavam tomando o lugar de trabalhadores qualificados na Revolução Industrial passaram a ser chamados de luditas. Diz a previsão que os luditas do século XXI vão resistir ativamente à imposição forçada da tecnologia sobre as pessoas e dentro delas. Eles irão denunciá-la como um ataque perigoso contra a natureza e os valores humanos verdadeiros. Em última análise, porém, sua campanha falhará na medida em que as pessoas que aceitarem a incorporação da tecnologia excederem em inteligência e em número os "neoluditas".

Impotentes, eles serão confinados a viver como párias, como animais em reservas naturais específicas.

A hipótese do holograma humano desafia essa, talvez extremada, visão do futuro. E a desafia em muitos níveis. Ela prefere reconhecer os avanços tecnológicos indubitáveis que nos saudarão ao longo das próximas décadas como extensões da nossa própria evolução. Tecnologia que precisa ser utilizada com grande integridade. De fato, a inteligência do holograma humano é muito mais profunda que a capacidade de um computador para calcular ou para processar informações. Ou até mesmo que a de um computador capaz de convencer a si mesmo que é mais poderoso que um bilhão de cérebros. Mais que isso, se os microtúbulos encontrados em células do cérebro humano são verdadeiramente locais de processamento quântico, então, pelos cálculos do dr. Stuart Hameroff, o nosso cérebro é capaz de realizar 10^{28} operações por segundo, um trilhão de vezes mais depressa do que se pensava originalmente. Se for assim, é provável que qualquer ponto de singularidade seja adiado por várias décadas, ou talvez para sempre.[103]

A visão alternativa do futuro não tomará uma postura ludita extremista. Na verdade, a nanotecnologia permitirá que grande parte da medicina venha a se tornar menos invasiva, mais segura e mais focada. Mas é muito provável que as máquinas microscópicas injetadas em nossa corrente sanguínea para nos ajudar a substituir células danificadas ou para irradiar células cancerosas nada mais seriam que minúsculas ambulâncias pairando sobre o fundo de um penhasco muito sinistro. Como hoje, o penhasco metafórico representará as verdadeiras causas da doença humana, a má nutrição, nosso ambiente tóxico, problemas emocionais não resolvidos, e questões ainda a serem descobertas. Há, naturalmente, doenças hereditárias que se beneficiarão grandemente de técnicas avançadas de terapia genética. Mas, em muitos casos, esses benefícios não se comprovarão sustentáveis se fatores epigenéticos e ambientais forem ignorados.

Ao longo dos anos, os avanços médicos mais impressionantes e desbravadores não resultaram da tecnologia, mas sim de uma mistura harmoniosa de muitos traços humanos refinados. Não se pode negar que o raciocínio inteligente é um deles, mas, na maioria dos casos, houve também uma mistura saudável de boas intenções, de facilidade para fazer felizes descobertas, e de paixão.

Enquanto estava escrevendo estas linhas, soube que o mundo havia perdido um médico e pesquisador cujo trabalho já salvou milhares de vidas. No fim da década de 1960, o professor Sir Graham Liggins se convenceu de que seria possível impedir bebês de nascerem prematuramente caso eles não conseguissem sobreviver. Com esse objetivo em mente, ele realizou uma pesquisa minuciosa em ovelhas prenhes submetidas a parto prematuro, injetando-as com esteroides na tentativa de prolongar sua gravidez. Isso não aconteceu. Os cordeiros continuaram a nascer prematuramente, mas sobreviveram e se desenvolveram com êxito fora do útero.

Então ele começou a tentar a aplicação dessa terapia em seres humanos. Em 1972, seu artigo desbravador foi publicado na revista *Pediatrics* (depois de ter sido rejeitado pela prestigiada revista *Lancet*), e desde essa época tornou-se prática comum injetar esteroides em mães que entram em trabalho de parto prematuro.[104] Antes disso, a maioria dos bebês que nasciam antes de uma gestação de 33 semanas morria, pois seus pulmões não estavam desenvolvidos o suficiente para lidar com a respiração. Os esteroides ajudaram os pulmões do bebê a se desenvolver com mais rapidez.

Há milhares de pessoas que hoje estão vivas unicamente por causa do trabalho do professor Liggins. Talvez eu tenha sido influenciado pela bondade mostrada a mim por esse homem muito humilde quando eu era ainda um médico residente muito jovem, mas duvido que a humanidade, a inteligência e a integridade que ele possuía pudessem ser melhoradas, ou igualadas, por qualquer máquina artificial.

Isso nos leva ao cerne da diferença. O modelo do holograma humano reconhece que são os sentimentos e experiências dos seres humanos que têm importância fundamental. Ele reconhece que o corpo trabalha em conjunto com o cérebro de maneira verdadeiramente integrada. O corpo sente, o cérebro pensa. Percepções iluminadoras e inspirações provêm de uma coerência presente ao longo de todo o corpo, um equilíbrio da cabeça e do coração.

O modelo do holograma humano também define os sentimentos e os sintomas dos seres humanos como variações sutis dentro de um campo de consciência universal compartilhado, que é detectado, em particular, pelo corpo e pelo coração. Ele propõe que essas sejam mensagens fundamentais mais puras, mais diretas e mais poderosas do que aquelas que fomos condicionados a perceber. Enquanto o modelo da singularidade procura criar para nós instigantes realidades virtuais por meio de nanocomputadores instalados no cérebro, o modelo de holograma humano sugere que os cinco sentidos e o cérebro já estão normalmente criando a própria realidade virtual – as dimensões de tempo e de espaço que todos nós experimentamos. E que essa percepção é importante para fazermos o trabalho que nos está destinado aqui dentro destas próprias dimensões. Isso nos dá um código por meio do qual podemos viver.

Espero que essa visão científica mais expandida da condição humana capacite profissionais de saúde a redescobrir a arte de ouvir e os incentive a empregar sua compaixão inata como instrumento de cura vital. É claro que nem todos serão atraídos para seguirem esse caminho profissional desafiador do filósofo-agente de cura. No entanto, se a importância vital dessa abordagem for honrada e instituída juntamente com a formação acadêmica necessária dos profissionais de saúde e dos médicos, suspeito que um novo nível de assistência à saúde será alcançado.

A tecnologia moderna poderá, então, encontrar o seu lugar legítimo, empregada para o bem maior. Por exemplo:

1. Internet de alta velocidade para alcançar todas as áreas do mundo, ajudando-as com programas de alívio e também auxiliando-as a unir as pessoas.
2. Programas educacionais diversificados, que permitam às crianças atingirem seu pleno potencial.
3. Técnicas de triagem médica que sejam simples o suficiente para serem usadas pelo público em geral.
4. Tratamentos médicos menos invasivos destinados a curar sem produzir efeitos colaterais.

As próximas décadas também verão o amadurecimento do holograma humano com propósitos recreativos e turísticos – imagens em 3D de nós mesmos em tempo real aparecendo em locais distantes de acordo com a escolha de cada um de nós. À medida que essa ciência se desenvolver, e que nós nos acostumarmos a acolher amigos que nos visitam sob forma holográfica vindos do outro lado do mundo, despontará em nós a evidência de que a avançada tecnologia que cria essa ilusão é apenas uma pálida imitação de algo que nós já possuímos. Começaremos a nos maravilhar com a maneira como os olhos e o cérebro criam as visões holográficas que vemos ao nosso redor. Quanto mais compreendemos sobre fótons, polarização e padrões de interferência, mais entenderemos sobre nós mesmos.

Vamos nos esforçar para entender mais a respeito da própria realidade virtual viva criada pela percepção de cada um de nós antes de abusar daquelas criadas por outras pessoas como uma diversão ou distração. E vamos procurar compreender o que está acontecendo dentro de nós, de modo que possamos levar em consideração, em primeiro lugar, mudanças interiores adequadas. Perceberemos que o único caminho para a humanidade evoluir é profundamente pessoal, é um processo que se desdobra dentro de cada ser humano. Quando isso acontece, nenhuma IA insensível ou nenhum ser híbrido homem-máquina pode se comparar ou competir, seja qual for o tamanho do seu disco rígido.

O século XX nos apresentou os mistérios e as realidades da física quântica. Grande parte dessa nova ciência permaneceu hipotética até este século. Ao longo da última década, cientistas contando com a ajuda da tecnologia de ponta estão descobrindo que o mundo quântico não existe apenas nos laboratórios frios e secos, mas também no ambiente úmido e quente dos seres vivos. Enquanto, há dez anos, aqueles que postulavam que nós, como observadores, podemos influenciar a realidade, eram considerados crédulos adeptos do estilo New Age, atualmente até mesmo cientistas profissionais sérios não podem mais deixar de reconhecer o fato de que sua própria consciência pode influenciar o resultado de seus experimentos. Pelo que parece, sempre que somos atraídos para examinar nos menores detalhes o funcionamento do mundo "lá fora", mais descobrimos sobre o mundo interior secreto. O experimento do apagador quântico com a dupla fenda, realizado em 2002 (ver o Apêndice IIA), é um exemplo que lança luz sobre a realidade não local do mundo quântico, da qual nós somos parte. Nesse estudo, mudanças produzidas em um feixe de luz quanticamente entrelaçada com a luz de outro feixe ocorrem antes do momento em que o experimentador irá interferir na polarização desse outro feixe para ocasionar tais alterações. Em outras palavras, esse experimento concretiza uma situação em que uma ação realizada no futuro altera o passado.

Em 2007, físicos franceses na École Normale Supérieure de Cachan realizaram um experimento igualmente impressionante imaginado há mais de trinta anos pelo famoso físico John Wheeler; no entanto, foi apenas nesta década que obtivemos a tecnologia que o tornou possível.[105] O experimento criou uma situação em que fótons "decidem" se vão se comportar como partículas ou como ondas em resposta a uma decisão posterior feita por um gerador de eventos aleatórios, algo que está fora do controle consciente imediato dos cientistas. Esse resultado bizarro está fazendo os cientistas refletirem ainda mais profundamente sobre a natureza da luz, e a nossa relação com essa energia que é tão essencial para a nossa sobrevivência. Parece que estamos chegando perto de uma compreensão do comportamento da luz em seu estado quântico, antes mesmo de submetê-la ao nosso olhar atento. Será que a intenção subjacente dos experimentadores é mais importante que sua observação visual imediata, e que essa intenção, de alguma forma, transcende as barreiras do tempo? (Veja o Apêndice IIB). Ou será que a resposta reside nas profundezas do mundo oculto do próprio fóton?

Essas pesquisas do século XXI parecem estar confirmando que há na natureza campos de energia fora dos parâmetros habituais de tempo e espaço que experimentamos. O Capítulo 15 examinou as maneiras possíveis pelas quais o cérebro humano interpreta a informação (ou a energia luminosa) que atinge os nossos olhos, transformando-a em um código que é finalmente elucidado para criar imagens do mundo que percebemos. Para que isso aconteça, é preciso haver uma interação entre fótons e as próprias células do corpo humano, para que o bizarro mundo quântico da luz possa fazer algum sentido para nós.

A relação especial que mantemos com o mundo quântico também se revela por meio do sentido do olfato. O Capítulo 7 explorou as evidências de que a fragrância exclusiva de um perfume representa um estado de entrelaçamento entre o aroma e a pessoa que o sente. Embora estudos relacionados aos outros sentidos ainda precisem ser concebidos, é preciso apenas observar a *performance* apaixonada de um pianista de concerto no auge do seu talento para saber como belos sons podem permear um ser humano e irradiarem-se para outros, arrebatando-os conjuntamente dentro de um espaço atemporal. É a experiência de um tempo fora do tempo, como essa que nos faz realmente experimentar um pedaço do paraíso na Terra. Há muitos que estenderiam essa linha de raciocínio para o seu sentido do paladar, quando eles provam as delícias divinas de um *petit gâteau* Floresta Negra ou saboreiam em seu palato a textura sutil de um vinho *pinot noir* em uma vinícola na Ilha Sul, da Nova Zelândia.

Minha própria interação profissional com o paradigma holográfico talvez não seja tão exótica. No entanto, minha experiência me diz que a aceitação formal da acupuntura auricular, e de outras terapias simples de se aprender e que se baseiam em princípios holográficos, como um recurso eficaz de cuidados primários, irá levar a uma redução significativa do sofrimento humano. A necessidade de medicamentos potencialmente prejudiciais e dispendiosos também poderia ser minimizada.

Mas há pouca dúvida de que a aplicação científica mais notável do paradigma holográfico é o trabalho do físico russo dr. Peter Gariaev. Sua pesquisa sobre genética ondulatória homenageia a visão de muitos cientistas do século XX e contemporâneos – Gabor, Wheeler, Bekenstein, Susskind, 't

Hooft e Mandelbrot, para citar apenas alguns. É uma extrapolação lógica da teoria do universo holográfico a conclusão de que o corpo humano também precisa existir em forma holográfica: o bio-holograma humano.

As pesquisas de Gariaev, se forem confirmadas, abrem a porta para o próximo nível de intervenção médica. Ao aceitar que o DNA tem propriedades ondulatórias, ele nos incentiva a olhar além do modelo genético linear simples e a adotar outras maneiras menos invasivas de combater as doenças e até mesmo de prolongar a vida humana. Sua ideia de que os padrões linguísticos estão codificados fractalmente dentro do genoma ondulatório nos abre para a possibilidade de que terapias específicas sonoras, musicais e da fala irão evoluir, com a obtenção de resultados mensuráveis.

Além disso, a compreensão do papel da luz e dos padrões de interferência dentro do corpo nos levará ao reconhecimento de que os órgãos poderão ser capazes de ser regenerados sem a necessidade de cirurgias perigosas ou de complicadas tecnologias envolvendo células-tronco. Com o estudo da dinâmica ondulatória de vírus e bactérias, nós nos tornaremos mais abertos ao desenvolvimento de novas maneiras de lidar com doenças virais, pandemias e doenças bacterianas que persistem especialmente nos países do Terceiro Mundo. Como é hoje amplamente reconhecido, a era dos antibióticos poderá estar chegando ao fim,[106] e por isso é essencial que nossos olhos estejam abertos para esse novo paradigma.

Infelizmente, há hoje relatos de que o trabalho de Gariaev e sua equipe de físicos chegou a um fim abrupto nas mãos de uma Academia de Ciências Russa altamente cética.[107] Esse grupo acusa as pesquisas de serem irracionais e pseudocientíficas. É de se esperar que o ceticismo científico seja a verdadeira razão para esse embargo; afinal, a verdade tem uma maneira de se infiltrar até mesmo através das mentalidades mais rígidas. A possível razão alternativa, a de que outros, com intenções menos benevolentes, estão ansiosos para suprimir o nosso conhecimento sobre tais assuntos, é um cenário totalmente mais sinistro.

No entanto, eu especularia que nesse sutil domínio interativo de campos de informação e de genética ondulatória, a intenção nobre daqueles que conduzem essas pesquisas e daqueles que realizam os procedimentos clínicos resultantes irá se revelar de extrema importância. Talvez ainda não tenhamos chegado a esse ponto em nossa evolução, no qual isso pode ser assegurado.

Espero que, ainda no meu tempo de vida, eu possa testemunhar esse momento decisivo.

Capítulo 23:
O Holograma Humano — Nosso Renascimento Pessoal

Seja bondoso, pois todas as pessoas que você encontra estão lutando uma árdua batalha.
– Platão (c. 428-348 a.C.), filósofo grego

Houve momentos, enquanto eu escrevia este livro, nos quais eu me senti como um advogado de defesa, protegendo obstinadamente o direito do meu cliente, o holograma humano, de ser levado a sério. Essa tarefa revelou-se nada fácil para mim. Pois, além de me esforçar para convencer o juiz e o júri de que há muito mais no holograma humano do que lhes poderia parecer à primeira vista, eu também teria de convencê-los de que a sociedade estaria muito melhor se o conhecesse. Mas esse último esforço seria ainda mais difícil. Ao longo do caminho, eu também teria de influenciá-los para que considerassem que tudo o que eles percebem, e que já perceberam, não passa de uma realidade virtual. Que todas as maravilhas da bela manhã de primavera que haviam encontrado no caminho que os levou de suas casas até a sala do tribunal – cada raiz em cada árvore, cada pássaro, cada casal de namorados andando de mãos dadas – eram apenas meras ilusões, criativas projeções fantasiosas de suas mentes. Por trás dessa fachada – assim prosseguiria o meu argumento – realmente se estenderia uma matriz difusa, um emaranhado indistinto, uma misteriosa teia unificadora conectando incontáveis campos de informação que, de alguma maneira, existem fora do tempo. Espero que, a essa altura do processo judiciário, muito provavelmente haveria um pedido conjunto para que o excêntrico e caipira advogado de defesa do réu fosse trancafiado, juntamente com seu cliente involuntário, em regime de prisão perpétua.

Não tenho nenhuma dúvida de que essa causa judicial se comprovaria poderosa para a promotoria. Embora eu pudesse lembrar para a corte das palavras do falecido Carl Sagan: "Acredito que o extraordinário deva ser procurado", suspeito fortemente que o meu instruído colega e adversário ficaria muito contente em completar assim a citação: "Mas afirmações extraordinárias exigem evidências extraordinárias".

Não sei ao certo como esse drama de tribunal acabaria. Mas, com certeza, minha causa seria vigorosamente contestada por um conselho de acusação representando clientes influentes, que poderiam muito bem se dar ao luxo de pagar uma saudabilíssima taxa de honorários. No entanto, acredito que evidências extraordinárias estão se acumulando para apoiar a afirmação de que somos realmente seres holográficos. A busca que estamos empreendendo por uma confirmação mais consistente dessa verdade nos leva a seguir por muitas estradas e, possivelmente, a também a nos embrenhar em vários becos sem saída. Mas também suspeito que, no final, a diligência com que nos empenhamos será recompensada.

Parece que a mais significativa das viagens de descoberta se desdobra quando decidimos nos aventurar pelo mundo interior. O paradigma holográfico comporta esse movimento, pois, para obter um estado coerente em nosso corpo, há evidências de que nós também induzimos coerência em outras pessoas, próximas e distantes. É quando nos dirigimos ao mundo interior que exercemos mudanças na sociedade como um todo. Assim, a mudança social se torna a própria mudança de cada um de nós, e não a responsabilidade de outras pessoas.

Por isso, este capítulo final é dedicado ao próprio renascimento pessoal que esperamos conquistar, e é rumo a ele que nos encaminhamos quando nos esforçamos para fazer uso prático das percepções iluminadoras e revigorantes que estamos ganhando a respeito de nós mesmos e do universo que nos abriga. Com isso em mente, selecionei doze habilidades importantes que cada um de nós pode aprender a dominar, garantindo assim um futuro pacífico, estável e feliz para todos nós.

1. CONFIAR NOS SENTIMENTOS QUE NOS AGITAM E NOS MOVEM

Nossos sentimentos são as primeiras mensagens que recebemos, e as mais confiáveis. Quando estamos sob ameaça, tendo de fugir do perigo, então os sentimentos são imediatamente convertidos em ações, pois é a nossa sobrevivência está em jogo. Quando somos chamados para resgatar outras pessoas do perigo, o tempo é essencial e não devemos desperdiçá-lo analisando os sentimentos ou expressando as emoções que nos agitam.

Como esses episódios são, felizmente, raros para a maioria de nós, todos precisamos de treinamento, com a atualização regular das habilidades que nos são inatas ou que aprendemos, de modo que possamos responder de maneira adequada e eficaz em tempos de crise. Precisamos estar plenamente preparados para desastres naturais, e ter conhecimento de técnicas básicas de primeiros socorros e reanimação. E para evitar que o próprio nível de estresse a que ficamos expostos suba depois de termos ajudado outras pessoas a enfrentar esses acontecimentos traumáticos, é importante que nos envolvamos em reuniões nas quais haja uma eficaz troca de informações, expressando de forma honesta para outras pessoas, que ouvem atentamente o relato que lhes fazemos, os sentimentos que nos agitam.

No entanto, em outras ocasiões, é prudente perguntarmos a nós mesmos se estamos reagindo de maneira adequada. Será que a reação por nós manifestada a ameaças percebidas está sendo exagerada, e que, se refletirmos melhor, verificaremos que, na verdade, não há nada nos ameaçando? Será que esses sentimentos de que estamos sendo ameaçados são tão poderosos e tão frequentes que outros sentimentos, de contentamento, paz e amor, não são capazes de vencê-los?

Se somos capazes de liberar sentimentos desnecessários de medo, tantas vezes condicionados dentro de nós na infância, então podemos começar a experimentar essas "flutuações no campo", que são mais pacíficas, porém mais profundas. Em um estado de paz, tornamo-nos abertos à inspiração e descobrimos uma fonte de criatividade que estava previamente escondida de nós.

2. EXPRESSAR OS SENTIMENTOS QUE NOS EMBALAM E NOS AGITAM

Expressar sentimentos tão rápida e tão honestamente quanto possível é o próximo passo importante. A palavra "emoção" (e-moção) significa "energia em movimento". Deixar que outras pessoas conheçam os sentimentos que nos movem é essencial para que consigamos manter relacionamentos íntimos com as pessoas de que gostamos, e algo que os homens, tão condicionados a resgatar, proteger, lutar e escapar, geralmente ainda estão em processo de aprender. Como homens, não estamos acostumados a expressar de maneira eficiente os sentimentos que nos movem e, portanto, tendemos a reprimir a raiva que sentimos e que, com o tempo, acaba por explodir exteriormente ou implodir interiormente. De maneira semelhante, as preocupações, se não forem compartilhadas, podem se acumular e nos envenenar por dentro, tornando-nos deprimidos e doentes.

À medida que nos tornamos melhores em confiar e expressar os sentimentos, tornamo-nos melhores ouvintes para os outros. Ouvir um cônjuge, um companheiro, filhos e amigos é talvez a mais importante intervenção preventiva de assistência à saúde que podemos realizar para eles. Certamente, a minha própria carga de trabalho seria reduzida pela metade, uma vez que o meu papel principal como médico é o de ouvir histórias que deveriam ter sido contadas muito tempo antes. Tenho fortes suspeitas de que os serviços de emergência e os hospitais a que podemos recorrer quando deles precisamos também notariam uma trégua reconfortante se a escuta se torna uma prioridade no mundo moderno. Além disso, a conta farmacêutica que somos obrigados a pagar, e que tão frequentemente dispara até as alturas, começaria a despencar.

3. RELACIONAR-SE COM AS PESSOAS EM VEZ DE REAGIR A ELAS

Expressar os sentimentos nos ajuda a nos relacionarmos com o significado que eles veiculam. Pode muito bem ocorrer que alguém nos incomode porque suas ações nos lembram de algo de que não gostamos em nós mesmos. Em retrospecto, podemos reconhecer que essa pessoa está realmente nos fazendo um favor, pois, metaforicamente falando, elas seguram um espelho para nele mirarmos nosso próprio comportamento.

Esse processo será facilitado se expressarmos qualquer raiva que possamos sentir no momento dirigindo-a, idealmente, para o ato ofensivo e não para o causador da ofensa. Como resultado, a raiva que sentimos será resolvida, e o perdão pelo adversário e por nós mesmos poderá ocorrer. O modelo do holograma humano nos une a todos, e coloca esses conflitos em sua verdadeira perspectiva.

4. SER RACIONAL

À medida que crescemos para a vida adulta, as funções cognitivas que nos proporcionam ordem, estrutura e diretrizes amadurecem. Aprendemos a processar os sentimentos e as emoções, aprendemos com as experiências que vivenciamos e aprendemos a apreciar as opiniões dos outros. Nós nos libertamos dos dogmas à medida que aprendemos a honrar aqueles que proveem de diferentes origens culturais e que têm diferentes crenças religiosas. Descobrimos as forças mentais que nossa atividade interior põe em ação e também as fraquezas que nos diminuem, e nos tornamos assertivos, permanecendo humildes. Aprendemos a articular as preocupações e a expressar as frustrações que nos afligem por meio de um uso progressivamente mais expansivo da linguagem. E aprendemos a resolver nossos problemas e os problemas dos outros por meio de ações realizadas para um bem maior.

5. AGIR COM INTEGRIDADE

Aprendemos que, por meio de atenciosos atos de integridade, libertamos a nossa vida e a vida de outras pessoas. Não temos necessidade de anunciar para o mundo as ações que realizamos; na verdade, isso provaria ser um desperdício da valiosa energia que nos move. As ações irão se irradiar de maneira muito mais profunda e se sustentar sem a necessidade de quaisquer esforços suplementares. Podemos, então, colher as verdadeiras recompensas, felizes e em paz, abrindo-nos automaticamente para buscas ainda mais criativas.

De maneira análoga, todo o conhecimento que adquirimos na vida deve ser transmitido, de preferência assim que o aprendemos, pois essa benevolência continuará a nos manter conectados com uma inesgotável biblioteca de sabedoria universal. As recompensas dessas ações, se formos pacientes, serão imensas, a tal ponto que não é nenhum fardo assumir, dessa maneira, plena responsabilidade pela vida que levamos.

6. MOSTRAR COMPAIXÃO POR NÓS MESMOS

A maneira responsável é também a maneira compassiva. A arte da autocompaixão é, talvez, a habilidade mais difícil para todos nós dominarmos. É difícil dizer "não" para alguém sem nos sentirmos culpados. Talvez tenhamos sido convidados para a festa de um amigo íntimo, mas todas as células do nosso corpo anseiam por dormir cedo. Ou talvez um amigo nos convide para nos envolvermos em uma campanha ou causa que não nos acenda nenhuma chama no coração. Continuo a achar que esses desafios são os que mais nos testam. Dizer "não" requer muita habilidade. Talvez a maneira mais útil é não forçar demais as próprias exigências que impomos sobre outras pessoas. Ao se planejar um jantar, deve-se primeiro perguntar sobre a vida movimentada de quem for o convidado. Mais uma vez, a empatia prevalecerá, as amizades crescerão e as situações embaraçosas irão diminuir.

Manter a compaixão por nós mesmos – por exemplo, exibindo uma determinação para curar – beneficia outras pessoas. Todas as semanas, vejo avós curarem netas, e vice-versa, graças ao fato de se tornarem decididas em seus atos de bondade para consigo mesmas. Livrar outras pessoas de seus destrutivos sentimentos de culpa de longa data – de sua culpa e de sua vergonha – é uma dádiva valiosa e duradoura.

7. MOSTRAR COMPAIXÃO PELOS OUTROS

A caridade começa em casa. É mais fácil sermos bondosos com os outros se formos bondosos conosco. Então, do nosso ser emana paz para compartilharmos com os outros. Aprendemos a amar os outros como a nós mesmos, pois todos nós compartilhamos muito. A genética moderna mostra que todos nós neste mundo crescemos a partir de ancestrais comuns, que perambulavam pelas planícies da África Oriental; há 50 mil anos, a população humana havia diminuído para apenas alguns milhares de pessoas. Em uma época consideravelmente mais antiga, há cerca de 14 bilhões de anos, nos momentos anteriores ao Big Bang, tudo existia como um ponto infinitamente pequeno; nesse momento antes do tempo, havia, literalmente falando, um grau zero de separação. E hoje, esse estado de conectividade persiste sob a forma do entrelaçamento. Para citar o naturalista John Muir: "Dê um puxão em qualquer coisa e você descobrirá que ela está conectada a tudo o mais no universo".

Ao criarmos a paz dentro de nós, haverá então evidências de que os bons desejos que tivermos e as orações que fizermos transcenderão a barreira do espaço-tempo e serão recebidos onde quer que se necessite deles. Os atos de bondade que praticarmos, sejam eles aleatórios ou premeditados, sejam grandes ou pequenos (não há, realmente, nenhuma diferença), também penetrarão na barreira do tempo, fertilizando o presente e o futuro de cada um de nós.

Mas talvez tenhamos mais fácil acesso ao senso de compaixão que temos pelos outros se percebermos que cada ser humano sobre a terra enfrenta grandes desafios nesta vida. Ou parafraseando as sábias palavras de Platão, que abriram este capítulo final: "Todos nós estamos lutando uma árdua batalha".

8. LIDAR COM O CAOS EM CONDIÇÕES DE IGUALDADE

Estamos aqui para sermos desafiados. A vida nos lança problemas atrás de problemas, exigindo soluções e mais soluções. A vida é imprevisível, e completamente caótica. Subjacente à estrutura do universo pode haver uma simetria perfeita, um coro celestial cantando em harmonia, mas há momentos na vida em que esse lindo ruído é abafado por algo que meus professores costumavam chamar de "um barulho infernal".

Aqueles momentos desagradáveis, irritantes e aborrecidos que nos frustram tanto são tão importantes quanto as bem-aventuradas experiências "na zona" que nos mantêm em estado de êxtase. Um exemplo nos vem de imediato à mente. Ao chegarmos a um lugar isolado nas profundezas do Whirinaki Forest Park, no centro da Ilha Norte, da Nova Zelândia, o grupo de qi-gong de que fazíamos parte reuniu-se para um momento de meditação silenciosa antes de iniciarmos um retiro de uma semana. No instante exato em que fechamos os olhos, um martelo pneumático entrou em ação, projetando seu som explosivo nos ouvidos de todos nós a menos de trinta metros do local de retiro. Os trabalhos de reparação na estrada eram essenciais para essa região empobrecida, que fora devastada alguns anos antes pelo fechamento forçado de uma grande fábrica de processamento de madeira. Embora o trabalho na estrada continuasse durante toda a nossa estadia, aprendemos a lidar com a situação e a cronometrar as sessões em conformidade com os períodos de ruído.

Nem todos os dias serão felizes. Não vamos passar em todos os testes, nem seremos bons em tudo. Se tudo ocorresse bem, não haveria material para os comediantes. Assim, os infortúnios diários que se abatem sobre nós não somente nos ensinam lições, mas também alimentam o senso de humor que nos ajuda a manter o equilíbrio. O caos inerente à vida na Terra nos lembra de que nem sempre estamos no controle. Ele nos ensina a aceitar a mudança e a dar boas-vindas aos desafios.

Se eu fosse criar uma receita para uma vida longa e saudável, então a capacidade para aceitar a mudança seria o meu ingrediente principal. Meu amigo da Nova Zelândia, de 94 anos de idade, o ambientalista John Hogan, é um exemplo vivo dos benefícios dessa qualidade humana duradoura. Em sua vida incrível, ele concorreu a uma cadeira no parlamento contra um primeiro--ministro, tornou-se um diretor que administrou durante um longo tempo um museu de ciência e tecnologia, sobreviveu a uma operação de ponte de safena feita 35 anos antes, e, nos últimos vinte anos, converteu pouco mais de 40 mil metros quadrados de terras suburbanas novamente em mata nativa intacta. Recentemente, ele doou essa terra, juntamente com suas seiscentas magníficas árvores kauri, para o conselho local, a fim de que a comunidade pudesse se beneficiar para sempre de tudo o que ela oferece.

9. OBTER A COERÊNCIA

A capacidade para se sentir em paz é uma habilidade especial, que, uma vez aprendida, dura uma vida inteira. No modelo do holograma humano, isso equivale ao bem-aventurado sentimento de estar em harmonia, em unidade, com o campo unificado. Nesse modo, experimentamos a leveza de ser e a alegria do momento. É um estado de ser que me esforço para alcançar dentro de mim mesmo durante a segunda metade de uma consulta, depois das minhas tentativas iniciais de escolher um plano racional de ação.

Considero uma prioridade pessoal ensinar, às pessoas que procuram minha ajuda, maneiras simples de alcançar esse estado. (No Apêndice I, descrevo esses exercícios para o seu uso pessoal.) Nesse estado, o coração bate de maneira mais suave e eficiente, e o cérebro está mais receptivo a recordar memórias e a criar ideias. A coerência que há dentro de nós se espalha individualmente para outras pessoas. Por isso, se fizermos esses exercícios em grupo, eles se tornam mais simples e mais agradáveis, e seus efeitos harmoniosos adquirem vigor bem maior.

Um exemplo famoso de coerência em uma escala não local é o Experimento da Intenção, de Lynne McTaggart, o qual comprovou que o crescimento de uma planta foi intensificado pela intenção coerente concentrada de milhares de pessoas ao redor do globo. Com uma abordagem semelhante, a Global Coherence Initiative [Iniciativa de Coerência Global], sob a orientação do HeartMath Institute, organiza eventos sincronizados regulares nos quais os participantes de muitos países atingem conjuntamente um estado coerente, enquanto enfocam sua intenção na cura e na pacificação de regiões específicas devastadas pela guerra e atingidas por desastres.

10. EXAMINAR NOSSAS CRENÇAS CONDICIONADAS

À medida que exploramos esses compromissos pessoais, questionamos automaticamente quaisquer crenças improdutivas que sustentamos profundamente dentro de nós. Podemos mudar a percepção que temos do mundo, mudar a dieta que adotamos ou reinterpretar textos espirituais ou religiosos. Para alguns, sua fé será aprofundada à medida que novos significados e percepções iluminadoras emergirem à luz de sua consciência expandida. Outros poderão se sentir alienados se amigos e colegas não aparecerem para se juntarem a eles em suas viagens de descoberta.

Alguns, para se manter saudáveis e realizados, desafiarão a mensagem comunicada a eles na infância, segundo a qual eles eram "perdedores natos". Outros desafiarão o fardo da responsabilidade colocada sobre eles em uma idade precoce para que tivessem "sucesso a qualquer custo" em áreas da vida que não correspondem às suas verdadeiras vocações. Outros ainda irão perceber que estão tentando a duras penas alcançar a perfeição para que, no final, sejam aprovados por outros. Sua saúde, e a saúde das gerações futuras, depende de resolverem esses conflitos interiores. Todos nós trazemos conosco essas mensagens, assim como nossos filhos e netos também as trarão. É claro que a evolução do ser humano depende do questionamento contínuo de suas crenças. Para aqueles que sofreram do trauma da negligência, do abuso ou do abandono, a percepção de como esses acontecimentos têm influenciado a sua saúde e as suas crenças é importante. Como resultado, tanto a saúde como as crenças podem mudar para melhor, independentemente da idade de quem as tem ou da extensão do trauma que se abateu sobre essa pessoa.

Estamos aprendendo a desafiar crenças dogmaticamente sustentadas pelas pessoas nos anos passados. Por exemplo, agora há discussões livres, na maioria das escolas, e nas famílias mais modernas, sobre a orientação sexual. A homossexualidade não é mais ridicularizada, e estamos aprendendo a respeitar e aceitar as pessoas pelo que elas são, em vez de adotarmos uma postura de julgamento sobre sua orientação sexual. É claro que aqui ainda há muito espaço para melhoramentos.

Tem ocorrido uma relutância ainda maior na sociedade para discutir com liberdade, e com qualquer grau de escolaridade, sobre o tema da morte, tópico que, talvez por medo, permanece em grande medida um tema tabu. A morte é frequentemente considerada como o fracasso da vida, em vez de a sua conclusão natural e sua parceira necessária. O mundo comercial, material, tem por foco a juventude, a beleza e a força física, e não a sabedoria que evolui com a idade. Filmes de grande sucesso, dirigidos principalmente aos jovens, com frequência retratam a morte de maneira gráfica e violenta, em vez abordá-la com serenidade e paz. Vidas terminam dramaticamente ao som de tiros, de freios rangendo ou de explosões que, nas salas de cinema, sacodem os espectadores em suas poltronas.

O holograma humano, com seus fundamentos não materiais, desafia essa mentalidade. Durante a redação deste livro, minha mãe morreu tranquilamente aos 90 anos de idade. Como as famílias costumam fazer, passamos muitas horas debruçados sobre fotografias de sua vida, e que a mostravam quando ela era um bebê, uma criança pequena, uma adolescente, uma fisioterapeuta em tempo de guerra na Índia, uma noiva, uma jovem mãe, uma enfermeira/recepcionista, uma avó e, durante dois meses, uma orgulhosa bisavó. No entanto, apesar de passar quase um século desempenhando papéis em constante mudança, e tamanho e formas corporais também mudando constantemente, ela continuou a ser a mesma pessoa com o mesmo nome, Pam. Pam era algo fixo e permanente dentro de um corpo impermanente. Ela continua a ser uma lembrança permanente no coração de seus entes queridos.

Na vida, percebemos o mundo que nos cerca em uma forma física, a qual nos permite fazer a diferença – algo tangível para outras pessoas, que prosseguem construindo sobre ela. Na morte, deixamos para trás essa percepção e os recursos que a fazem acontecer. Todas as noites, durante o sono, deixamos esses recursos (os cinco sentidos) temporariamente em repouso e suspendemos essa percepção; isso representa um terço do tempo que estamos aqui na Terra, um total de trinta anos se tivermos sorte o suficiente para viver uma longa vida. Parece que quase todas as criaturas vivas precisam introduzir pausas regulares nas suas atividades conscientes se quiserem levar uma vida sustentável. Os golfinhos nariz-de-garrafa precisam manter adormecida metade do seu cérebro (e também metade de um olho) de cada vez, enquanto a outra metade os mantém conscientes dos predadores, o que lhes permite ir à superfície para respirar. As moscas-das-frutas também dormem, apesar de terem o mais ínfimo dos cérebros, enquanto estão em andamento pesquisas sobre atividades semelhantes à do sono nas águas-vivas, com seus sistemas nervosos muito rudimentares, e até mesmo o paramécio unicelular, que não tem nenhum cérebro.[108] Essas pesquisas, juntamente com os diversos estudos listados neste livro, estão acrescentando muito ao conhecimento que temos sobre as consciências humana e animal.

11. SER DEFENSORES DA CIÊNCIA PURA

A ciência holográfica, a ciência fractal e a biologia quântica – estamos apenas começando a compreender a imensa importância dessas novas – e, em grande parte, inseparáveis – disciplinas científicas. É provável que seus benefícios para a nossa espécie e o nosso planeta venham a ser imensos – na verdade, dado o nosso atual estado limitado de conhecimento, imensuráveis. Se nós, como indivíduos, permanecermos instruídos e atentos às implicações mais profundas dessa ciência, é altamente provável que a vida de cada um de nós seja beneficiada significativamente.

À medida que o conhecimento científico se expande de modo a aceitar realidades além da puramente física e material, precisamos nos manter cautelosos. Juntamente com a nova ciência, é preciso haver uma evolução correspondente e paralela dos valores humanos e da ética. Muitos desses avanços são tão complexos e técnicos que as pessoas envolvidas em seus complicados desenvolvimentos podem não ter a ampla sabedoria ou o tempo necessário para predizer suas verdadeiras implicações para a humanidade. Os interesses comerciais dominam na ciência como nunca dominaram antes, e com muita frequência um projeto científico moderno só é viável por causa do financiamento de um patrocinador interessado em desenvolver um produto inovador e lucrativo. Com tal foco no lucro material, pode haver uma tendência, seja ela intencional ou não, para minimizar quão significativas quaisquer descobertas possam ser intrinsecamente para você e para mim, e para as gerações que virão.

Por exemplo, se o cérebro e o corpo são verdadeiramente processadores quânticos, então o ser humano, auxiliado, mas não dominado, por máquinas tem um potencial quase ilimitado para evoluir conscientemente. Dentro do corpo humano e por meio das conexões universais que mantemos com o cosmos, seremos capazes de ter acesso a infindáveis recursos para resolvermos problemas, e para curar. Se o cérebro humano, como processador quântico, é um trilhão de vezes mais poderoso do que se pensava inicialmente, então imagine o que poderia ser conseguido se todos os 7 bilhões de cérebros do planeta fossem sincronizados como um só, dentro de um estado de perfeita coerência.

E, no entanto, se olhamos para as notícias diárias, constatamos que o mundo parece muito distante da coerência. Ele se apresenta mais caótico e mais complexo do que nunca. Em meu próprio campo da medicina, novas doenças nascidas dessa complexidade estão constantemente surgindo. O sistema imunológico e os processos mentais do ser humano estão empenando sob o peso de todo esse caos e confusão. De 1996 a 2005, o número de norte-americanos que tomam medicamentos antidepressivos duplicou.[109]

Embora seja amplamente divulgado o fato de que os antidepressivos produzem seus efeitos alterando os níveis dos neurotransmissores entre as células cerebrais, há novas evidências obtidas a partir de estudos com animais, de que esses e outros medicamentos que alteram o estado de ânimo também trabalham dentro das células, no citoesqueleto.[110, 111] Atualmente, considera-se que o citoesqueleto do cérebro humano desempenha um papel essencial na adaptação desse cérebro a mudanças – processo que hoje é conhecido como neuroplasticidade. Pensa-se que o retardamento nos efeitos clínicos observados quando se inicia um ciclo de ingestão de drogas antidepressivas se deve a essa rede, que, gradualmente, fica afetada pelo medicamento. Como já aprendemos, o citoesqueleto das células cerebrais é composto por vários tipos de filamentos e por microtúbulos em abundância. Se vier a ser comprovado que os microtúbulos são locais subcelulares onde a consciência se manifesta a partir de campos associados a estados quânticos, então ficará claro que estamos usando medicamentos que exercem efeitos sobre a própria percepção do mundo.

Se isso é uma vantagem ou desvantagem, cabe a nós decidir, mas uma coisa parece certa: precisamos estar plenamente informados do fato de a realidade que estamos percebendo estar ou não sendo alterada por intermédio de meios artificiais. E talvez devêssemos começar a considerar, como espécie, se o caos subjacente que parece estar alterando as mentes, sob a forma de depressão e de outras doenças mentais, em tais proporções epidêmicas, é mais bem gerido por produtos químicos que potencialmente mudam a consciência humana por vias que nós ainda não compreendemos. Ou, em vez disso, será que todos nós precisamos abordar a vida que nos anima e o relacionamento que temos com o mundo no nível mais fundamental, e fazer as mudanças que hoje sabemos ser possíveis?

E, assim, convém que todos nós nos tornemos plenamente informados e decididos à medida que a ciência avança de modo a aceitar assuntos a respeito da consciência. Com uma vigilância mais cuidadosa, a nanociência e a nanotecnologia serão utilizadas com segurança para o bem maior; já conheci muitas pessoas que trabalham nesses campos e cujos valores me proporcionam um verdadeiro motivo para ter esperança. Em última análise, cabe a cada um de nós garantir que isso venha de fato a acontecer.

12. SER PAIS E PROFESSORES RESPONSÁVEIS

Se qualquer uma das mensagens que tentei transmitir neste livro causou ressonância em você – ou se, talvez, tenha aberto uma linha de investigação, ou ainda, se facilitou percepções que o levaram além das minhas explicações simples – então eu o encorajo a compartilhar essas informações com qualquer pessoa que se preocupa em escutá-las. Permita uma livre discussão e uma discordância saudável, se for o caso – quanto mais robusto for o debate, melhor. Continuamos a aprender mudando e adaptando os pontos de vista de cada um de nós, ouvindo outras pessoas, e, por meio disso, evitando a armadilha do dogma. Isso é boa ciência, e bom senso. As mudanças que estão acontecendo dentro de nós também são para o benefício das gerações futuras. Cheguei a alinhar a dinâmica de cura com a dinâmica parental, pois isso abre o processo para todos nós.

Neste livro, apresentei evidências que proporcionam alguma credibilidade à teoria de que o universo, o mundo e o corpo estão unidos de uma maneira oculta que desafia a capacidade perceptiva dos sentidos humanos. Explorei as evidências científicas que apoiam essa teoria, juntamente com um exame filosófico sobre como esse conhecimento, se for aceito, poderá influenciar a condição humana. As implicações para o futuro que nos espera, acredito, são profundas.

Ainda temos de realizar o pleno potencial que nos cabe dar à luz; os paradigmas fractal, holográfico e quântico – os adjetivos são quase intercambiáveis – nos abrem a incontáveis novas possibilidades. E, ainda assim, honra completamente a presença física de cada um de nós aqui na Terra. Na verdade, estamos de posse do instrumento – o corpo humano – para fazer as mudanças necessárias, que garantirão para nós um futuro sustentável.

Este século já viu um avanço científico significativo e desbravador: somos agora capazes de medir processos quânticos em tecidos vivos. Somos capazes de fazer isso por duas razões: (1) por causa da qualidade da educação que moldou o conhecimento por nós adquirido em ciências, na matemática e na tecnologia, e (2) por causa dos progressos da própria tecnologia. Precisamos, no entanto, instilar mais um ingrediente vital para que esses avanços representem uma verdadeira mudança de paradigma. Precisamos aplicar um senso de valores que só pode ser realizado se cada um de nós examinar o seu próprio eu. Precisamos compreender como e por que sentimos da maneira como sentimos. Precisamos reconhecer de onde nós, como seres humanos, viemos e para onde queremos ir. Quanto mais pessoas conseguirem encontrar a paz aqui na Terra, mais provável será que uma visão comum venha a ser criada.

Somos movidos pelos desafios que se apresentam a nós na vida complexa e imprevisível que vivemos a cada dia. É enfrentando esses desafios que nós evoluímos. Cada um de nós é uma variação única de um tema; cada um de nós é uma frenética espiral fractal na superfície de um conjunto de Mandelbrot lindamente simétrico. Trabalhamos no meio ambiente perfeito para alcançar os objetivos a que nos propomos a atingir – um milagre da nossa percepção. Se nos referirmos ao mundo que nos rodeia como uma realidade virtual, ele de modo algum diminuirá o seu brilho. Uma matriz de padrões de interferência, por mais maravilhosa e mística que possa ser, atualmente não me excita, não me encanta ou não me arrebata como o cálido clarão do sol poente, compartilhado enquanto me aqueço nos braços de alguém que amo.

Mas apreciar uma realidade além da existência material nos permite obter uma verdadeira perspectiva da vida. A paz e o contentamento podem ser valorizados juntamente com o conforto material. A morte pode não sustentar esse tipo de medo.

Todos os sinais do nosso mundo holográfico nos cercam por toda parte, para cada um de nós saboreá-los. Sob o caos encontra-se uma simetria – padrões que afirmam a vida e que reverberam dentro do ser que caracteriza cada um de nós e em todo o cosmos. Estamos aqui para nos encantarmos com o celestial e para sermos desafiados pela agitação febril. O modelo do holograma humano é uma obra em andamento. As filosofias e os artigos científicos apresentados aqui sugerem que essa ideia que expande a mente humana está longe de ser absurda; na verdade, pode ter chegado a hora de ela ser levada a sério.

Voltando à minha cena de tribunal imaginário, eu estaria agora preparando o argumento para a defesa do meu cliente, o holograma humano, a fim de que o processo seja concluído de maneira justa e adequada. Eu, naturalmente, em primeiro lugar, agradeceria ao júri por acompanhar o argumento tão cuidadosamente. Então, eu os lembraria de que o único crime que se poderia alegar ao meu cliente seria o de perambular ocioso, com intenção benigna, em um estado de harmonia dentro do campo unificado. Gostaria de continuar expressando a esperança de que a minha linha de raciocínio recente tenha encorajado vocês a olharem profundamente dentro de si mesmos e, assim, descobrirem muitos traços nobres que compartilham com o acusado. E que assim reconhecendo o holograma humano, em seu próprio ser, como um ato de bondade para com todos, a única sentença a que poderiam chegar seria uma unânime e sonora declaração de inocência, que conduziria o meu cliente à liberdade eterna.

A essa altura, assim como eu faço agora, eu me voltaria para o juiz e diria: "Nada mais tenho a dizer".

Apêndice I: Exercícios

O universo consiste inteiramente em movimentos ondulatórios que emergem da quietude e retornam à quietude.
– Walter Russell (1871-1963), especialista norte-americano em muitas ciências

Walter Russell estava descrevendo a essência sincrônica, simétrica, do universo – o equilíbrio e a ordem sustentáveis que nós associamos com a primeira lei da termodinâmica. Podemos aplicar a visão de Russell a todas as facetas da vida pessoal de cada um de nós, e ao cosmos como um todo. A partir de um pensamento, de um sopro, de uma batida do coração, de uma vida humana, do balanço de um pêndulo, de uma sinfonia, de uma canção e de um poema ao nascimento e à morte de uma estrela ou de uma galáxia. Esta é a verdadeira expressão do universo holográfico, disponível a todos nós para que o experimentemos em cada um dos momentos da vida.

Os exercícios que se seguem procuram captar essa essência – instilando dentro do corpo uma quietude e uma paz que agem como um perfeito antídoto para a complexidade, o caos e a sobrecarga subjacentes a uma parcela tão grande da saúde precária que com tanta frequência nos domina. Tendemos a ficar doentes porque negligenciamos as necessidades básicas que deveríamos satisfazer sempre que estamos muito atarefados, muito preocupados ou muito estressados.

O exercício mais simples e, a meu ver, mais profundo envolve a percepção do ato de respirar. Eu aconselharia cada um de nós a fazer esse exercício logo depois de se deitar no fim do dia. Ele só requer alguns minutos.

1. DESFRUTANDO DA RESPIRAÇÃO

Deitado de costas, em um estado perfeitamente relaxado, deixe que o seu abdômen suba com cada inspiração, e em seguida desça com cada expiração. Deixe que o seu peito siga o seu abdômen à medida que seus pulmões se enchem enquanto seu diafragma abaixa.

A ação é suave e pacífica, nunca forçada. Respire lenta e atentamente, inspirando e expirando através das duas narinas. O exercício também é eficiente se, como acontece com muitas pessoas que me consultam, você tem de respirar pela boca porque seu nariz está congestionado!

Os pontos de parada entre inspiração e expiração (e vice-versa) são os mais pacíficos de todos.

Se você tem boa saúde, e se sua vida está equilibrada, então isso pode ser tudo o que lhe é necessário.

Você descobrirá que será capaz de usar esse exercício ao longo de todo o dia; uma sensação de calma será obtida quase instantaneamente.

2. MÃOS SOBRE O CORAÇÃO

Uma vez que foi estabelecido um suave ritmo de respiração, coloque as mãos uma sobre o topo da outra, com a palma para baixo sobre o esterno (caixa torácica). Agora, concentre-se no calor criado pelas mãos sobre o tórax, enquanto continua a fazer o exercício da respiração. Resista a qualquer tentação de se precipitar. Permita a si mesmo um sutil sorriso.

Os ombros, braços e mãos formam agora uma figura com a forma de um oito. Pode ser útil visualizar o diagrama de Moebius para o coração. (Veja a Figura 28.)

3. PALAVRAS DE ACEITAÇÃO

Agora você está pronto, se necessário, para usar palavras, que poderá expressar quer verbal quer mentalmente. Você pode usar uma prece religiosa familiar se quiser. Não se concentre apenas no significado das palavras, mas também na sua ressonância – os sons das vogais em amor e Deus são combinações perfeitas. Permita que as vogais ressoem gentilmente em seu tórax.

Esse é o momento perfeito para você enviar seus desejos para outras pessoas, especialmente para aquelas que estão doentes ou passando por um período difícil. Se você sentir que foi arrogante ou rude com alguém durante o dia, essa é a ocasião para desejar o bem a essa pessoa.

Agora é também a ocasião de usar quaisquer frases específicas para a sua cura. Essas se apresentam sob uma forma emparelhada, obtendo um perfeito equilíbrio entre o reconhecimento dos seus sentimentos/sintomas e a expressão de compaixão e aceitação do seu eu verdadeiro. Por exemplo, você poderia dizer: "Mesmo que eu sinta esta dor, eu, profunda e completamente, aceito a mim mesmo". No entanto, é ideal, se você se sentir confortável com isso, usar a palavra amor na segunda parte (veja a Figura 41). Pode ser útil visualizar as frases emparelhadas em um sinal na forma de um oito, com o ponto de encontro repousando sobre o seu coração.

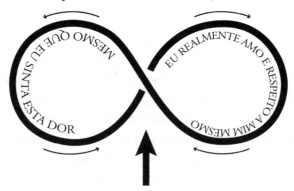

EQUILÍBRIO DO CORAÇÃO

Figura 41 - Palavras de aceitação.

Se for apropriado, acrescente uma afirmação que possa ser importante para sua cura mais profunda. Por exemplo: "Mesmo que eu sinta que fui abandonado quando criança, eu realmente amo e respeito a mim mesmo".

Você pode querer acrescentar mais informações a isso, por exemplo, se for consultar um terapeuta. Em minha experiência, porém, tenho constatado que é melhor manter esse processo muito simples. Apenas mude para outra frase quando sentir que isso é necessário. Para muitos de nós, é preciso tempo para se sentir confortável em expressar compaixão por nós mesmos. Recentemente, recebi um e-mail de um jovem com um diagnóstico de transtorno bipolar; ele havia notado mudanças significativas depois de se empenhar durante seis meses em realizar esses exercícios. Do meu ponto de vista, o ritual é tão importante quanto escovar os dentes; meu dentista não ficaria tão impressionado se eu ensinasse meus filhos a escovar os dentes e a usar o fio dental apenas durante duas semanas de cada ano!

4. CAINDO NO SONO

Você pode agora se ver adormecendo com as mãos apoiadas sobre o coração. Doces sonhos!

Minha intenção é ensinar outras pessoas a perceber por que essa abordagem global da nossa saúde é tão importante. É compreender que cada um de nós precisa examinar sua vida, e fazer as mudanças necessárias para que a saúde e a alegria sejam maximizadas. Além disso, ela nos ajuda a ser ouvidos e compreendidos. Ela nos ajuda a discutir as complexidades da vida e da saúde com outra pessoa. Ela nos ajuda a examinar nossas crenças condicionadas juntamente com alguém que não nos julga.

Se precisamos reverter a tendência da má saúde que nos ameaça dentro do mundo moderno, nada em minha experiência pode ser mais eficiente do que um firme compromisso de realizar essa pesquisa interior. É sobre esse fundamento sólido que os profissionais de saúde e os médicos podem começar a construir seus planos de saúde com clientes e pacientes. Isso constitui a verdadeira posse da própria saúde, e é tão importante para aqueles que necessitam de medicamentos ou de cirurgia como para aqueles que estão se submetendo a aconselhamento e terapias naturais.

Apêndice II: Experimentos

IIA: A Polarização e o Experimento do Apagador Quântico* da Dupla Fenda

Hoje, dispomos da tecnologia para separar fótons de um feixe de luz de *laser* coerente em dois componentes de "pares entrelaçados", que compreendem polarizações complementares. Podemos então examinar se, manipulando de algum modo um dos feixes de fótons, o outro feixe responderá em conformidade com essa manipulação. Também temos equipamentos suficientemente sensíveis para registrar como esses feixes de luz estão se comportando, isto é, como projéteis ou como ondas, e exatamente com que rapidez mudanças em um dos feixes podem afetar o outro.

Em 2002, físicos do Brasil, da Universidade Federal de Minas Gerais, publicaram um artigo revolucionário descrevendo um experimento nesse sentido, mas com uma "guinada" a mais.[10] Como no experimento ilustrado na Figura 9, os cientistas fizeram com que um dos feixes de *laser* de argônio de um par atravessasse uma placa de quarto de onda (QWP) colocada em seu trajeto, dirigindo em seguida os dois subfeixes divididos pela placa para duas fendas e uma tela de detecção. Como esperavam que acontecesse, não resultou nenhum padrão de interferência.** O passo seguinte consistiu em examinar se a alteração do estado de polarização de um dos feixes poderia alterar o comportamento do outro.

Para compreender o restante do experimento, é importante abrir um parêntese para uma breve explicação sobre polarização da luz. A polarização ocorre

---

* Ou "borracha quântica". (N.R.)

** Graças à QWP, cada subfeixe do Feixe 2 atravessa cada fenda "marcado" por uma polarização circular *conhecida*, a E ou a D, e portanto não ocorre interferência. A explicação está no texto a seguir. (N.R.)

quando o campo elétrico que constitui a luz (que é uma radiação eletromagnética), em vez de vibrar em um número indefinido de planos possíveis que se interceptam no eixo de propagação da luz, oscila em um único plano (que é o plano de polarização). Há dois tipos de polarização: linear e circular. Na polarização linear, o campo elétrico pode oscilar, para cima ou para baixo (na direção y) ou no plano horizontal (na direção x). Na polarização circular, o plano do campo elétrico gira como um saca-rolhas, no sentido anti-horário, para a esquerda (E), ou no sentido horário, para a direita (D). (Veja a Figura 42.)

Para visualizar melhor o que acontece, imagine que o campo elétrico da onda luminosa vibra em um plano que forma um ângulo de 45 graus com as direções x e y. Vamos agora supor que x e y são as componentes horizontal e vertical do campo elétrico. No caso da polarização linear, as duas ondas componentes do vetor campo elétrico estão em fase – quando uma é zero a outra também é zero; quando uma é máxima, medindo 90 graus, a outra também é máxima, e também mede 90 graus – e a composição de ambas é uma onda que vibra em um só plano, o plano de polarização. Na polarização circular, porém, há uma defasagem de 90 graus entre ambas as componentes (quando uma é zero, a outra é 90 graus, e quando uma é 90 graus, a outra é zero).

No presente experimento, é a QWP (placa de quarto de onda) que provoca essa defasagem de 90 graus entre as duas componentes do campo elétrico de uma onda luminosa linearmente polarizada. Por causa dessa defasagem, o plano de vibração dessa onda, que era fixo antes de a luz atingir a placa, passa a girar no sentido horário (modo D de polarização circular) ou no anti-horário (modo E de polarização circular) de acordo com a área da placa (isto é, conforme o sinal da defasagem, +90 graus ou -90 graus) atravessada pelo feixe luminoso.

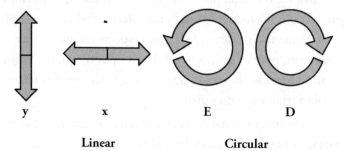

Figura 42 - Polarização linear da luz = o plano em que o campo elétrico oscila é fixo.
Polarização circular da luz = o plano em que o campo elétrico oscila
gira para a esquerda (E) ou para a direita (D)

No experimento, um cristal divide a luz em dois feixes de fótons entrelaçados,* sendo cada um desses feixes linearmente polarizado. Sabe-se que quando um fóton em um par entrelaçado tem uma polarização linear do tipo x, o outro tem a polarização linear complementar, do tipo y (formando entre si um ângulo de 90 graus). Essa ligação permanece intacta por mais longe que os feixes se afastem um do outro, conectando-os efetivamente como uma unidade.

Como foi previamente descrito [veja a segunda nota de rodapé da página 255], um dos feixes de luz – no presente caso, aquele com polarização linear x – atravessa a placa QWP, que o converte para os seus modos E e D de polarização circular, cada um dos quais é, em seguida, encaminhado para sua fenda previsível e separada, mostrando-se, por isso, como "projéteis" disparados contra a tela. Em seguida – e foi essa a "guinada" a mais incluída no experimento –, os experimentadores alteraram a polarização linear do outro feixe (o Feixe 1) colocando um polarizador em diagonal em sua trajetória, o qual mudou sua polarização linear em um ângulo de 45 graus, isto é, nem x nem y. Esse fato foi instantaneamente detectado pelo Feixe 2 "entrelaçado" com o primeiro que atravessava a placa QWP e as fendas, resultando na mudança do plano de polarização desse feixe, em conformidade com o primeiro feixe, para uma forma de 45 graus. Como resultado, em vez de separar o feixe, nitidamente, nas formas horária D e anti-horária E, que passariam, assim, "marcadas" pelos seus respectivos tipos de polarização, através de suas fendas separadas, cada metade da placa QWP produziu uma mistura de giros circulares, tornando impossível prever por qual fenda eles iriam passar. Em consequência disso, o padrão "projétil" desapareceu (foi apagado pela "borracha quântica"!) e o padrão de interferência, ou seja, o padrão ondulatório, retornou. (Veja a Figura 43.)

No experimento, também havia um detector para o outro feixe (o Feixe 1), que fora posicionado atrás do Polarizador Diagonal. Na parte final do experimento, os cientistas afastaram para bem longe o Polarizador Diagonal e o Detector 1, de modo que o Feixe 2 encontrasse a placa QWP, as fendas e o Detector 2 antes que o Feixe 1 fizesse contato com o Polarizador Diagonal (veja a Figura 44). Então, eles repetiram suas medições.

---

* No experimento em questão, foi utilizado um cristal de beta-borato de bário, que tem a propriedade de dividir um único fóton em dois outros fótons entrelaçados e de menor frequência! (N.R.)

Eles descobriram que o padrão de interferência havia retornado, mostrando-se no Detector 2 antes que o Feixe 1 tivesse sequer atingido o Polarizador Diagonal. E assim, de algum modo, os fótons no Feixe 2 pareciam prever o que iria acontecer. Exatamente como eles souberam disso? O entrelaçamento, como nós sabemos, conecta fótons fora das restrições do tempo e do espaço. Desse modo, poderiam esses fótons ser "conscientes", e até mesmo "superconscientes", entidades dotadas de poderes de precognição? Ou poderia ocorrer que um efeito do observador não somente existisse, mas também funcionasse fora dos parâmetros do tempo e do espaço? E poderia, então, existir uma interação sutil, um entrelaçamento especial, entre os observadores e os fótons?

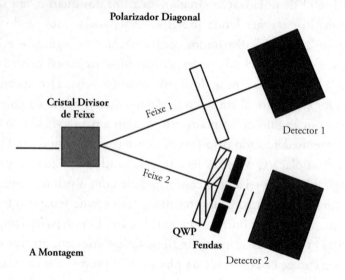

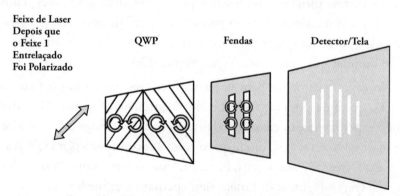

Figura 43 - Misturando polarizações circulares produzidas por uma QWP (placa de quarto de onda): o observador não é mais capaz de prever qual caminho um fóton do Feixe 2 tomará.

Ao longo da década passada, essas questões preocuparam muitos físicos. No Capítulo 15, exploramos teorias que tentam explicar exatamente como nós percebemos a luz; e no Apêndice IIB examinamos evidências experimentais de que os fótons podem, realmente, prever que uma influência externa aleatória (fora do controle dos experimentadores) exercerá influência sobre eles antes que ela ocorra efetivamente.

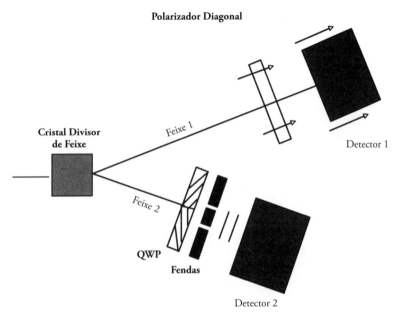

Figura 44 - Movimentando o polarizador.

IIB: Comprovação em Laboratório, Realizada em 2007, do Experimento da Escolha Retardada de Wheeler

Nesse experimento, fótons foram disparados contra um espelho semiprateado, versão moderna das "fendas gêmeas", que dividem em dois o feixe de fótons.[105] Um segundo divisor de feixe foi colocado a 50 metros de distância; este só podia ser ligado e desligado, de maneira completamente aleatória, por uma máquina. (Veja a Figura 45.)

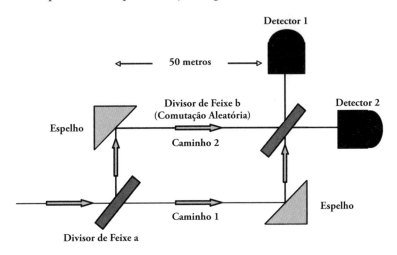

Figura 45 - Experimento da escolha retardada de Wheeler, realizado em 2007.

Ao ser ligado, esse segundo divisor de feixe recombinava as ondas divididas, e o padrão de interferência resultante aparecia nos detectores como uma típica forma de "onda". Quando desligado, fótons "semelhantes a projéteis" eram observados atingindo cada detector em números iguais, mostrando que, como cada projétil individual não podia ter-se dividido, a luz que tomava ambos os caminhos, o Caminho 1 e o Caminho 2, existia sob a forma de partículas desde o início. Embora desafie a lógica, isso significa que o feixe decide se ele deve se comportar como partículas ou como ondas para o curso completo de sua jornada, não no início, mas quando o "sistema" decidir isso, mais tarde.

NOTAS

1. Nogier, P. M. F. *Handbook to Auriculotherapy*, Moulins-les-Metz, França: Maisonneuve, 1981.
2. Niemtzow, R. C. Battlefield acupuncture. *Medical Acupuncture*, dezembro de 2007, 19(4):225-28; www.liebertonline.com/doi/abs/10.1089/acu.2007.0603.
3. Shonkoff, J. P., Boyce, W. T., McEwan, B. S. Neuroscience, molecular biology, and the childhood roots of health disparities. JAMA 2009; 301:2.252-259.
4. Adverse Childhood Experiences Study, Centers for Disease Control and Prevention; www.cdc.gov/nccdphp/ace/about.htm.
5. Usichenko, T. I., *et al.* Auricular acupuncture for pain relief after ambulatory knee surgery: a randomized trial. *Canadian Medical Association Journal* 2007; 176:179-83; www.cmaj.ca/cgi/content/abstract/ 176/2/179.
6. NIST physicists demonstrate quantum entanglement in mechanical system; www.nist.gov/public_affairs/releases/jost/jost_060309.html.
7. www.symmetrymagazine.org/cms/?pid=1000198.
8. Beckenstein, J. D. Information in the holographic universe. *Scientific American*, agosto de 2003:59-65; www.scientificamerican.com/sciammag/?contents=2003-2008.
9. Chown, M. "Our world may be a giant hologram." *New Scientist*, 15 de janeiro de 2009; 2691:24-7; www.newscientist.com/article/mg20126911.300-our-world-may-be-agiant-hologram.html.
10. Walborn, S. P., *et al.* Double-slit quantum eraser. *Physical Review A*, 20 de fevereiro de 2002; 65(3):033818.
11. Hyder, S. M. Schrödinger's cat experiment proposed, 24 de setembro de 2009; www.physorg.com/news173026471.html; baseado em: Towards quantum superposition of living organisms, http://arxiv.org/abs/0909.1469.
12. Chown, M. Could we create quantum creatures in the lab? *New Scientist*, 15 de setembro de 2009; 19:39; www.newscientist.com/article/dn17792-could-we-create-quantumcreatures-in-the-lab.html.

13. http://catholic-saints.suite101.com/article.cfm/saint-alphonsus-marie-liguori.
14. Leiter, D. The Vardøgr: perhaps another indicator of the nonlocality of consciousness. *Journal of Scientific Exploration* 2002;16(4):621-34.
15. Bem, D. J., Honorton, C. Does psi exist? Replicable evidence for an anomalous process of information transfer. *Psychological Bulletin* 1994;115:4-18.
16. Radin, D. "Analysis of ganzfeld experiments 1974-2004." *Entangled Minds*, Nova York: Paraview, 2006:120-21.
17. Schmidt, S., *et al.* Distant intentionality and the feeling of being stared at: two metaanalyses. *British Journal of Psychology* 2004; 95:235-47.
18. Sherwood, S. J., Roe, C. A. A review of dream ESP studies since the Maimonides dream ESP studies; in J. Alcock, J. Burns e A. Freeman (orgs.) *Psi Wars: Getting to Grips with the Paranormal Thorverton*, Londres: Imprint Academic, 2003.
19. Harris, W. S., *et al.* A randomized, controlled trial of the effects of remote, intercessory prayer on outcomes in patients admitted to the coronary care unit. *Arch Intern Med* 1999; 159:2273-278.
20. Astin, J. A., *et al.* The efficacy of "distant healing": a systematic review of randomized trials. *Annals of Internal Medicine*, 6 de junho de 2000; 132:903-10.
21. Benson, H., *et al.* Study of the Therapeutic Effects of Intercessory Prayer (STEP) in cardiac bypass patients: a multicenter randomized trial of uncertainty and certainty of receiving intercessory prayer. *American Heart Journal*, abril de 2006;151(4):934-42.
22. Benedict, C. Long-awaited medical study questions the power of prayer. *New York Times*, 31 de março de 2006; www.nytimes.com/2006/03/31/health/31pray.html.
23. Roberts, L., *et al.* Intercessory prayer for the alleviation of ill health. *Cochrane Database of Systematic Reviews*, 15 de abril de 2009;15(2):CD000368.
24. Schnabel, J. *Remote Viewers: The Secret History of America's Psychic Spies*, Nova York: Dell, 1997.
25. www.stat.ucdavis.edu/~utts/air2.html.
26. http://en.wikipedia.org/wiki/Femtosecond.
27. Engel, G. S., *et al.* Evidence for wavelike energy transfer through quantum coherence in photosynthetic systems. *Nature*, 12 de abril de 2007; 446:782-86.
28. Scholes, G. D., *et al.* Coherently wired light-harvesting in photosynthetic marine algae at ambient temperature. *Nature*, 4 de fevereiro de 2010; 463:644-47.

29. www.smartplanet.com/business/blog/smart-takes/darpa-solicits-research-sensors-that-demonstrate-quantum-biology/5031.Veja também: www.fbo.gov/index?s=opportunity&mode=form&id=08a7f b6e82f0313a29227d05d0de6f71&tab=core&_cview=0.
30. www.perfumerflavorist.com/fragrance/research/37572479.html.
31. Turin, L. A spectroscopic mechanism for primary olfactory reception. *Chemical Senses*, 1996; 21:773-91.
32. Brookes, C., *et al.* Could humans detect odors by phonon assisted tunneling? *Physical Review Letters*, 2007; 98:038101.
33. Schulten, K., *et al.* Magnetoreception through cryptochrome may involve superoxide. *Biophysical Journal*, 17 de junho de 2009; 96(12).
34. Cai, J., *et al.* Quantum control and entanglement in a chemical compass. *Physical Review Letters*, 2010; 104:220502.
35. Tejero, I., *et al.* Tunneling in green tea: understanding the antioxidant activity of catechol-containing compounds, Variational Transition--State Theory Study. *Journal of the American Chemical Society*, 2007; 129(18):5.846-854.
36. Fuxreiter, M. Interfacial water as a "hydration fingerprint" in the noncognate complex of BamHI. *Biophysical Journal*, 2005; 89(2):903-11.
37. Pagnotta, S., *et al.* Quantum behavior of water protons in protein hydration shell. *Biophysical Journal*, 4 de março de 2009; 96(5):1.939-943.
38. Schadschneider, A., *et al.* Trafficlike collective movement of ants on trails: absence of jammed phase. *Physical Review Letters*, 2009; 102:108001.
39. Steck, K., *et al.* Do desert ants smell the scenery in stereo? *Frontiers in Zoology* 2009; 6(5); www.physorg.com/news187360582.html.
40. Arias, C., *et al.* Antibiotic-resistant bugs in the 21st century: a clinical super-challenge. *New England Journal of Medicine*, 29 de janeiro de 2009; 360(5):439-43.
41a. www.lifesci.ucsb.edu/~biolum/organism/milkysea.html.
41b. www.nanotechwire.com/news.asp?nid=3020.
42. Davies, J. Everything depends on everything else. *Clinical Microbiology & Infection*, janeiro de 2009; 15(1)Sup 1:1-4.
43. Paul Davies, é físico teórico, cosmólogo e astrobiólogo que está liderando a iniciativa ASU sobre câncer; www.physorg.com/news175787974.html.
44. Resenha editorial; www.amazon.com/Soul-White-Ant-Eugene-Marais/dp/052761- 2006.

45. Lieberman-Aiden, E., *et al.* Comprehensive mapping of long-range interactions reveals folding principles of the human genome. *Science*, 9 de outubro de 2009; 326(5950): 289-93.
46. Langevin, H. M., Yandow, J. A. Relationship of acupuncture points and meridians to connective tissue planes. *Anatomical Record*, 15 de dezembro de 2002; 269(6):257-65.
47. Kim, S., Coulombe, P. A. Emerging role for the cytoskeleton as an organizer and regulator of translation. *Nature Reviews Molecular Cell Biology*, janeiro de 2010; 11:75-81.
48. O professor Popp é membro do International Institute of Biophysics, em Neuss, na Alemanha. Detalhes abrangentes sobre suas pesquisas e as de outros biofísicos estão disponíveis em: www.lifescientists.de/index.htm.
49. Ruth, B., Popp, F. A. Experimental investigations on weak photoemission from biological systems (tranduzido). *Z. Naturforschung*, 1976; 31c:741-45.
50. Popp, F. A., Ruth, B., Bahr, W., *et al.* Emission of visible and ultraviolet radiation by active biological systems. *Collective Phenomena* 3:187-214.
51. Schamhart, D. H. J., Van Wijk, R. *Photon Emission from Biological Systems*, org. B. Jezowska-Trzebiatowska, *et al.* Singapura: World Scientific, 1987:137-52.
52. Grasso, F., *et al.* Photon emission from normal and tumor human tissues. *Experientia* 1992; 48:10.
53. Kim, J., *et al.* Measurements of spontaneous ultraweak photon emission and delayed luminescence from human cancer tissues. *Journal of Alternative and Complementary Medicine*, outubro de 2005; 11(5):879-84.
54. Popp, F. A., Gu, Q., Li, K. H. Biophoton emission: Experimental background and theoretical approaches. *Modern Physics Letters*, 1994; B8:1269.
55. Reid, B. On the nature of growth and new growth based on experiments designed to reveal a structure and function in laboratory space, parts 1 and 2, *Medical Hypotheses* 1989; 29:105-44.
56. Wheeler, J., Ford, K. *Geons, Black Holes, and Quantum Foam: A Life in Physics*, Nova York: W.W. Norton, 1998.
57. Reid, B. L. Attempts to identify a control system for chemical reactions residing in virtual energy flows through the biosystem. *Medical Hypotheses*, 1999; 52:307-13.
58. Gariaev, P., *et al.* Crisis in life sciences: the wave genetics response; http://www.emergentmind.org/gariaev06.htm.
59. Bruza, P., *et al.* Scientists model words as entangled quantum states in our minds, 18 de fevereiro de 2009, para ser publicado

nas Proceedings of the Third Quantum Interaction Symposium, Lecture Notes in Artificial Intelligence, 2009, vol. 5494.
60. Sun, J., Deem, M. W. Spontaneous emergence of modularity in a model of evolving individuals. *Physical Review Letters*, 2007; 99:228107. Veja também www. physorg.com/news114185292.html.
61. Gramling, R., *et al*. Self-rated cardiovascular risk and 15-year cardiovascular mortality. *Annals of Family Medicine*, 2008; 6:302-06.
62. Disalvo, D. Forget survival of the fittest: it is kindness that counts; www.scientificamerican.com/article.cfm?id=forget-survival-of-the-fittest. Keltner, D., *Born to Be Good: The Science of a Meaningful Life*, Nova York: W.W. Norton, 2009.
63. Macey, S. L. (org.). *Encyclopedia of Time*, Nova York: Garland, 1994: 209.
64. www.nrao.edu/pr/2009/bhbulge.
65. Irish, L., *et al*. Long-term physical health consequences of childhood sexual abuse: a meta-analytic review. *Journal of Pediatric Psychology*, 2010; 35:450-61.
66. www.physorg.com/news126804909.html.
67. Perkiömäki, J. S., *et al*. Fractal and complexity measures of heart rate variability. *Clinical and Experimental Hypertension*, 2005; 27(2-3):149-58.
68. Segerstrom, S. C., Solberg Nes, L. Heart rate variability reflects self-regulatory strength, effort, and fatigue. *Psychological Science*, 2007; 18: 275-81.
69. Sunkaria, R. K., *et al*. A comparative study on spectral parameters of HRV in yogic and non-yogic practitioners. *International Journal of Medical Engineering and Informatics*, 2010; 2(1):1-14; www.physorg.com/news176986454.html.
70. McCraty, R., Atkinson, M., Tiller, M. The role of physiological coherence in the detection and measurement of cardiac energy exchange between people. In: Proceedings of the Tenth International Montreux Congress on Stress, Montreux, Suíça, 1999.
71. www.heartmath.org/research/science-of-the-heart-head-heart-interactions.html.
72. Stewart, J. C., *et al*. Depressive symptoms moderate the influence of hostility on serum interleukin-6 and C-reactive protein. *Psychosomatic Medicine*, 2008; 70: 197-204.
73. Shen, B. J., *et al*. Anxiety characteristics independently and prospectively predict myocardial infarction in men: the unique contribution of anxiety among psychologic factors. *Journal of the American College of Cardiology*, 2008; 51:113-19.
74. Davidson, K. W., *et al*. Don't worry, be happy: positive affect and reduced 10-year incident coronary heart disease: the Canadian

Nova Scotia Health Survey. *European Heart Journal*, 2010; 31(9):1.065-070.
75. www.physorg.com/news9935.html.
76. Nelson, R. D. Coherent consciousness and reduced randomness: correlations on September 11, 2001. *Journal of Scientific Exploration*, 2002; 16(4): 549-70. Veja também: www.boundaryinstitute.org/bi/articles/AnomMag_web.pdf.
77. Unique heart beat signature device could revolutionise healthcare, www.physorg.com/news183907385.html.
78. Finoguenov, A., *et al.* In-depth Chandra study of the AGN feedback in Virgo elliptical galaxy M84. *Astrophysical Journal*, 2008; 686(2): 911. Veja também: www.sciencedaily.com¬ / releases/2008/11/081118161603.htm.
79. Rosenthal, J. M., Okie, S. White coat, mood indigo: depression in medical school. *New England Journal of Medicine*, 15 de setembro, 2005; 353(11):1085-088.
80. Manousakis, E., Quantum formalism to describe binocular rivalry. *Biosystems*, novembro de 2009; 98(2):57-66.
81a. Reimers, J. R., *et al.* Study rules out Fröhlich condensates in quantum consciousness mode, 2009; www.physorg.com/news155904395.html.
81b. Rahnama, M., *et al.* Quantum collapse and visual consciousness. *NeuroQuantology*, 2009; 7(4):491-99.
82. Jones, F. W., Holmes, D. S. Alcoholism, alpha production and biofeedback. *Journal of Consulting and Clinical Psychology*, 1976; 44:224-28.
83. Pfurtscheller, G. Event related desynchronization mapping: visualization of cortical activation patterns. In: F. H. Duffy (org.), *Topographic Mapping of Brain Electrical Activity*, Boston: Butterworths, 1986: 99-111.
84. Linsteadt, S., Boekemeyer, M. E. *The Heart of Health: The Principles of Physical Health and Vitality*, Grass Valley, CA: Natural Healing House Press, 2003.
85. McCraty, R., Atkinson, M., Bradley, R. T. Electrophysiological evidence of intuition: part 1, the surprising role of the heart. *Journal of Alternative and Complementary Medicine*, 2004; 10(1):133-43. McCraty, R., Atkinson, M., Bradley, R. T. Electrophysiological evidence of intuition: part 2, a system-wide process. *Journal of Alternative and Complementary Medicine*, 2004; 10(2):325-36. Veja também McCraty, R., *et al.* Coherent Heart, 2009; 5(2); www.integral-review.org/documents.

86. Osborn, J., Derbyshire, S. Pain sensation evoked by observing injury in others. *Pain*, fevereiro de 2010; 148(2):268-74.
87. Jeon, D., et al. Observational fear learning involves affective pain system and Cav1.2 Ca2+ channels in ACC. *Nature Neuroscience*, 28 de fevereiro de 2010; 13:482-88.
88. Wells, D. L. Domestic dogs and human health: an overview. *British Journal of Health Psychology*, fevereiro de 2007; 12(1):145-56.
89. Keinan-Boker, L., Vin-Raviv, N., Liphshitz, I., et al. Cancer incidence in Israeli Jewish survivors of World War II. *Journal of the National Cancer Institute*, 2009; 101(21):1489-500. Hursting, S. D., Forman, M. R. Cancer risk from extreme stressors: lessons from European Jewish survivors of World War II. *Journal of the National Cancer Institute*, 2009; 101(21):1436-437.
90. Wu, M., et al. Interaction between Ras(V12) and scribbled clones induces tumour growth and invasion. *Nature*, 28 de janeiro de 2010; 463(7280):545-48.
91. Sood, A. K., et al. Adrenergic modulation of focal adhesion kinase protects human ovarian cancer cells from anoikis. *Journal of Clinical Investigation* 2010; 120(5):1515-523.
92. Kulik, G., et al. Epinephrine protects cancer cells from apoptosis via activation of cAMP-dependent protein kinaseand BAD phosphorylation. *Journal of Biological Chemistry*, 11 de maio de 2007; 282(19):14094-4100.
93. Sprehn, G. C., et al. Decreased cancer survival in individuals separated at time of diagnosis: critical period for cancer pathophysiology? *Cancer*, 1º de novembro de 2009; 115(21):5.108-116.
94. Church, D., et al. Psychological symptom change in veterans after six sessions of emotional freedom techniques (EFT), 2009; www.wholistichealingresearch.com /91Church.
95. www.usatoday.com/news/health/2010-02-04-health-care-costs_N.htm.
96. Rowell, H. L. The impact of electronic media violence: scientific theory and research. *Journal of Adolescent Health*, 2007; 41(6 Suppl 1):S6-13.
97. Burundanga. *Wall Street Journal*, 3 de julho de 1995; http://earthops.org/scopalamine1.html.
98. Hughes, H., et al. A study of patients presenting to an emergency department having had a "spiked drink". *Emergency Medicine Journal*, 2007; 24:89-91.
99. Moody, R., Perry, P. *Glimpses of Eternity*, Nova York: Guideposts, 2010.
100. Parnia, S., et al. World's largest-ever study of near-death experiences; www.southampton.ac.uk/mediacentre/news/2008/sep/08_165.shtml.
101. Spiegel, D., et al. Effect of psychosocial treatment on survival

of patients with metastatic breast cancer. *Lancet*, 1989; 2(86680):888-91.
102. Kurzweil, R. *The Singularity Is Near: When Humans Transcend Biology*, Nova York: Penguin, 2006.
103. www.wired.com/medtech/drugs/magazine/16-04/7_kurzweil_sb.
104. Liggins, G., Howie, R. A controlled trial of antepartum glucocorticoid treatment for prevention of the respiratory distress syndrome in premature infants. *Pediatrics*, 1972;50:515-25.
105. Jacques, V., Roch, J.-F. *et al.* Experimental realization of Wheeler's delayed-choice Gedanken experiment. *Science*, 16 de fevereiro de 2007; 315(5814):966-68.
106. Alanis, A. J. Resistance to antibiotics: are we in the post-antibiotic era? *Archives of Medical Research*, 2005; 36:697-705.
107. www.laleva.org/eng/2010/01/wave_genetics_research_targeted_by_russian_academy_skeptics.html.
108. http://kibm.ucsd.edu/profile/2006-10/index.php.
109. Olfson, M., Marcus, S. C. National patterns in antidepressant medication treatment. *Archives of General Psychiatry*, 2009; 66(8):848-56.
110. Woolf, N., *et al.* Impaired neuroplasticity and possible quantum processing derailment in microtubule. *NeuroQuantology*, março de 2010; 8(1):13-28.
111. Yang, C., *et al.* Cytoskeletal alterations in rat hippocampus following chronic unpredictable mild stress and re-exposure to acute and chronic unpredictable mild stress. *Behavioural Brain Research*, 2009; 205(2):518-24.

Recursos e Leitura Recomendada

Chown, Marcus. *Quantum Theory Cannot Hurt You: A Guide to the Universe*. Londres: Faber and Faber, 2007.

Church, Dawson. *The Genie in Your Genes: Epigenetic Medicine and the New Biology of Intention*. Santa Rosa, CA: Elite Books, 2009.

Dossey, Larry. *Healing Words: The Power of Prayer and the Practice of Medicine*. Nova York: HarperOne, 1995. [*As Palavras Curam: O Poder da Prece e a Prática da Medicina*, São Paulo: Cultrix, 1996. (fora de catálogo)]

Gruder, David. *The New IQ: How Integrity Intelligence Serves You, Your Relationships, and Our World*. Santa Rosa, CA: Elite Books, 2008.

Hameroff, Stuart, Penrose, Roger e Chalmers, David, et al. *The Quantum Mind*. Memphis. TN: Books LLC, 2010; veja também www.quantumconsciousness.org.

Hubbard, Barbara Marx. *Conscious Evolution: Awakening Our Social Potential*. Novato, CA: New World Library, 1998.

James, John. *The Great Field: Soul at Play in a Conscious Universe*. Santa Rosa, CA: Energy Psychology Press, 2007.

Kelly, Robin. *Healing Ways: A Doctor's Guide to Healing*. Auckland, NZ: Penguin, 2000.

_____. *The Human Antenna: Reading the Language of the Universe in the Songs of Our Cells*. Santa Rosa, CA: Energy Psychology Press, 2010.

Lanza, Robert e Berman, Bob. *Biocentrism: How Life and Consciousness are the Keys to Understanding the True Nature of the Universe*. Dallas, TX: BenBella Books, 2009.

Lesmoir-Gordon, Nigel e Rood, Will. *Introducing Fractal Geometry*. Londres: Totem Books, 2001.

Lifton, Robert Jay. *The Nazi Doctors: Medical Killing and the Psychology of Genocide*. Nova York: Basic Books, 2000.

_____. *Thought Reform and the Psychology of Totalism: A Study of "Brainwashing" in China*. Chapel Hill: University of North Carolina Press, 1989.

Lipton, Bruce. *The Biology of Belief: Unleashing the Power of Consciousness, Matter, and Miracles*. Carlsbad, CA: Hay House, 2008.

Lipton, Bruce e Bhaerman, Steve. *Spontaneous Evolution: Our Positive Future (and a Way to Get There from Here)*. Carlsbad, CA: Hay House, 2009.

McTaggart, Lynne. *The Intention Experiment: Using Your Thoughts to Change Your Life and the World*. Nova York: Free Press, 2008.

Oschman, James. *Energy Medicine: The Scientific Basis*. Nova York: Churchill Livingstone, 2000.

Penrose, Roger. *Shadows of the Mind: A Search for the Missing Science of Consciousness*. Nova York: Oxford University Press, 1994.

Pribram, Karl. *Brain and Perception: Holonomy and Structure in Figural Processing*. Hillsdale, NJ: Lawrence Erlbaum Associates, 1991.

Radin, Dean. *The Conscious Universe: The Scientific Truth of Psychic Phenomena*. Nova York: HarperOne, 2009.

_____. *Entangled Minds: Extrasensory Experiences in a Quantum Reality*. Nova York: Paraview, 2006.

Sheldrake, Rupert. *Morphic Resonance and the Presence of the Past*. Rochester, VT: Park Street Press, 1995.

Sidney Bender, Sheila e Sise, Mary T. *The Energy of Belief: Psychology's Power Tools to Focus Intention and Release Blocking Beliefs*. Santa Rosa, CA: Energy Psychology Press, 2007.

Talbot, Michael. *The Holographic Universe*. Nova York: HarperCollins, 2006.

Velmans, Max. *Understanding Consciousness*. Nova York: Routledge, 2009.

PRÓXIMOS LANÇAMENTOS

Para receber informações sobre os lançamentos
da Editora Cultrix, basta cadastrar-se
no site: www.editoracultrix.com.br

Para enviar seus comentários sobre este livro,
visite o site www.editoracultrix.com.br ou mande
um e-mail para atendimento@editoracultrix.com.br